Anti-fautes de conjugaison

Anti-fautes de conjugaison

LAROUSSE
21, rue du Montparnasse 75283 Paris Cedex 06

ISBN 978-2-03593877-0

AVANT-PROPOS

L'Anti-Fautes de conjugaison est conçu pour apporter une réponse immédiate sur la conjugaison des verbes. Il constitue un mémento pratique, complet et utile au quotidien.

Il contient :

• 100 tableaux des verbes modèles comprenant :

- l'indication du verbe modèle, de son groupe et de son numéro de conjugaison

- la conjugaison exhaustive du verbe, c'est-à-dire à tous les modes et à tous les temps usités ainsi qu'à toutes les personnes (sauf pour certains défectifs)

- la mise en évidence des formes présentant une difficulté de conjugaison particulière.

• Un répertoire des verbes de la langue française comprenant :

- une liste alphabétique de 8000 verbes

- le numéro de renvoi au tableau de conjugaison du verbe modèle correspondant

- le ou les modes de construction

- l'auxiliaire permettant de former les temps composés (quand ce n'est pas « avoir »)

- les particularités d'orthographe et/ou d'emploi.

En tête d'ouvrage, l'annexe grammaticale présente les principales règles d'accord des participes.

SOMMAIRE

L'ACCORD DES PARTICIPES

L'ACCORD DU PARTICIPE PRÉSENT

Quand le participe présent exprime une action ou un état (il est alors le plus souvent suivi d'un complément d'objet ou d'un complément circonstanciel), il reste invariable : *des enfants* ***obéissant*** *à leurs parents.* Quand le participe présent exprime une qualité et joue le rôle d'adjectif, il s'accorde en genre et en nombre avec le nom auquel il se rapporte : *des enfants très* ***obéissants****.*

L'ACCORD DU PARTICIPE PASSÉ

I. Le participe passé employé sans auxiliaire

Le participe passé employé *sans auxiliaire* s'accorde (comme l'adjectif) en genre et en nombre avec le nom ou le pronom auquel il se rapporte : *des fleurs* ***parfumées****.*

II. Le participe passé employé avec « être »

Le participe passé des verbes passifs et de certains verbes intransitifs conjugués avec l'auxiliaire *être* s'accorde en genre et en nombre avec le sujet du verbe : *l'Amérique a été* ***découverte*** *par Christophe Colomb ; nos amis sont* ***venus*** *hier.*

III. Le participe passé employé avec « avoir »

Le participe passé conjugué avec l'auxiliaire *avoir* s'accorde en genre et en nombre avec le complément d'objet direct du verbe quand ce complément le précède : *je me rappelle l'****histoire*** *que j'ai* ***lue****.*

Le participe passé reste invariable :

1. si le complément direct suit le verbe : *nous avons* ***lu*** *une* ***histoire*** *; elle a* ***reçu*** *de bonnes* ***nouvelles*** *;*

2. s'il n'a pas de complément d'objet direct (cas des verbes transitifs employés intransitivement, des verbes intransitifs et des verbes transitifs indirects) : *ils ont* ***lu*** *; elle a* ***abdiqué*** *; ces histoires nous ont* ***plu*** *; les enfants vous ont-ils* ***obéi*** *? ; ils nous ont* ***succédé****.*

Remarque. Dans les phrases : *les nuits qu'ils ont* ***dormi****, les mois qu'il a* ***vécu***, les participes passés *dormi*, *vécu* sont invariables ; en effet, *que* représente un complément circonstanciel : les nuits **pendant lesquelles** ils ont dormi; les mois **pendant lesquels** il a vécu.

Toutefois, des verbes intransitifs avec un complément de prix, de quantité, de distance, etc., comme *coûter, valoir, peser, courir, vivre,* etc., peuvent devenir transitifs dans un autre sens et être précédés alors d'un complément d'objet direct : les efforts **que** ce travail m'a **coûtés** ; la gloire **que** cette action m'a **value** ; les dangers **que** j'ai **courus** ; les jours heureux **qu**'elle a **vécus** ici.

CAS PARTICULIERS

Le participe passé suivi d'un infinitif

1. Le participe passé suivi d'un infinitif est *variable* s'il a pour complément d'objet direct le pronom qui précède ; ce pronom est alors le sujet de l'action marquée par l'infinitif : *les fruits* ***que*** *j'ai* ***vus*** *mûrir.*
On peut dire : *les fruits que j'ai vus mûrissant.* C'étaient les fruits qui mûrissaient. *Que*, mis pour *fruits*, faisant l'action de mûrir, est complément direct de *ai vus.*

2. Le participe passé est *invariable* s'il a pour complément d'objet direct l'infinitif ; le pronom est alors complément d'objet direct de l'infinitif et non du verbe principal : *les fruits que j'ai vu* ***cueillir.***
On ne peut pas dire : *les fruits que j'ai vu cueillant.* Ce n'étaient pas les fruits qui cueillaient. *Que*, mis pour *fruits*, ne faisant pas l'action de *cueillir*, est complément direct de *cueillir* et non de *vu.*

Remarque. Les participes qui ont pour complément d'objet direct un infinitif sous-entendu ou une proposition sous-entendue sont toujours invariables : *il n'a pas payé toutes les sommes qu'il aurait* ***dû*** (sous-entendu *payer*) ; *je lui ai rendu tous les services que j'ai* ***pu*** (sous-entendu *lui rendre*) ; *je lui ai chanté tous les morceaux qu'il a* ***voulu*** (sous-entendu *que je lui chante*).
Le participe passé *fait* suivi d'un infinitif est toujours invariable : *la maison que j'ai* ***fait bâtir.***

Le participe passé des verbes pronominaux

Les verbes pronominaux se conjuguent dans leurs temps composés avec l'auxiliaire *être* ; mais cet auxiliaire *être* peut être remplacé dans l'analyse par l'auxiliaire *avoir* : *je me suis consolé* est équivalent de *j'ai consolé moi.* Le participe passé d'un verbe pronominal réfléchi ou réciproque s'accorde avec son complément d'objet direct si ce

complément le précède : *les lettres* ***que*** *Paul et Caroline se sont* ***écrites*** *sont aimables.*
Il reste invariable si le complément d'objet direct le suit ou s'il n'a pas de complément d'objet direct : *Paul et Caroline se sont* ***écrit*** *des lettres aimables ; Paul et Caroline se sont* ***écrit****.*
Le participe passé d'un verbe toujours pronominal (*s'enfuir, s'emparer*, etc.) s'accorde avec le sujet du verbe : *ils se sont* ***emparés*** *de la ville.*

<u>REMARQUE.</u> Les participes passés des verbes transitifs indirects employés pronominalement restent toujours invariables : *ils* ***se sont ri*** *de mes efforts ; ils* ***se sont plu*** *à me tourmenter.*

Le participe passé des verbes impersonnels
Le participe passé des verbes impersonnels est toujours invariable : *les inondations qu'il y a* ***eu***. Les verbes *faire, avoir* sont transitifs par nature, mais ils deviennent impersonnels quand ils sont précédés du pronom neutre *il* : *les chaleurs qu'****il*** *a* ***fait***.

Le participe passé et les pronoms « le », « en »
Le participe passé conjugué avec *avoir* et précédé de *le (l')*, complément d'objet direct représentant toute une proposition, reste invariable : *la chose est plus sérieuse que nous ne* ***l****'avions* ***pensé*** *d'abord* (c'est-à-dire *que nous n'avions pensé* ***cela****, qu'elle était sérieuse*).
Le participe passé précédé de *en* reste invariable : *tout le monde m'a offert des services, mais personne ne m'****en*** *a* ***rendu***. Cependant, le participe varie si le pronom *en* est précédé d'un adverbe de quantité, *plus, combien, autant*, etc. : *autant d'ennemis il a attaqués,* ***autant*** *il* ***en*** *a* ***vaincus***. Mais le participe passé reste invariable si l'adverbe suit le pronom *en* au lieu de le précéder : *quant aux belles villes, j'****en*** *ai* ***tant visité...***

Le participe passé précédé d'une locution collective
Lorsque le participe passé a pour complément d'objet direct une locution collective (adverbe de quantité précédé d'un article indéfini ou mot collectif suivi d'un complément), s'il s'accorde soit avec l'adverbe ou le mot collectif, soit avec le mot complément, selon que l'on attache plus d'importance à l'un ou à l'autre : *le grand* ***nombre*** *de* ***succès*** *que vous avez* ***remporté*** (ou ***remportés****) ; le* ***peu*** *d'****attention*** *que vous avez* ***apporté*** (ou ***apportée****) à cette affaire.*

Les tableaux de conjugaison

Indicatif

présent		passé composé		
je	**suis**	j'	**ai**	**été**
tu	**es**	tu	**as**	**été**
il/elle	**est**	il/elle	**a**	**été**
nous	**sommes**	nous	**avons**	**été**
vous	**êtes**	vous	**avez**	**été**
ils/elles	**sont**	ils/elles	**ont**	**été**

imparfait		plus-que-parfait		
j'	**étais**	j'	**avais**	**été**
tu	**étais**	tu	**avais**	**été**
il/elle	**était**	il/elle	**avait**	**été**
nous	**étions**	nous	**avions**	**été**
vous	**étiez**	vous	**aviez**	**été**
ils/elles	**étaient**	ils/elles	**avaient**	**été**

futur simple		futur antérieur		
je	**serai**	j'	**aurai**	**été**
tu	**seras**	tu	**auras**	**été**
il/elle	**sera**	il/elle	**aura**	**été**
nous	**serons**	nous	**aurons**	**été**
vous	**serez**	vous	**aurez**	**été**
ils/elles	**seront**	ils/elles	**auront**	**été**

passé simple		passé antérieur		
je	**fus**	j'	**eus**	**été**
tu	**fus**	tu	**eus**	**été**
il/elle	**fut**	il/elle	**eut**	**été**
nous	**fûmes**	nous	**eûmes**	**été**
vous	**fûtes**	vous	**eûtes**	**été**
ils/elles	**furent**	ils/elles	**eurent**	**été**

Conditionnel

présent		passé		
je	**serais**	j'	**aurais**	**été**
tu	**serais**	tu	**aurais**	**été**
il/elle	**serait**	il/elle	**aurait**	**été**
nous	**serions**	nous	**aurions**	**été**
vous	**seriez**	vous	**auriez**	**été**
ils/elles	**seraient**	ils/elles	**auraient**	**été**

Infinitif

présent	passé	
être	avoir	été

Participe

présent	passé	
étant	été	
	ayant	été

Impératif

présent	passé	
sois	aie	été
soyons	ayons	été
soyez	ayez	été

Subjonctif

présent		passé		
que je	sois	que j'	aie	été
que tu	sois	que tu	aies	été
qu'il/elle	soit	qu'il/elle	ait	été
que nous	soyons	que nous	ayons	été
que vous	soyez	que vous	ayez	été
qu'ils/elles	soient	qu'ils/elles	aient	été

imparfait		plus-que-parfait		
que je	fusse	que j'	eusse	été
que tu	fusses	que tu	eusses	été
qu'il/elle	fût	qu'il/elle	eût	été
que nous	fussions	que nous	eussions	été
que vous	fussiez	que vous	eussiez	été
qu'ils/elles	fussent	qu'ils/elles	eussent	été

2 AVOIR

LES INDISPENSABLES

3e groupe

Indicatif

présent		passé composé		
j'	**ai**	j'	**ai**	**eu**
tu	**as**	tu	**as**	**eu**
il/elle	**a**	il/elle	**a**	**eu**
nous	**avons**	nous	**avons**	**eu**
vous	**avez**	vous	**avez**	**eu**
ils/elles	**ont**	ils/elles	**ont**	**eu**

imparfait		plus-que-parfait		
j'	**avais**	j'	**avais**	**eu**
tu	**avais**	tu	**avais**	**eu**
il/elle	**avait**	il/elle	**avait**	**eu**
nous	**avions**	nous	**avions**	**eu**
vous	**aviez**	vous	**aviez**	**eu**
ils/elles	**avaient**	ils/elles	**avaient**	**eu**

futur simple		futur antérieur		
j'	**aurai**	j'	**aurai**	**eu**
tu	**auras**	tu	**auras**	**eu**
il/elle	**aura**	il/elle	**aura**	**eu**
nous	**aurons**	nous	**aurons**	**eu**
vous	**aurez**	vous	**aurez**	**eu**
ils/elles	**auront**	ils/elles	**auront**	**eu**

passé simple		passé antérieur		
j'	**eus**	j'	**eus**	**eu**
tu	**eus**	tu	**eus**	**eu**
il/elle	**eut**	il/elle	**eut**	**eu**
nous	**eûmes**	nous	**eûmes**	**eu**
vous	**eûtes**	vous	**eûtes**	**eu**
ils/elles	**eurent**	ils/elles	**eurent**	**eu**

Conditionnel

présent		passé		
j'	**aurais**	j'	**aurais**	**eu**
tu	**aurais**	tu	**aurais**	**eu**
il/elle	**aurait**	il/elle	**aurait**	**eu**
nous	**aurions**	nous	**aurions**	**eu**
vous	**auriez**	vous	**auriez**	**eu**
ils/elles	**auraient**	ils/elles	**auraient**	**eu**

Infinitif

présent	passé	
avoir	avoir	eu

Participe

présent	passé	
ayant	eu/eue,	eus/eues
	ayant	eu

Impératif

présent	passé	
aie	aie	eu
ayons	ayons	eu
ayez	ayez	eu

Subjonctif

présent		passé		
que j'	aie	que j'	aie	eu
que tu	aies	que tu	aies	eu
qu'il/elle	ait	qu'il/elle	ait	eu
que nous	ayons	que nous	ayons	eu
que vous	ayez	que vous	ayez	eu
qu'ils/elles	aient	qu'ils/elles	aient	eu

imparfait		plus-que-parfait		
que j'	eusse	que j'	eusse	eu
que tu	eusses	que tu	eusses	eu
qu'il/elle	eût	qu'il/elle	eût	eu
que nous	eussions	que nous	eussions	eu
que vous	eussiez	que vous	eussiez	eu
qu'ils/elles	eussent	qu'ils/elles	eussent	eu

Indicatif

présent		passé composé		
je	**vais**	je	**suis**	**allé/ée**
tu	**vas**	tu	**es**	**allé/ée**
il/elle	**va**	il/elle	**est**	**allé/ée**
nous	**allons**	nous	**sommes**	**allés/ées**
vous	**allez**	vous	**êtes**	**allés/ées**
ils/elles	**vont**	ils/elles	**sont**	**allés/ées**

imparfait		plus-que-parfait		
j'	**allais**	j'	**étais**	**allé/ée**
tu	**allais**	tu	**étais**	**allé/ée**
il/elle	**allait**	il/elle	**était**	**allé/ée**
nous	**allions**	nous	**étions**	**allés/ées**
vous	**alliez**	vous	**étiez**	**allés/ées**
ils/elles	**allaient**	ils/elles	**étaient**	**allés/ées**

futur simple		futur antérieur		
j'	**irai**	je	**serai**	**allé/ée**
tu	**iras**	tu	**seras**	**allé/ée**
il/elle	**ira**	il/elle	**sera**	**allé/ée**
nous	**irons**	nous	**serons**	**allés/ées**
vous	**irez**	vous	**serez**	**allés/ées**
ils/elles	**iront**	ils/elles	**seront**	**allés/ées**

passé simple		passé antérieur		
j'	**allai**	je	**fus**	**allé/ée**
tu	**allas**	tu	**fus**	**allé/ée**
il/elle	**alla**	il/elle	**fut**	**allé/ée**
nous	**allâmes**	nous	**fûmes**	**allés/ées**
vous	**allâtes**	vous	**fûtes**	**allés/ées**
ils/elles	**allèrent**	ils/elles	**furent**	**allés/ées**

Conditionnel

présent		passé		
j'	**irais**	je	**serais**	**allé/ée**
tu	**irais**	tu	**serais**	**allé/ée**
il/elle	**irait**	il/elle	**serait**	**allé/ée**
nous	**irions**	nous	**serions**	**allés/ées**
vous	**iriez**	vous	**seriez**	**allés/ées**
ils/elles	**iraient**	ils/elles	**seraient**	**allés/ées**

Infinitif

présent	passé	
aller	**être**	**allé/ée/és/ées**

Participe

présent	passé	
allant	**allé/ée,**	**allés/ées**
	étant	**allé/ée/és/ées**

Impératif

présent	passé	
va	**sois**	**allé/ée**
allons	**soyons**	**allés/ées**
allez	**soyez**	**allés/ées**

Subjonctif

présent		passé	
que j'	**aille**	que je	**sois allé/ée**
que tu	**ailles**	que tu	**sois allé/ée**
qu'il/elle	**aille**	qu'il/elle	**soit allé/ée**
que nous	**allions**	que nous	**soyons allés/ées**
que vous	**alliez**	que vous	**soyez allés/ées**
qu'ils/elles	**aillent**	qu'ils/elles	**soient allés/ées**

imparfait		plus-que-parfait	
que j'	**allasse**	que je	**fusse allé/ée**
que tu	**allasses**	que tu	**fusses allé/ée**
qu'il/elle	**allât**	qu'il/elle	**fût allé/ée**
que nous	**allassions**	que nous	**fussions allés/ées**
que vous	**allassiez**	que vous	**fussiez allés/ées**
qu'ils/elles	**allassent**	qu'ils/elles	**fussent allés/ées**

Indicatif

présent		passé composé		
je	viens	je	suis	venu/ue
tu	viens	tu	es	venu/ue
il/elle	vient	il/elle	est	venu/ue
nous	venons	nous	sommes	venus/ues
vous	venez	vous	êtes	venus/ues
ils/elles	viennent	ils/elles	sont	venus/ues
imparfait		**plus-que-parfait**		
je	venais	j'	étais	venu/ue
tu	venais	tu	étais	venu/ue
il/elle	venait	il/elle	était	venu/ue
nous	venions	nous	étions	venus/ues
vous	veniez	vous	étiez	venus/ues
ils/elles	venaient	ils/elles	étaient	venus/ues
futur simple		**futur antérieur**		
je	viendrai	je	serai	venu/ue
tu	viendras	tu	seras	venu/ue
il/elle	viendra	il/elle	sera	venu/ue
nous	viendrons	nous	serons	venus/ues
vous	viendrez	vous	serez	venus/ues
ils/elles	viendront	ils/elles	seront	venus/ues
passé simple		**passé antérieur**		
je	vins	je	fus	venu/ue
tu	vins	tu	fus	venu/ue
il/elle	vint	il/elle	fut	venu/ue
nous	vînmes	nous	fûmes	venus/ues
vous	vîntes	vous	fûtes	venus/ues
ils/elles	vinrent	ils/elles	furent	venus/ues

Conditionnel

présent		passé		
je	viendrais	je	serais	venu/ue
tu	viendrais	tu	serais	venu/ue
il/elle	viendrait	il/elle	serait	venu/ue
nous	viendrions	nous	serions	venus/ues
vous	viendriez	vous	seriez	venus/ues
ils/elles	viendraient	ils/elles	seraient	venus/ues

Infinitif

présent	passé		
venir	être	venu/ue,	venus/ues

Participe

présent	passé	
venant	venu/ue,	venus/ues
	étant	venu/ue/us/ues

Impératif

présent	passé	
viens	sois	venu/ue
venons	soyons	venus/ues
venez	soyez	venus/ues

Subjonctif

présent		passé		
que je	vienne	que je	sois	venu/ue
que tu	viennes	que tu	sois	venu/ue
qu'il/elle	vienne	qu'il/elle	soit	venu/ue
que nous	venions	que nous	soyons	venus/ues
que vous	veniez	que vous	soyez	venus/ues
qu'ils/elles	viennent	qu'ils/elles	soient	venus/ues

imparfait		plus-que-parfait		
que je	vinsse	que je	fusse	venu/ue
que tu	vinsses	que tu	fusses	venu/ue
qu'il/elle	vînt	qu'il/elle	fût	venu/ue
que nous	vinssions	que nous	fussions	venus/ues
que vous	vinssiez	que vous	fussiez	venus/ues
qu'ils/elles	vinssent	qu'ils/elles	fussent	venus/ues

Indicatif

présent		passé composé		
je	**fais**	j'	**ai**	**fait**
tu	**fais**	tu	**as**	**fait**
il/elle	**fait**	il/elle	**a**	**fait**
nous	**faisons**	nous	**avons**	**fait**
vous	**faites**	vous	**avez**	**fait**
ils/elles	**font**	ils/elles	**ont**	**fait**
imparfait		**plus-que-parfait**		
je	**faisais**	j'	**avais**	**fait**
tu	**faisais**	tu	**avais**	**fait**
il/elle	**faisait**	il/elle	**avait**	**fait**
nous	**faisions**	nous	**avions**	**fait**
vous	**faisiez**	vous	**aviez**	**fait**
ils/elles	**faisaient**	ils/elles	**avaient**	**fait**
futur simple		**futur antérieur**		
je	**ferai**	j'	**aurai**	**fait**
tu	**feras**	tu	**auras**	**fait**
il/elle	**fera**	il/elle	**aura**	**fait**
nous	**ferons**	nous	**aurons**	**fait**
vous	**ferez**	vous	**aurez**	**fait**
ils/elles	**feront**	ils/elles	**auront**	**fait**
passé simple		**passé antérieur**		
je	**fis**	j'	**eus**	**fait**
tu	**fis**	tu	**eus**	**fait**
il/elle	**fit**	il/elle	**eut**	**fait**
nous	**fîmes**	nous	**eûmes**	**fait**
vous	**fîtes**	vous	**eûtes**	**fait**
ils/elles	**firent**	ils/elles	**eurent**	**fait**

Conditionnel

présent		passé		
je	**ferais**	j'	**aurais**	**fait**
tu	**ferais**	tu	**aurais**	**fait**
il/elle	**ferait**	il/elle	**aurait**	**fait**
nous	**ferions**	nous	**aurions**	**fait**
vous	**feriez**	vous	**auriez**	**fait**
ils/elles	**feraient**	ils/elles	**auraient**	**fait**

Infinitif

présent	passé	
faire	avoir	fait

Participe

présent	passé	
faisant	fait/te,	faits/tes
	ayant	fait

Impératif

présent	passé	
fais	aie	fait
faisons	ayons	fait
faites	ayez	fait

Subjonctif

présent		passé		
que je	fasse	que j'	aie	fait
que tu	fasses	que tu	aies	fait
qu'il/elle	fasse	qu'il/elle	ait	fait
que nous	fassions	que nous	ayons	fait
que vous	fassiez	que vous	ayez	fait
qu'ils/elles	fassent	qu'ils/elles	aient	fait

imparfait		plus-que-parfait		
que je	fisse	que j'	eusse	fait
que tu	fisses	que tu	eusses	fait
qu'il/elle	fît	qu'il/elle	eût	fait
que nous	fissions	que nous	eussions	fait
que vous	fissiez	que vous	eussiez	fait
qu'ils/elles	fissent	qu'ils/elles	eussent	fait

6 METTRE

LES INDISPENSABLES — 3e groupe

Indicatif

présent		passé composé		
je	**mets**	j'	**ai**	**mis**
tu	**mets**	tu	**as**	**mis**
il/elle	**met**	il/elle	**a**	**mis**
nous	**mettons**	nous	**avons**	**mis**
vous	**mettez**	vous	**avez**	**mis**
ils/elles	**mettent**	ils/elles	**ont**	**mis**
imparfait		**plus-que-parfait**		
je	**mettais**	j'	**avais**	**mis**
tu	**mettais**	tu	**avais**	**mis**
il/elle	**mettait**	il/elle	**avait**	**mis**
nous	**mettions**	nous	**avions**	**mis**
vous	**mettiez**	vous	**aviez**	**mis**
ils/elles	**mettaient**	ils/elles	**avaient**	**mis**
futur simple		**futur antérieur**		
je	**mettrai**	j'	**aurai**	**mis**
tu	**mettras**	tu	**auras**	**mis**
il/elle	**mettra**	il/elle	**aura**	**mis**
nous	**mettrons**	nous	**aurons**	**mis**
vous	**mettrez**	vous	**aurez**	**mis**
ils/elles	**mettront**	ils/elles	**auront**	**mis**
passé simple		**passé antérieur**		
je	**mis**	j'	**eus**	**mis**
tu	**mis**	tu	**eus**	**mis**
il/elle	**mit**	il/elle	**eut**	**mis**
nous	**mîmes**	nous	**eûmes**	**mis**
vous	**mîtes**	vous	**eûtes**	**mis**
ils/elles	**mirent**	ils/elles	**eurent**	**mis**

Conditionnel

présent		passé		
je	**mettrais**	j'	**aurais**	**mis**
tu	**mettrais**	tu	**aurais**	**mis**
il/elle	**mettralt**	il/elle	**aurait**	**mis**
nous	**mettrions**	nous	**aurions**	**mis**
vous	**mettriez**	vous	**auriez**	**mis**
ils/elles	**mettraient**	ils/elles	**auraient**	**mis**

Infinitif

présent	passé	
mettre	avoir	mis

Participe

présent	passé	
mettant	mis/ise,	mis/ises
	ayant	mis

Impératif

présent	passé	
mets	aie	mis
mettons	ayons	mis
mettez	ayez	mis

Subjonctif

présent		passé		
que je	mette	que j'	aie	mis
que tu	mettes	que tu	aies	mis
qu'il/elle	mette	qu'il/elle	ait	mis
que nous	mettions	que nous	ayons	mis
que vous	mettiez	que vous	ayez	mis
qu'ils/elles	mettent	qu'ils/elles	aient	mis

imparfait		plus-que-parfait		
que je	misse	que j'	eusse	mis
que tu	misses	que tu	eusses	mis
qu'il/elle	mît	qu'il/elle	eût	mis
que nous	missions	que nous	eussions	mis
que vous	missiez	que vous	eussiez	mis
qu'ils/elles	missent	qu'ils/elles	eussent	mis

7 POUVOIR LES INDISPENSABLES 3e groupe

Indicatif

présent		passé composé		
je	**peux/puis**	j'	**ai**	**pu**
tu	**peux**	tu	**as**	**pu**
il/elle	**peut**	il/elle	**a**	**pu**
nous	**pouvons**	nous	**avons**	**pu**
vous	**pouvez**	vous	**avez**	**pu**
ils/elles	**peuvent**	ils/elles	**ont**	**pu**

imparfait		plus-que-parfait		
je	**pouvais**	j'	**avais**	**pu**
tu	**pouvais**	tu	**avais**	**pu**
il/elle	**pouvait**	il/elle	**avait**	**pu**
nous	**pouvions**	nous	**avions**	**pu**
vous	**pouviez**	vous	**aviez**	**pu**
ils/elles	**pouvaient**	ils/elles	**avaient**	**pu**

futur simple		futur antérieur		
je	**pourrai**	j'	**aurai**	**pu**
tu	**pourras**	tu	**auras**	**pu**
il/elle	**pourra**	il/elle	**aura**	**pu**
nous	**pourrons**	nous	**aurons**	**pu**
vous	**pourrez**	vous	**aurez**	**pu**
ils/elles	**pourront**	ils/elles	**auront**	**pu**

passé simple		passé antérieur		
je	**pus**	j'	**eus**	**pu**
tu	**pus**	tu	**eus**	**pu**
il/elle	**put**	il/elle	**eut**	**pu**
nous	**pûmes**	nous	**eûmes**	**pu**
vous	**pûtes**	vous	**eûtes**	**pu**
ils/elles	**purent**	ils/elles	**eurent**	**pu**

Conditionnel

présent		passé		
je	**pourrais**	j'	**aurais**	**pu**
tu	**pourrais**	tu	**aurais**	**pu**
il/elle	**pourrait**	il/elle	**aurait**	**pu**
nous	**pourrions**	nous	**aurions**	**pu**
vous	**pourriez**	vous	**auriez**	**pu**
ils/elles	**pourraient**	ils/elles	**auraient**	**pu**

Infinitif

présent	passé	
pouvoir	**avoir**	**pu**

Participe

présent	passé	
pouvant	**pu**	
	ayant	**pu**

Impératif

présent	passé
inusité	*inusité*

Subjonctif

présent		passé		
que je	**puisse**	que j'	**aie**	**pu**
que tu	**puisses**	que tu	**aies**	**pu**
qu'il/elle	**puisse**	qu'il/elle	**ait**	**pu**
que nous	**puissions**	que nous	**ayons**	**pu**
que vous	**puissiez**	que vous	**ayez**	**pu**
qu'ils/elles	**puissent**	qu'ils/elles	**aient**	**pu**

imparfait		plus-que-parfait		
que je	**pusse**	que j'	**eusse**	**pu**
que tu	**pusses**	que tu	**eusses**	**pu**
qu'il/elle	**pût**	qu'il/elle	**eût**	**pu**
que nous	**pussions**	que nous	**eussions**	**pu**
que vous	**pussiez**	que vous	**eussiez**	**pu**
qu'ils/elles	**pussent**	qu'ils/elles	**eussent**	**pu**

8 VOULOIR **LES INDISPENSABLES** 3e groupe

Indicatif

présent		passé composé		
je	**veux**	j'	**ai**	**voulu**
tu	**veux**	tu	**as**	**voulu**
il/elle	**veut**	il/elle	**a**	**voulu**
nous	**voulons**	nous	**avons**	**voulu**
vous	**voulez**	vous	**avez**	**voulu**
ils/elles	**veulent**	ils/elles	**ont**	**voulu**
imparfait		**plus-que-parfait**		
je	**voulais**	j'	**avais**	**voulu**
tu	**voulais**	tu	**avais**	**voulu**
il/elle	**voulait**	il/elle	**avait**	**voulu**
nous	**voulions**	nous	**avions**	**voulu**
vous	**vouliez**	vous	**aviez**	**voulu**
ils/elles	**voulaient**	ils/elles	**avaient**	**voulu**
futur simple		**futur antérieur**		
je	**voudrai**	j'	**aurai**	**voulu**
tu	**voudras**	tu	**auras**	**voulu**
il/elle	**voudra**	il/elle	**aura**	**voulu**
nous	**voudrons**	nous	**aurons**	**voulu**
vous	**voudrez**	vous	**aurez**	**voulu**
ils/elles	**voudront**	ils/elles	**auront**	**voulu**
passé simple		**passé antérieur**		
je	**voulus**	j'	**eus**	**voulu**
tu	**voulus**	tu	**eus**	**voulu**
il/elle	**voulut**	il/elle	**eut**	**voulu**
nous	**voulûmes**	nous	**eûmes**	**voulu**
vous	**voulûtes**	vous	**eûtes**	**voulu**
ils/elles	**voulurent**	ils/elles	**eurent**	**voulu**

Conditionnel

présent		passé		
je	**voudrais**	j'	**aurais**	**voulu**
tu	**voudrais**	tu	**aurais**	**voulu**
il/elle	**voudrait**	il/elle	**aurait**	**voulu**
nous	**voudrions**	nous	**aurions**	**voulu**
vous	**voudriez**	vous	**auriez**	**voulu**
ils/elles	**voudraient**	ils/elles	**auraient**	**voulu**

Infinitif

présent		**passé**	
vouloir		avoir	voulu

Participe

présent		**passé**	
voulant		voulu/ue,	voulus/ues
		ayant	voulu

Impératif

présent	**passé**	
veux/veuille	aie	voulu
voulons/veuillons	ayons	voulu
voulez/veuillez	ayez	voulu

Subjonctif

présent		**passé**		
que je	veuille	que j'	aie	voulu
que tu	veuilles	que tu	aies	voulu
qu'il/elle	veuille	qu'il/elle	ait	voulu
que nous	voulions/veulllions	que nous	ayons	voulu
que vous	vouliez/veuilliez	que vous	ayez	voulu
qu'ils/elles	veuillent	qu'ils/elles	aient	voulu

imparfait		**plus-que-parfait**		
que je	voulusse	que j'	eusse	voulu
que tu	voulusses	que tu	eusses	voulu
qu'il/elle	voulût	qu'il/elle	eût	voulu
que nous	voulussions	que nous	eussions	voulu
que vous	voulussiez	que vous	eussiez	voulu
qu'ils/elles	voulussent	qu'ils/elles	eussent	voulu

Indicatif

présent		passé composé		
je	**sais**	j'	**ai**	**su**
tu	**sais**	tu	**as**	**su**
il/elle	**sait**	il/elle	**a**	**su**
nous	**savons**	nous	**avons**	**su**
vous	**savez**	vous	**avez**	**su**
ils/elles	**savent**	ils/elles	**ont**	**su**
imparfait		**plus-que-parfait**		
je	**savais**	j'	**avais**	**su**
tu	**savais**	tu	**avais**	**su**
il/elle	**savait**	il/elle	**avait**	**su**
nous	**savions**	nous	**avions**	**su**
vous	**saviez**	vous	**aviez**	**su**
ils/elles	**savaient**	ils/elles	**avaient**	**su**
futur simple		**futur antérieur**		
je	**saurai**	j'	**aurai**	**su**
tu	**sauras**	tu	**auras**	**su**
il/elle	**saura**	il/elle	**aura**	**su**
nous	**saurons**	nous	**aurons**	**su**
vous	**saurez**	vous	**aurez**	**su**
ils/elles	**sauront**	ils/elles	**auront**	**su**
passé simple		**passé antérieur**		
je	**sus**	j'	**eus**	**su**
tu	**sus**	tu	**eus**	**su**
il/elle	**sut**	il/elle	**eut**	**su**
nous	**sûmes**	nous	**eûmes**	**su**
vous	**sûtes**	vous	**eûtes**	**su**
ils/elles	**surent**	ils/elles	**eurent**	**su**

Conditionnel

présent		passé		
je	**saurais**	j'	**aurais**	**su**
tu	**saurais**	tu	**aurais**	**su**
il/elle	**saurait**	il/elle	**aurait**	**su**
nous	**saurions**	nous	**aurions**	**su**
vous	**sauriez**	vous	**auriez**	**su**
ils/elles	**sauraient**	ils/elles	**auraient**	**su**

Infinitif

présent	passé	
savoir	avoir	su

Participe

présent	passé	
sachant	su/sue,	sus/sues
	ayant	su

Impératif

présent	passé	
sache	aie	su
sachons	ayons	su
sachez	ayez	su

Subjonctif

présent		passé		
que je	sache	que j'	aie	su
que tu	saches	que tu	aies	su
qu'il/elle	sache	qu'il/elle	ait	su
que nous	sachions	que nous	ayons	su
que vous	sachiez	que vous	ayez	su
qu'ils/elles	sachent	qu'ils/elles	aient	su

imparfait		plus-que-parfait		
que je	susse	que j'	eusse	su
que tu	susses	que tu	eusses	su
qu'il/elle	sût	qu'il/elle	eût	su
que nous	sussions	que nous	eussions	su
que vous	sussiez	que vous	eussiez	su
qu'ils/elles	sussent	qu'ils/elles	eussent	su

10 DEVOIR LES INDISPENSABLES 3e groupe

Indicatif

présent		passé composé		
je	**dois**	j'	**ai**	**dû**
tu	**dois**	tu	**as**	**dû**
il/elle	**doit**	il/elle	**a**	**dû**
nous	**devons**	nous	**avons**	**dû**
vous	**devez**	vous	**avez**	**dû**
ils/elles	**doivent**	ils/elles	**ont**	**dû**
imparfait		**plus-que-parfait**		
je	**devais**	j'	**avais**	**dû**
tu	**devais**	tu	**avais**	**dû**
il/elle	**devait**	il/elle	**avait**	**dû**
nous	**devions**	nous	**avions**	**dû**
vous	**deviez**	vous	**aviez**	**dû**
ils/elles	**devaient**	ils/elles	**avaient**	**dû**
futur simple		**futur antérieur**		
je	**devrai**	j'	**aurai**	**dû**
tu	**devras**	tu	**auras**	**dû**
il/elle	**devra**	il/elle	**aura**	**dû**
nous	**devrons**	nous	**aurons**	**dû**
vous	**devrez**	vous	**aurez**	**dû**
ils/elles	**devront**	ils/elles	**auront**	**dû**
passé simple		**passé antérieur**		
je	**dus**	j'	**eus**	**dû**
tu	**dus**	tu	**eus**	**dû**
il/elle	**dut**	il/elle	**eut**	**dû**
nous	**dûmes**	nous	**eûmes**	**dû**
vous	**dûtes**	vous	**eûtes**	**dû**
ils/elles	**durent**	ils/elles	**eurent**	**dû**

Conditionnel

présent		passé		
je	**devrais**	j'	**aurais**	**dû**
tu	**devrais**	tu	**aurais**	**dû**
il/elle	**devrait**	il/elle	**aurait**	**dû**
nous	**devrions**	nous	**aurions**	**dû**
vous	**devriez**	vous	**auriez**	**dû**
ils/elles	**devraient**	ils/elles	**auraient**	**dû**

Infinitif

présent	passé	
devoir	avoir	dû

Participe

présent	passé	
devant	dû/due,	dus/dues
	ayant	dû

Impératif

présent	passé	
dois	aie	dû
devons	ayons	dû
devez	ayez	dû

Subjonctif

présent		passé		
que je	doive	que j'	aie	dû
que tu	doives	que tu	aies	dû
qu'il/elle	doive	qu'il/elle	ait	dû
que nous	devions	que nous	ayons	dû
que vous	deviez	que vous	ayez	dû
qu'ils/elles	doivent	qu'ils/elles	aient	dû

imparfait		plus-que-parfait		
que je	dusse	que j'	eusse	dû
que tu	dusses	que tu	eusses	dû
qu'il/elle	dût	qu'il/elle	eût	dû
que nous	dussions	que nous	eussions	dû
que vous	dussiez	que vous	eussiez	dû
qu'ils/elles	dussent	qu'ils/elles	eussent	dû

Indicatif

présent	**passé composé**
il **faut**	il **a** **fallu**
imparfait	**plus-que-parfait**
il **fallait**	il **avait** **fallu**
futur simple	**futur antérieur**
il **faudra**	il **aura** **fallu**
passé simple	**passé antérieur**
il **fallut**	il **eut** **fallu**

Conditionnel

présent	**passé**
il **faudrait**	il **aurait** **fallu**

Infinitif

présent	passé
falloir	**avoir fallu**

Participe

présent	passé
inusité	**fallu** **ayant fallu**

Impératif

présent	passé
inusité	*inusité*

Subjonctif

présent	passé
qu'il **faille**	qu'il **ait fallu**

imparfait	plus-que-parfait
qu'il **fallût**	qu'il **eût fallu**

12 AIMER

1er groupe

Indicatif

présent		passé composé		
j'	**aime**	j'	**ai**	**aimé**
tu	**aimes**	tu	**as**	**aimé**
il/elle	**aime**	il/elle	**a**	**aimé**
nous	**aimons**	nous	**avons**	**aimé**
vous	**aimez**	vous	**avez**	**aimé**
ils/elles	**aiment**	ils/elles	**ont**	**aimé**
imparfait		**plus-que-parfait**		
j'	**aimais**	j'	**avais**	**aimé**
tu	**aimais**	tu	**avais**	**aimé**
il/elle	**aimait**	il/elle	**avait**	**aimé**
nous	**aimions**	nous	**avions**	**aimé**
vous	**aimiez**	vous	**aviez**	**aimé**
ils/elles	**aimaient**	ils/elles	**avaient**	**aimé**
futur simple		**futur antérieur**		
j'	**aimerai**	j'	**aurai**	**aimé**
tu	**aimeras**	tu	**auras**	**aimé**
il/elle	**aimera**	il/elle	**aura**	**aimé**
nous	**aimerons**	nous	**aurons**	**aimé**
vous	**aimerez**	vous	**aurez**	**aimé**
ils/elles	**aimeront**	ils/elles	**auront**	**aimé**
passé simple		**passé antérieur**		
j'	**aimai**	j'	**eus**	**aimé**
tu	**aimas**	tu	**eus**	**aimé**
il/elle	**aima**	il/elle	**eut**	**aimé**
nous	**aimâmes**	nous	**eûmes**	**aimé**
vous	**aimâtes**	vous	**eûtes**	**aimé**
ils/elles	**aimèrent**	ils/elles	**eurent**	**aimé**

Conditionnel

présent		passé		
j'	**aimerais**	j'	**aurais**	**aimé**
tu	**aimerais**	tu	**aurais**	**aimé**
il/elle	**aimerait**	il/elle	**aurait**	**aimé**
nous	**aimerions**	nous	**aurions**	**aimé**
vous	**aimeriez**	vous	**auriez**	**aimé**
ils/elles	**aimeraient**	ils/elles	**auraient**	**aimé**

Infinitif

présent	passé	
aimer	avoir	aimé

Participe

présent	passé	
aimant	aimé/ée,	aimés/ées
	ayant	aimé

Impératif

présent	passé	
aime	aie	aimé
aimons	ayons	aimé
aimez	ayez	aimé

Subjonctif

présent		passé		
que j'	aime	que j'	aie	aimé
que tu	aimes	que tu	aies	aimé
qu'il/elle	aime	qu'il/elle	ait	aimé
que nous	aimions	que nous	ayons	aimé
que vous	aimiez	que vous	ayez	aimé
qu'ils/elles	aiment	qu'ils/elles	aient	aimé

imparfait		plus-que-parfait		
que j'	aimasse	que j'	eusse	aimé
que tu	aimasses	que tu	eusses	aimé
qu'il/elle	aimât	qu'il/elle	eût	aimé
que nous	aimassions	que nous	eussions	aimé
que vous	aimassiez	que vous	eussiez	aimé
qu'ils/elles	aimassent	qu'ils/elles	eussent	aimé

13 JOUER

1er groupe

Indicatif

présent		passé composé		
je	**joue**	j'	**ai**	**joué**
tu	**joues**	tu	**as**	**joué**
il/elle	**joue**	il/elle	**a**	**joué**
nous	**jouons**	nous	**avons**	**joué**
vous	**jouez**	vous	**avez**	**joué**
ils/elles	**jouent**	ils/elles	**ont**	**joué**
imparfait		**plus-que-parfait**		
je	**jouais**	j'	**avais**	**joué**
tu	**jouais**	tu	**avais**	**joué**
il/elle	**jouait**	il/elle	**avait**	**joué**
nous	**jouions**	nous	**avions**	**joué**
vous	**jouiez**	vous	**aviez**	**joué**
ils/elles	**jouaient**	ils/elles	**avaient**	**joué**
futur simple		**futur antérieur**		
je	**jouerai**	j'	**aurai**	**joué**
tu	**joueras**	tu	**auras**	**joué**
il/elle	**jouera**	il/elle	**aura**	**joué**
nous	**jouerons**	nous	**aurons**	**joué**
vous	**jouerez**	vous	**aurez**	**joué**
ils/elles	**joueront**	ils/elles	**auront**	**joué**
passé simple		**passé antérieur**		
je	**jouai**	j'	**eus**	**joué**
tu	**jouas**	tu	**eus**	**joué**
il/elle	**joua**	il/elle	**eut**	**joué**
nous	**jouâmes**	nous	**eûmes**	**joué**
vous	**jouâtes**	vous	**eûtes**	**joué**
ils/elles	**jouèrent**	ils/elles	**eurent**	**joué**

Conditionnel

présent		passé		
je	**jouerais**	j'	**aurais**	**joué**
tu	**jouerais**	tu	**aurais**	**joué**
il/elle	**jouerait**	il/elle	**aurait**	**joué**
nous	**jouerions**	nous	**aurions**	**joué**
vous	**joueriez**	vous	**auriez**	**joué**
ils/elles	**joueraient**	ils/elles	**auraient**	**joué**

Infinitif

présent	passé	
jouer	avoir	joué

Participe

présent	passé	
jouant	joué/ée,	joués/ées
	ayant	joué

Impératif

présent	passé	
joue	aie	joué
jouons	ayons	joué
jouez	ayez	joué

Subjonctif

présent		passé		
que je	joue	que j'	aie	joué
que tu	joues	que tu	aies	joué
qu'il/elle	joue	qu'il/elle	ait	joué
que nous	jouions	que nous	ayons	joué
que vous	jouiez	que vous	ayez	joué
qu'ils/elles	jouent	qu'ils/elles	aient	joué

imparfait		plus-que-parfait		
que je	jouasse	que j'	eusse	joué
que tu	jouasses	que tu	eusses	joué
qu'il/elle	jouât	qu'il/elle	eût	joué
que nous	jouassions	que nous	eussions	joué
que vous	jouassiez	que vous	eussiez	joué
qu'ils/elles	jouassent	qu'ils/elles	eussent	joué

14 CRÉER

1er groupe

Indicatif

présent		passé composé		
je	**crée**	j'	**ai**	**créé**
tu	**crées**	tu	**as**	**créé**
il/elle	**crée**	il/elle	**a**	**créé**
nous	**créons**	nous	**avons**	**créé**
vous	**créez**	vous	**avez**	**créé**
ils/elles	**créent**	ils/elles	**ont**	**créé**
imparfait		**plus-que-parfait**		
je	**créais**	j'	**avais**	**créé**
tu	**créais**	tu	**avais**	**créé**
il/elle	**créait**	il/elle	**avait**	**créé**
nous	**créions**	nous	**avions**	**créé**
vous	**créiez**	vous	**aviez**	**créé**
ils/elles	**créaient**	ils/elles	**avaient**	**créé**
futur simple		**futur antérieur**		
je	**créerai**	j'	**aurai**	**créé**
tu	**créeras**	tu	**auras**	**créé**
il/elle	**créera**	il/elle	**aura**	**créé**
nous	**créerons**	nous	**aurons**	**créé**
vous	**créerez**	vous	**aurez**	**créé**
ils/elles	**créeront**	ils/elles	**auront**	**créé**
passé simple		**passé antérieur**		
je	**créai**	j'	**eus**	**créé**
tu	**créas**	tu	**eus**	**créé**
il/elle	**créa**	il/elle	**eut**	**créé**
nous	**créâmes**	nous	**eûmes**	**créé**
vous	**créâtes**	vous	**eûtes**	**créé**
ils/elles	**créèrent**	ils/elles	**eurent**	**créé**

Conditionnel

présent		passé		
je	**créerais**	j'	**aurais**	**créé**
tu	**créerais**	tu	**aurais**	**créé**
il/elle	**créerait**	il/elle	**aurait**	**créé**
nous	**créerions**	nous	**aurions**	**créé**
vous	**créeriez**	vous	**auriez**	**créé**
ils/elles	**créeraient**	ils/elles	**auraient**	**créé**

Infinitif

présent	passé	
créer	**avoir**	**créé**

Participe

présent	passé	
créant	**créé/créée,**	**créés/créées**
	ayant	**créé**

Impératif

présent	passé	
crée	**aie**	**créé**
créons	**ayons**	**créé**
créez	**ayez**	**créé**

Subjonctif

présent		passé		
que je	**crée**	que j'	**aie**	**créé**
que tu	**crées**	que tu	**aies**	**créé**
qu'il/elle	**crée**	qu'il/elle	**ait**	**créé**
que nous	**créions**	que nous	**ayons**	**créé**
que vous	**créiez**	que vous	**ayez**	**créé**
qu'ils/elles	**créent**	qu'ils/elles	**aient**	**créé**

imparfait		plus-que-parfait		
que je	**créasse**	que j'	**eusse**	**créé**
que tu	**créasses**	que tu	**eusses**	**créé**
qu'il/elle	**créât**	qu'il/elle	**eût**	**créé**
que nous	**créassions**	que nous	**eussions**	**créé**
que vous	**créassiez**	que vous	**eussiez**	**créé**
qu'ils/elles	**créassent**	qu'ils/elles	**eussent**	**créé**

15 ÉTUDIER

1er groupe

Indicatif

présent		passé composé		
j'	étudie	j'	ai	étudié
tu	étudies	tu	as	étudié
il/elle	étudie	il/elle	a	étudié
nous	étudions	nous	avons	étudié
vous	étudiez	vous	avez	étudié
ils/elles	étudient	ils/elles	ont	étudié
imparfait		**plus-que-parfait**		
j'	étudiais	j'	avais	étudié
tu	étudiais	tu	avais	étudié
il/elle	étudiait	il/elle	avait	étudié
nous	étudiions	nous	avions	étudié
vous	étudiiez	vous	aviez	étudié
ils/elles	étudiaient	ils/elles	avaient	étudié
futur simple		**futur antérieur**		
j'	étudierai	j'	aurai	étudié
tu	étudieras	tu	auras	étudié
il/elle	étudiera	il/elle	aura	étudié
nous	étudierons	nous	aurons	étudié
vous	étudierez	vous	aurez	étudié
ils/elles	étudieront	ils/elles	auront	étudié
passé simple		**passé antérieur**		
j'	étudiai	j'	eus	étudié
tu	étudias	tu	eus	étudié
il/elle	étudia	il/elle	eut	étudié
nous	étudiâmes	nous	eûmes	étudié
vous	étudiâtes	vous	eûtes	étudié
ils/elles	étudièrent	ils/elles	eurent	étudié

Conditionnel

présent		passé		
j'	étudierais	j'	aurais	étudié
tu	étudierais	tu	aurais	étudié
il/elle	étudierait	il/elle	aurait	étudié
nous	étudierions	nous	aurions	étudié
vous	étudieriez	vous	auriez	étudié
ils/elles	étudieraient	ils/elles	auraient	étudié

Infinitif

présent	passé	
étudier	avoir	étudié

Participe

présent	passé	
étudiant	étudié/ée,	étudiés/ées
	ayant	étudié

Impératif

présent	passé	
étudie	aie	étudié
étudions	ayons	étudié
étudiez	ayez	étudié

Subjonctif

présent		passé		
que j'	étudie	que j'	aie	étudié
que tu	étudies	que tu	aies	étudié
qu'il/elle	étudie	qu'il/elle	ait	étudié
que nous	étudiions	que nous	ayons	étudié
que vous	étudiiez	que vous	ayez	étudié
qu'ils/elles	étudient	qu'ils/elles	aient	étudié

imparfait		plus-que-parfait		
que j'	étudiasse	que j'	eusse	étudié
que tu	étudiasses	que tu	eusses	étudié
qu'il/elle	étudiât	qu'il/elle	eût	étudié
que nous	étudiassions	que nous	eussions	étudié
que vous	étudiassiez	que vous	eussiez	étudié
qu'ils/elles	étudiassent	qu'ils/elles	eussent	étudié

(16) DISTINGUER

1er groupe

Indicatif

présent

je	distingue
tu	distingues
il/elle	distingue
nous	distinguons
vous	distinguez
ils/elles	distinguent

imparfait

je	distinguais
tu	distinguais
il/elle	distinguait
nous	distinguions
vous	distinguiez
ils/elles	distinguaient

futur simple

je	distinguerai
tu	distingueras
il/elle	distinguera
nous	distinguerons
vous	distinguerez
ils/elles	distingueront

passé simple

je	distinguai
tu	distinguas
il/elle	distingua
nous	distinguâmes
vous	distinguâtes
ils/elles	distinguèrent

passé composé

j'	ai	distingué
tu	as	distingué
il/elle	a	distingué
nous	avons	distingué
vous	avez	distingué
ils/elles	ont	distingué

plus-que-parfait

j'	avais	distingué
tu	avais	distingué
il/elle	avait	distingué
nous	avions	distingué
vous	aviez	distingué
ils/elles	avaient	distingué

futur antérieur

j'	aurai	distingué
tu	auras	distingué
il/elle	aura	distingué
nous	aurons	distingué
vous	aurez	distingué
ils/elles	auront	distingué

passé antérieur

j'	eus	distingué
tu	eus	distingué
il/elle	eut	distingué
nous	eûmes	distingué
vous	eûtes	distingué
ils/elles	eurent	distingué

Conditionnel

présent

je	distinguerais
tu	distinguerais
il/elle	distinguerait
nous	distinguerions
vous	distingueriez
ils/elles	distingueraient

passé

j'	aurais	distingué
tu	aurais	distingué
il/elle	aurait	distingué
nous	aurions	distingué
vous	auriez	distingué
ils/elles	auraient	distingué

Infinitif

présent	passé	
distinguer	avoir	distingué

Participe

présent	passé	
distinguant	distingué/ée,	distingués/ées
	ayant	distingué

Impératif

présent	passé	
distingue	aie	distingué
distinguons	ayons	distingué
distinguez	ayez	distingué

Subjonctif

présent		passé		
que je	distingue	que j'	aie	distingué
que tu	distingues	que tu	aies	distingué
qu'il/elle	distingue	qu'il/elle	ait	distingué
que nous	distinguions	que nous	ayons	distingué
que vous	distinguiez	que vous	ayez	distingué
qu'ils/elles	distinguent	qu'ils/elles	aient	distingué

imparfait		plus-que-parfait		
que je	distinguasse	que j'	eusse	distingué
que tu	distinguasses	que tu	eusses	distingué
qu'il/elle	distinguât	qu'il/elle	eût	distingué
que nous	distinguassions	que nous	eussions	distingué
que vous	distinguassiez	que vous	eussiez	distingué
qu'ils/elles	distinguassent	qu'ils/elles	eussent	distingué

17 MANGER

1er groupe

Indicatif

présent		passé composé		
je	mange	j'	ai	mangé
tu	manges	tu	as	mangé
il/elle	mange	il/elle	a	mangé
nous	mangeons	nous	avons	mangé
vous	mangez	vous	avez	mangé
ils/elles	mangent	ils/elles	ont	mangé
imparfait		**plus-que-parfait**		
je	mangeais	j'	avais	mangé
tu	mangeais	tu	avais	mangé
il/elle	mangeait	il/elle	avait	mangé
nous	mangions	nous	avions	mangé
vous	mangiez	vous	aviez	mangé
ils/elles	mangeaient	ils/elles	avaient	mangé
futur simple		**futur antérieur**		
je	mangerai	j'	aurai	mangé
tu	mangeras	tu	auras	mangé
il/elle	mangera	il/elle	aura	mangé
nous	mangerons	nous	aurons	mangé
vous	mangerez	vous	aurez	mangé
ils/elles	mangeront	ils/elles	auront	mangé
passé simple		**passé antérieur**		
je	mangeai	j'	eus	mangé
tu	mangeas	tu	eus	mangé
il/elle	mangea	il/elle	eut	mangé
nous	mangeâmes	nous	eûmes	mangé
vous	mangeâtes	vous	eûtes	mangé
ils/elles	mangèrent	ils/elles	eurent	mangé

Conditionnel

présent		passé		
je	mangerais	j'	aurais	mangé
tu	mangerais	tu	aurais	mangé
il/elle	mangerait	il/elle	aurait	mangé
nous	mangerions	nous	aurions	mangé
vous	mangeriez	vous	auriez	mangé
ils/elles	mangeraient	ils/elles	auraient	mangé

Infinitif

présent	passé
manger	avoir mangé

Participe

présent	passé
mangeant	mangé/ée, mangés/ées
	ayant mangé

Impératif

présent	passé
mange	aie mangé
mangeons	ayons mangé
mangez	ayez mangé

Subjonctif

présent		passé		
que je	mange	que j'	aie	mangé
que tu	manges	que tu	aies	mangé
qu'il/elle	mange	qu'il/elle	ait	mangé
que nous	mangions	que nous	ayons	mangé
que vous	mangiez	que vous	ayez	mangé
qu'ils/elles	mangent	qu' ils/elles	aient	mangé

imparfait		plus-que-parfait		
que je	mangeasse	que j'	eusse	mangé
que tu	mangeasses	que tu	eusses	mangé
qu'il/elle	mangeât	qu'il/elle	eût	mangé
que nous	mangeassions	que nous	eussions	mangé
que vous	mangeassiez	que vous	eussiez	mangé
qu'ils/elles	mangeassent	qu'ils/elles	eussent	mangé

Indicatif

présent		passé composé		
je	**place**	j'	**ai**	**placé**
tu	**places**	tu	**as**	**placé**
il/elle	**place**	il/elle	**a**	**placé**
nous	**plaçons**	nous	**avons**	**placé**
vous	**placez**	vous	**avez**	**placé**
ils/elles	**placent**	ils/elles	**ont**	**placé**
imparfait		**plus-que-parfait**		
je	**plaçais**	j'	**avais**	**placé**
tu	**plaçais**	tu	**avais**	**placé**
il/elle	**plaçait**	il/elle	**avait**	**placé**
nous	**placions**	nous	**avions**	**placé**
vous	**placiez**	vous	**aviez**	**placé**
ils/elles	**plaçaient**	ils/elles	**avaient**	**placé**
futur simple		**futur antérieur**		
je	**placerai**	j'	**aurai**	**placé**
tu	**placeras**	tu	**auras**	**placé**
il/elle	**placera**	il/elle	**aura**	**placé**
nous	**placerons**	nous	**aurons**	**placé**
vous	**placerez**	vous	**aurez**	**placé**
ils/elles	**placeront**	ils/elles	**auront**	**placé**
passé simple		**passé antérieur**		
je	**plaçai**	j'	**eus**	**placé**
tu	**plaças**	tu	**eus**	**placé**
il/elle	**plaça**	il/elle	**eut**	**placé**
nous	**plaçâmes**	nous	**eûmes**	**placé**
vous	**plaçâtes**	vous	**eûtes**	**placé**
ils/elles	**placèrent**	ils/elles	**eurent**	**placé**

Conditionnel

présent		passé		
je	**placerais**	j'	**aurais**	**placé**
tu	**placerais**	tu	**aurais**	**placé**
il/elle	**placerait**	il/elle	**aurait**	**placé**
nous	**placerions**	nous	**aurions**	**placé**
vous	**placeriez**	vous	**auriez**	**placé**
ils/elles	**placeraient**	ils/elles	**auraient**	**placé**

Infinitif

présent	passé	
placer	**avoir**	**placé**

Participe

présent	passé	
plaçant	**placé/ée,**	**placés/ées**
	ayant	**placé**

Impératif

présent	passé	
place	**aie**	**placé**
plaçons	**ayons**	**placé**
placez	**ayez**	**placé**

Subjonctif

présent		passé		
que je	**place**	que j'	**aie**	**placé**
que tu	**places**	que tu	**aies**	**placé**
qu'il/elle	**place**	qu'il/elle	**ait**	**placé**
que nous	**placions**	que nous	**ayons**	**placé**
que vous	**placiez**	que vous	**ayez**	**placé**
qu'ils/elles	**placent**	qu'ils/elles	**aient**	**placé**

imparfait		plus-que-parfait		
que je	**plaçasse**	que j'	**eusse**	**placé**
que tu	**plaçasses**	que tu	**eusses**	**placé**
qu'il/elle	**plaçât**	qu'il/elle	**eût**	**placé**
que nous	**plaçassions**	que nous	**eussions**	**placé**
que vous	**plaçassiez**	que vous	**eussiez**	**placé**
qu'ils/elles	**plaçassent**	qu'ils/elles	**eussent**	**placé**

19 ACQUIESCER

1er groupe

Indicatif

présent		passé composé		
j'	acquiesce	j'	ai	acquiescé
tu	acquiesces	tu	as	acquiescé
il/elle	acquiesce	il/elle	a	acquiescé
nous	acquiesçons	nous	avons	acquiescé
vous	acquiescez	vous	avez	acquiescé
ils/elles	acquiescent	ils/elles	ont	acquiescé
imparfait		**plus-que-parfait**		
j'	acquiesçais	j'	avais	acquiescé
tu	acquiesçais	tu	avais	acquiescé
il/elle	acquiesçait	il/elle	avait	acquiescé
nous	acquiescions	nous	avions	acquiescé
vous	acquiesciez	vous	aviez	acquiescé
ils/elles	acquiesçaient	ils/elles	avaient	acquiescé
futur simple		**futur antérieur**		
j'	acquiescerai	j'	aurai	acquiescé
tu	acquiesceras	tu	auras	acquiescé
il/elle	acquiescera	il/elle	aura	acquiescé
nous	acquiescerons	nous	aurons	acquiescé
vous	acquiescerez	vous	aurez	acquiescé
ils/elles	acquiesceront	ils/elles	auront	acquiescé
passé simple		**passé antérieur**		
j'	acquiesçai	j'	eus	acquiescé
tu	acquiesças	tu	eus	acquiescé
il/elle	acquiesça	il/elle	eut	acquiescé
nous	acquiesçâmes	nous	eûmes	acquiescé
vous	acquiesçâtes	vous	eûtes	acquiescé
ils/elles	acquiescèrent	ils/elles	eurent	acquiescé

Conditionnel

présent		passé		
j'	acquiescerais	j'	aurais	acquiescé
tu	acquiescerais	tu	aurais	acquiescé
il/elle	acquiescerait	il/elle	aurait	acquiescé
nous	acquiescerions	nous	aurions	acquiescé
vous	acquiesceriez	vous	auriez	acquiescé
ils/elles	acquiesceraient	ils/elles	auraient	acquiescé

Infinitif

présent	passé	
acquiescer	avoir	acquiescé

Participe

présent	passé	
acquiesçant	acquiescé	
	ayant	acquiescé

Impératif

présent	passé	
acquiesce	aie	acquiescé
acquiesçons	ayons	acquiescé
acquiescez	ayez	acquiescé

Subjonctif

présent		passé		
que j'	acquiesce	que j'	aie	acquiescé
que tu	acquiesces	que tu	aies	acquiescé
qu'il/elle	acquiesce	qu'il/elle	ait	acquiescé
que nous	acquiescions	que nous	ayons	acquiescé
que vous	acquiesciez	que vous	ayez	acquiescé
qu'ils/elles	acquiescent	qu'ils/elles	aient	acquiescé

imparfait		plus-que-parfait		
que j'	acquiesçasse	que j'	eusse	acquiescé
que tu	acquiesçasses	que tu	eusses	acquiescé
qu'il/elle	acquiesçât	qu'il/elle	eût	acquiescé
que nous	acquiesçassions	que nous	eussions	acquiescé
que vous	acquiesçassiez	que vous	eussiez	acquiescé
qu'ils/elles	acquiesçassent	qu'ils/elles	eussent	acquiescé

20 CÉDER

Indicatif

présent		passé composé		
je	**cède**	j'	**ai**	**cédé**
tu	**cèdes**	tu	**as**	**cédé**
il/elle	**cède**	il/elle	**a**	**cédé**
nous	**cédons**	nous	**avons**	**cédé**
vous	**cédez**	vous	**avez**	**cédé**
ils/elles	**cèdent**	ils/elles	**ont**	**cédé**

imparfait		plus-que-parfait		
je	**cédais**	j'	**avais**	**cédé**
tu	**cédais**	tu	**avais**	**cédé**
il/elle	**cédait**	il/elle	**avait**	**cédé**
nous	**cédions**	nous	**avions**	**cédé**
vous	**cédiez**	vous	**aviez**	**cédé**
ils/elles	**cédaient**	ils/elles	**avaient**	**cédé**

futur simple		futur antérieur		
je	**céderai**	j'	**aurai**	**cédé**
tu	**céderas**	tu	**auras**	**cédé**
il/elle	**cédera**	il/elle	**aura**	**cédé**
nous	**céderons**	nous	**aurons**	**cédé**
vous	**céderez**	vous	**aurez**	**cédé**
ils/elles	**céderont**	ils/elles	**auront**	**cédé**

passé simple		passé antérieur		
je	**cédai**	j'	**eus**	**cédé**
tu	**cédas**	tu	**eus**	**cédé**
il/elle	**céda**	il/elle	**eut**	**cédé**
nous	**cédâmes**	nous	**eûmes**	**cédé**
vous	**cédâtes**	vous	**eûtes**	**cédé**
ils/elles	**cédèrent**	ils/elles	**eurent**	**cédé**

Conditionnel

présent		passé		
je	**céderais**	j'	**aurais**	**cédé**
tu	**céderais**	tu	**aurais**	**cédé**
il/elle	**céderait**	il/elle	**aurait**	**cédé**
nous	**céderions**	nous	**aurions**	**cédé**
vous	**céderiez**	vous	**auriez**	**cédé**
ils/elles	**céderaient**	ils/elles	**auraient**	**cédé**

Infinitif

présent	passé	
céder	avoir	cédé

Participe

présent	passé	
cédant	cédé/ée,	cédés/ées
	ayant	cédé

Impératif

présent	passé	
cède	aie	cédé
cédons	ayons	cédé
cédez	ayez	cédé

Subjonctif

présent		passé		
que je	cède	que j'	aie	cédé
que tu	cèdes	que tu	aies	cédé
qu'il/elle	cède	qu'il/elle	ait	cédé
que nous	cédions	que nous	ayons	cédé
que vous	cédiez	que vous	ayez	cédé
qu'ils/elles	cèdent	qu'ils/elles	aient	cédé

imparfait		plus-que-parfait		
que je	cédasse	que j'	eusse	cédé
que tu	cédasses	que tu	eusses	cédé
qu'il/elle	cédât	qu'il/elle	eût	cédé
que nous	cédassions	que nous	eussions	cédé
que vous	cédassiez	que vous	eussiez	cédé
qu'ils/elles	cédassent	qu'ils/elles	eussent	cédé

21 PROTÉGER

1er groupe

Indicatif

présent		passé composé		
je	protège	j'	ai	protégé
tu	protèges	tu	as	protégé
il/elle	protège	il/elle	a	protégé
nous	protégeons	nous	avons	protégé
vous	protégez	vous	avez	protégé
ils/elles	protègent	ils/elles	ont	protégé
imparfait		**plus-que-parfait**		
je	protégeais	j'	avais	protégé
tu	protégeais	tu	avais	protégé
il/elle	protégeait	il/elle	avait	protégé
nous	protégions	nous	avions	protégé
vous	protégiez	vous	aviez	protégé
ils/elles	protégeaient	ils/elles	avaient	protégé
futur simple		**futur antérieur**		
je	protégerai	j'	aurai	protégé
tu	protégeras	tu	auras	protégé
il/elle	protégera	il/elle	aura	protégé
nous	protégerons	nous	aurons	protégé
vous	protégerez	vous	aurez	protégé
ils/elles	protégeront	ils/elles	auront	protégé
passé simple		**passé antérieur**		
je	protégeai	j'	eus	protégé
tu	protégeas	tu	eus	protégé
il/elle	protégea	il/elle	eut	protégé
nous	protégeâmes	nous	eûmes	protégé
vous	protégeâtes	vous	eûtes	protégé
ils/elles	protégèrent	ils/elles	eurent	protégé

Conditionnel

présent		passé		
je	protégerais	j'	aurais	protégé
tu	protégerais	tu	aurais	protégé
il/elle	protégerait	il/elle	aurait	protégé
nous	protégerions	nous	aurions	protégé
vous	protégeriez	vous	auriez	protégé
ils/elles	protégeraient	ils/elles	auraient	protégé

Infinitif

présent	passé	
protéger	avoir	protégé

Participe

présent	passé	
protégeant	protégé/ée,	protégés/ées
	ayant	protégé

Impératif

présent	passé	
protège	aie	protégé
protégeons	ayons	protégé
protégez	ayez	protégé

Subjonctif

présent		passé		
que je	protège	que j'	aie	protégé
que tu	protèges	que tu	aies	protégé
qu'il/elle	protège	qu'il/elle	ait	protégé
que nous	protégions	que nous	ayons	protégé
que vous	protégiez	que vous	ayez	protégé
qu'ils/elles	protègent	qu'ils/elles	aient	protégé

imparfait		plus-que-parfait		
que je	protégeasse	que j'	eusse	protégé
que tu	protégeasses	que tu	eusses	protégé
qu'il/elle	protégeât	qu'il/elle	eût	protégé
que nous	protégeassions	que nous	eussions	protégé
que vous	protégeassiez	que vous	eussiez	protégé
qu'ils/elles	protégeassent	qu'ils/elles	eussent	protégé

22 RAPIÉCER

1er groupe

Indicatif

présent		passé composé		
je	rapièce	j'	ai	rapiécé
tu	rapièces	tu	as	rapiécé
il/elle	rapièce	il/elle	a	rapiécé
nous	rapiéçons	nous	avons	rapiécé
vous	rapiécez	vous	avez	rapiécé
ils/elles	rapiècent	ils/elles	ont	rapiécé
imparfait		**plus-que-parfait**		
je	rapiéçais	j'	avais	rapiécé
tu	rapiéçais	tu	avais	rapiécé
il/elle	rapiéçait	il/elle	avait	rapiécé
nous	rapiécions	nous	avions	rapiécé
vous	rapiéciez	vous	aviez	rapiécé
ils/elles	rapiéçaient	ils/elles	avaient	rapiécé
futur simple		**futur antérieur**		
je	rapiécerai	j'	aurai	rapiécé
tu	rapiéceras	tu	auras	rapiécé
il/elle	rapiécera	il/elle	aura	rapiécé
nous	rapiécerons	nous	aurons	rapiécé
vous	rapiécerez	vous	aurez	rapiécé
ils/elles	rapiéceront	ils/elles	auront	rapiécé
passé simple		**passé antérieur**		
je	rapiéçai	j'	eus	rapiécé
tu	rapiéças	tu	eus	rapiécé
il/elle	rapiéça	il/elle	eut	rapiécé
nous	rapiéçâmes	nous	eûmes	rapiécé
vous	rapiéçâtes	vous	eûtes	rapiécé
ils/elles	rapiécèrent	ils/elles	eurent	rapiécé

Conditionnel

présent		passé		
je	rapiécerais	j'	aurais	rapiécé
tu	rapiécerais	tu	aurais	rapiécé
il/elle	rapiécerait	il/elle	aurait	rapiécé
nous	rapiécerions	nous	aurions	rapiécé
vous	rapiéceriez	vous	auriez	rapiécé
ils/elles	rapiéceraient	ils/elles	auraient	rapiécé

Infinitif

présent	passé	
rapiécer	avoir	rapiécé

Participe

présent	passé	
rapiéçant	rapiécé/ée,	rapiécés/ées
	ayant	rapiécé

Impératif

présent	passé	
rapièce	aie	rapiécé
rapiéçons	ayons	rapiécé
rapiécez	ayez	rapiécé

Subjonctif

présent		passé		
que je	rapièce	que j'	aie	rapiécé
que tu	rapièces	que tu	aies	rapiécé
qu'il/elle	rapièce	qu'il/elle	ait	rapiécé
que nous	rapiécions	que nous	ayons	rapiécé
que vous	rapiéciez	que vous	ayez	rapiécé
qu'ils/elles	rapiècent	qu'ils/elles	aient	rapiécé

imparfait		plus-que-parfait		
que je	rapiéçasse	que j'	eusse	rapiécé
que tu	rapiéçasses	que tu	eusses	rapiécé
qu'il/elle	rapiéçât	qu'il/elle	eût	rapiécé
que nous	rapiéçassions	que nous	eussions	rapiécé
que vous	rapiéçassiez	que vous	eussiez	rapiécé
qu'ils/elles	rapiéçassent	qu'ils/elles	eussent	rapiécé

23 APPELER

1er groupe

Indicatif

présent		passé composé		
j'	appelle	j'	ai	appelé
tu	appelles	tu	as	appelé
il/elle	appelle	il/elle	a	appelé
nous	appelons	nous	avons	appelé
vous	appelez	vous	avez	appelé
ils/elles	appellent	ils/elles	ont	appelé
imparfait		**plus-que-parfait**		
j'	appelais	j'	avais	appelé
tu	appelais	tu	avais	appelé
il/elle	appelait	il/elle	avait	appelé
nous	appelions	nous	avions	appelé
vous	appeliez	vous	aviez	appelé
ils/elles	appelaient	ils/elles	avaient	appelé
futur simple		**futur antérieur**		
j'	appellerai	j'	aurai	appelé
tu	appelleras	tu	auras	appelé
il/elle	appellera	il/elle	aura	appelé
nous	appellerons	nous	aurons	appelé
vous	appellerez	vous	aurez	appelé
ils/elles	appelleront	ils/elles	auront	appelé
passé simple		**passé antérieur**		
j'	appelai	j'	eus	appelé
tu	appelas	tu	eus	appelé
il/elle	appela	il/elle	eut	appelé
nous	appelâmes	nous	eûmes	appelé
vous	appelâtes	vous	eûtes	appelé
ils/elles	appelèrent	ils/elles	eurent	appelé

Conditionnel

présent		passé		
j'	appellerais	j'	aurais	appelé
tu	appellerais	tu	aurais	appelé
il/elle	appellerait	il/elle	aurait	appelé
nous	appellerions	nous	aurions	appelé
vous	appelleriez	vous	auriez	appelé
ils/elles	appelleraient	ils/elles	auraient	appelé

Infinitif

présent	passé	
appeler	avoir	appelé

Participe

présent	passé	
appelant	appelé/ée,	appelés/ées
	ayant	appelé

Impératif

présent	passé	
appelle	aie	appelé
appelons	ayons	appelé
appelez	ayez	appelé

Subjonctif

présent		passé		
que j'	appelle	que j'	aie	appelé
que tu	appelles	que tu	aies	appelé
qu'il/elle	appelle	qu'il/elle	ait	appelé
que nous	appelions	que nous	ayons	appelé
que vous	appeliez	que vous	ayez	appelé
qu'ils/elles	appellent	qu'ils/elles	aient	appelé

imparfait		plus-que-parfait		
que j'	appelasse	que j'	eusse	appelé
que tu	appelasses	que tu	eusses	appelé
qu'il/elle	appelât	qu'il/elle	eût	appelé
que nous	appelassions	que nous	eussions	appelé
que vous	appelassiez	que vous	eussiez	appelé
qu'ils/elles	appelassent	qu'ils/elles	eussent	appelé

24 INTERPELLER

1er groupe

Indicatif

présent		passé composé		
j'	interpelle	j'	ai	interpellé
tu	interpelles	tu	as	interpellé
il/elle	interpelle	il/elle	a	interpellé
nous	interpellons	nous	avons	interpellé
vous	interpellez	vous	avez	interpellé
ils/elles	interpellent	ils/elles	ont	interpellé
imparfait		**plus-que-parfait**		
j'	interpellais	j'	avais	interpellé
tu	interpellais	tu	avais	interpellé
il/elle	interpellait	il/elle	avait	interpellé
nous	interpellions	nous	avions	interpellé
vous	interpelliez	vous	aviez	interpellé
ils/elles	interpellaient	ils/elles	avaient	interpellé
futur simple		**futur antérieur**		
j'	interpellerai	j'	aurai	interpellé
tu	interpelleras	tu	auras	interpellé
il/elle	interpellera	il/elle	aura	interpellé
nous	interpellerons	nous	aurons	interpellé
vous	interpellerez	vous	aurez	interpellé
ils/elles	interpelleront	ils/elles	auront	interpellé
passé simple		**passé antérieur**		
j'	interpellai	j'	eus	interpellé
tu	interpellas	tu	eus	interpellé
il/elle	interpella	il/elle	eut	interpellé
nous	interpellâmes	nous	eûmes	interpellé
vous	interpellâtes	vous	eûtes	interpellé
ils/elles	interpellèrent	ils/elles	eurent	interpellé

Conditionnel

présent		passé		
j'	interpellerais	j'	aurais	interpellé
tu	interpellerais	tu	aurais	interpellé
il/elle	interpellerait	il/elle	aurait	interpellé
nous	interpellerions	nous	aurions	interpellé
vous	interpelleriez	vous	auriez	interpellé
ils/elles	interpelleraient	ils/elles	auraient	interpellé

Infinitif

présent	passé	
interpeller	avoir	interpellé

Participe

présent	passé	
interpellant	interpellé/ée,	interpellés/ées
	ayant	interpellé

Impératif

présent	passé	
interpelle	aie	interpellé
interpellons	ayons	interpellé
interpellez	ayez	interpellé

Subjonctif

présent

que j'	interpelle
que tu	interpelles
qu'il/elle	interpelle
que nous	interpellions
que vous	interpelliez
qu'ils/elles	interpellent

passé

que j'	aie	interpellé
que tu	aies	interpellé
qu'il/elle	ait	interpellé
que nous	ayons	interpellé
que vous	ayez	interpellé
qu'ils/elles	aient	interpellé

imparfait

que j'	interpellasse
que tu	interpellasses
qu'il/elle	interpellât
que nous	interpellassions
que vous	interpellassiez
qu'ils/elles	interpellassent

plus-que-parfait

que j'	eusse	interpellé
que tu	eusses	interpellé
qu'il/elle	eût	interpellé
que nous	eussions	interpellé
que vous	eussiez	interpellé
qu'ils/elles	eussent	interpellé

25 GELER

1er groupe

Indicatif

présent		passé composé		
je	**gèle**	j'	**ai**	**gelé**
tu	**gèles**	tu	**as**	**gelé**
il/elle	**gèle**	il/elle	**a**	**gelé**
nous	**gelons**	nous	**avons**	**gelé**
vous	**gelez**	vous	**avez**	**gelé**
ils/elles	**gèlent**	ils/elles	**ont**	**gelé**
imparfait		**plus-que-parfait**		
je	**gelais**	j'	**avais**	**gelé**
tu	**gelais**	tu	**avais**	**gelé**
il/elle	**gelait**	il/elle	**avait**	**gelé**
nous	**gelions**	nous	**avions**	**gelé**
vous	**geliez**	vous	**aviez**	**gelé**
ils/elles	**gelaient**	ils/elles	**avaient**	**gelé**
futur simple		**futur antérieur**		
je	**gèlerai**	j'	**aurai**	**gelé**
tu	**gèleras**	tu	**auras**	**gelé**
il/elle	**gèlera**	il/elle	**aura**	**gelé**
nous	**gèlerons**	nous	**aurons**	**gelé**
vous	**gèlerez**	vous	**aurez**	**gelé**
ils/elles	**gèleront**	ils/elles	**auront**	**gelé**
passé simple		**passé antérieur**		
je	**gelai**	j'	**eus**	**gelé**
tu	**gelas**	tu	**eus**	**gelé**
il/elle	**gela**	il/elle	**eut**	**gelé**
nous	**gelâmes**	nous	**eûmes**	**gelé**
vous	**gelâtes**	vous	**eûtes**	**gelé**
ils/elles	**gelèrent**	ils/elles	**eurent**	**gelé**

Conditionnel

présent		passé		
je	**gèlerais**	j'	**aurais**	**gelé**
tu	**gèlerais**	tu	**aurais**	**gelé**
il/elle	**gèlerait**	il/elle	**aurait**	**gelé**
nous	**gèlerions**	nous	**aurions**	**gelé**
vous	**gèleriez**	vous	**auriez**	**gelé**
ils/elles	**gèleraient**	ils/elles	**auraient**	**gelé**

Infinitif

présent	passé	
geler	avoir	gelé

Participe

présent	passé	
gelant	gelé/ée,	gelés/ées
	ayant	gelé

Impératif

présent	passé	
gèle	aie	gelé
gelons	ayons	gelé
gelez	ayez	gelé

Subjonctif

présent		passé		
que je	gèle	que j'	aie	gelé
que tu	gèles	que tu	aies	gelé
qu'il/elle	gèle	qu'il/elle	ait	gelé
que nous	gelions	que nous	ayons	gelé
que vous	geliez	que vous	ayez	gelé
qu'ils/elles	gèlent	qu'ils/elles	aient	gelé

imparfait		plus-que-parfait		
que je	gelasse	que j'	eusse	gelé
que tu	gelasses	que tu	eusses	gelé
qu'il/elle	gelât	qu'il/elle	eût	gelé
que nous	gelassions	que nous	eussions	gelé
que vous	gelassiez	que vous	eussiez	gelé
qu'ils/elles	gelassent	qu'ils/elles	eussent	gelé

26 DÉPECER

1er groupe

Indicatif

présent

je	dépèce
tu	dépèces
il/elle	dépèce
nous	dépeçons
vous	dépecez
ils/elles	dépècent

imparfait

je	dépeçais
tu	dépeçais
il/elle	dépeçait
nous	dépecions
vous	dépeciez
ils/elles	dépeçaient

futur simple

je	dépècerai
tu	dépèceras
il/elle	dépècera
nous	dépècerons
vous	dépècerez
ils/elles	dépèceront

passé simple

je	dépeçai
tu	dépeças
il/elle	dépeça
nous	dépeçâmes
vous	dépeçâtes
ils/elles	dépecèrent

passé composé

j'	ai	dépecé
tu	as	dépecé
il/elle	a	dépecé
nous	avons	dépecé
vous	avez	dépecé
ils/elles	ont	dépecé

plus-que-parfait

j'	avais	dépecé
tu	avais	dépecé
il/elle	avait	dépecé
nous	avions	dépecé
vous	aviez	dépecé
ils/elles	avaient	dépecé

futur antérieur

j'	aurai	dépecé
tu	auras	dépecé
il/elle	aura	dépecé
nous	aurons	dépecé
vous	aurez	dépecé
ils/elles	auront	dépecé

passé antérieur

j'	eus	dépecé
tu	eus	dépecé
il/elle	eut	dépecé
nous	eûmes	dépecé
vous	eûtes	dépecé
ils/elles	eurent	dépecé

Conditionnel

présent

je	dépècerais
tu	dépècerais
il/elle	dépècerait
nous	dépècerions
vous	dépèceriez
ils/elles	dépèceraient

passé

j'	aurais	dépecé
tu	aurais	dépecé
il/elle	aurait	dépecé
nous	aurions	dépecé
vous	auriez	dépecé
ils/elles	auraient	dépecé

Infinitif

présent	passé	
dépecer	avoir	dépecé

Participe

présent	passé	
dépeçant	dépecé/ée,	dépecés/ées
	ayant	dépecé

Impératif

présent	passé	
dépèce	aie	dépecé
dépeçons	ayons	dépecé
dépecez	ayez	dépecé

Subjonctif

présent		passé		
que je	dépèce	que j'	aie	dépecé
que tu	dépèces	que tu	aies	dépecé
qu'il/elle	dépèce	qu'il/elle	ait	dépecé
que nous	dépecions	que nous	ayons	dépecé
que vous	dépeciez	que vous	ayez	dépecé
qu'ils/elles	dépècent	qu'ils/elles	aient	dépecé

imparfait		plus-que-parfait		
que je	dépeçasse	que j'	eusse	dépecé
que tu	dépeçasses	que tu	eusses	dépecé
qu'il/elle	dépeçât	qu'il/elle	eût	dépecé
que nous	dépeçassions	que nous	eussions	dépecé
que vous	dépeçassiez	que vous	eussiez	dépecé
qu'ils/elles	dépeçassent	qu'ils/elles	eussent	dépecé

Indicatif

présent

je	**jette**
tu	**jettes**
il/elle	**jette**
nous	**jetons**
vous	**jetez**
ils/elles	**jettent**

imparfait

je	**jetais**
tu	**jetais**
il/elle	**jetait**
nous	**jetions**
vous	**jetiez**
ils/elles	**jetaient**

futur simple

je	**jetterai**
tu	**jetteras**
il/elle	**jettera**
nous	**jetterons**
vous	**jetterez**
ils/elles	**jetteront**

passé simple

je	**jetai**
tu	**jetas**
il/elle	**jeta**
nous	**jetâmes**
vous	**jetâtes**
ils/elles	**jetèrent**

passé composé

j'	**ai**	**jeté**
tu	**as**	**jeté**
il/elle	**a**	**jeté**
nous	**avons**	**jeté**
vous	**avez**	**jeté**
ils/elles	**ont**	**jeté**

plus-que-parfait

j'	**avais**	**jeté**
tu	**avais**	**jeté**
il/elle	**avait**	**jeté**
nous	**avions**	**jeté**
vous	**aviez**	**jeté**
ils/elles	**avaient**	**jeté**

futur antérieur

j'	**aurai**	**jeté**
tu	**auras**	**jeté**
il/elle	**aura**	**jeté**
nous	**aurons**	**jeté**
vous	**aurez**	**jeté**
ils/elles	**auront**	**jeté**

passé antérieur

j'	**eus**	**jeté**
tu	**eus**	**jeté**
il/elle	**eut**	**jeté**
nous	**eûmes**	**jeté**
vous	**eûtes**	**jeté**
ils/elles	**eurent**	**jeté**

Conditionnel

présent

je	**jetterais**
tu	**jetterais**
il/elle	**jetterait**
nous	**jetterions**
vous	**jetteriez**
ils/elles	**jetteraient**

passé

j'	**aurais**	**jeté**
tu	**aurais**	**jeté**
il/elle	**aurait**	**jeté**
nous	**aurions**	**jeté**
vous	**auriez**	**jeté**
ils/elles	**auraient**	**jeté**

Infinitif

présent	passé	
jeter	avoir	jeté

Participe

présent	passé	
jetant	jeté/ée,	jetés/ées
	ayant	jeté

Impératif

présent	passé	
jette	aie	jeté
jetons	ayons	jeté
jetez	ayez	jeté

Subjonctif

présent		passé		
que je	jette	que j'	aie	jeté
que tu	jettes	que tu	aies	jeté
qu'il/elle	jette	qu'il/elle	ait	jeté
que nous	jetions	que nous	ayons	jeté
que vous	jetiez	que vous	ayez	jeté
qu'ils/elles	jettent	qu'ils/elles	aient	jeté

imparfait		plus-que-parfait		
que je	jetasse	que j'	eusse	jeté
que tu	jetasses	que tu	eusses	jeté
qu'il/elle	jetât	qu'il/elle	eût	jeté
que nous	jetassions	que nous	eussions	jeté
que vous	jetassiez	que vous	eussiez	jeté
qu'ils/elles	jetassent	qu'ils/elles	eussent	jeté

Indicatif

présent		passé composé		
j'	achète	j'	ai	acheté
tu	achètes	tu	as	acheté
il/elle	achète	il/elle	a	acheté
nous	achetons	nous	avons	acheté
vous	achetez	vous	avez	acheté
ils/elles	achètent	ils/elles	ont	acheté
imparfait		**plus-que-parfait**		
j'	achetais	j'	avais	acheté
tu	achetais	tu	avais	acheté
il/elle	achetait	il/elle	avait	acheté
nous	achetions	nous	avions	acheté
vous	achetiez	vous	aviez	acheté
ils/elles	achetaient	ils/elles	avaient	acheté
futur simple		**futur antérieur**		
j'	achèterai	j'	aurai	acheté
tu	achèteras	tu	auras	acheté
il/elle	achètera	il/elle	aura	acheté
nous	achèterons	nous	aurons	acheté
vous	achèterez	vous	aurez	acheté
ils/elles	achèteront	ils/elles	auront	acheté
passé simple		**passé antérieur**		
j'	achetai	j'	eus	acheté
tu	achetas	tu	eus	acheté
il/elle	acheta	il/elle	eut	acheté
nous	achetâmes	nous	eûmes	acheté
vous	achetâtes	vous	eûtes	acheté
ils/elles	achetèrent	ils/elles	eurent	acheté

Conditionnel

présent		passé		
j'	achèterais	j'	aurais	acheté
tu	achèterais	tu	aurais	acheté
il/elle	achèterait	il/elle	aurait	acheté
nous	achèterions	nous	aurions	acheté
vous	achèteriez	vous	auriez	acheté
ils/elles	achèteraient	ils/elles	auraient	acheté

Infinitif

présent	passé	
acheter	avoir	acheté

Participe

présent	passé	
achetant	acheté/ée,	achetés/ées
	ayant	acheté

Impératif

présent	passé	
achète	aie	acheté
achetons	ayons	acheté
achetez	ayez	acheté

Subjonctif

présent		passé		
que j'	achète	que j'	aie	acheté
que tu	achètes	que tu	aies	acheté
qu'il/elle	achète	qu'il/elle	ait	acheté
que nous	achetions	que nous	ayons	acheté
que vous	achetiez	que vous	ayez	acheté
qu'ils/elles	achètent	qu'ils/elles	aient	acheté

imparfait		plus-que-parfait		
que j'	achetasse	que j'	eusse	acheté
que tu	achetasses	que tu	eusses	acheté
qu'il/elle	achetât	qu'il/elle	eût	acheté
que nous	achetassions	que nous	eussions	acheté
que vous	achetassiez	que vous	eussiez	acheté
qu'ils/elles	achetassent	qu'ils/elles	eussent	acheté

Indicatif

présent		passé composé		
je	**paie**	j'	**ai**	**payé**
tu	**paies**	tu	**as**	**payé**
il/elle	**paie**	il/elle	**a**	**payé**
nous	**payons**	nous	**avons**	**payé**
vous	**payez**	vous	**avez**	**payé**
ils/elles	**paient**	ils/elles	**ont**	**payé**
imparfait		**plus-que-parfait**		
je	**payais**	j'	**avais**	**payé**
tu	**payais**	tu	**avais**	**payé**
il/elle	**payait**	il/elle	**avait**	**payé**
nous	**payions**	nous	**avions**	**payé**
vous	**payiez**	vous	**aviez**	**payé**
ils/elles	**payaient**	ils/elles	**avaient**	**payé**
futur simple		**futur antérieur**		
je	**paierai**	j'	**aurai**	**payé**
tu	**paieras**	tu	**auras**	**payé**
il/elle	**paiera**	il/elle	**aura**	**payé**
nous	**paierons**	nous	**aurons**	**payé**
vous	**paierez**	vous	**aurez**	**payé**
ils/elles	**paieront**	ils/elles	**auront**	**payé**
passé simple		**passé antérieur**		
je	**payai**	j'	**eus**	**payé**
tu	**payas**	tu	**eus**	**payé**
il/elle	**paya**	il/elle	**eut**	**payé**
nous	**payâmes**	nous	**eûmes**	**payé**
vous	**payâtes**	vous	**eûtes**	**payé**
ils/elles	**payèrent**	ils/elles	**eurent**	**payé**

Conditionnel

présent		passé		
je	**paierais**	j'	**aurais**	**payé**
tu	**paierais**	tu	**aurais**	**payé**
il/elle	**paierait**	il/elle	**aurait**	**payé**
nous	**paierions**	nous	**aurions**	**payé**
vous	**paieriez**	vous	**auriez**	**payé**
ils/elles	**paieraient**	ils/elles	**auraient**	**payé**

Infinitif

présent		passé	
payer		avoir	payé

Participe

présent		passé	
payant		payé/ée,	payés/ées
		ayant	payé

Impératif

présent		passé	
paie		aie	payé
payons		ayons	payé
payez		ayez	payé

Subjonctif

présent		passé		
que je	**paie**	quc j'	**aie**	**payé**
que tu	**paies**	que tu	**aies**	**payé**
qu'il/elle	**paie**	qu'il/elle	**ait**	**payé**
que nous	**payions**	que nous	**ayons**	**payé**
que vous	**payiez**	que vous	**ayez**	**payé**
qu'ils/elles	**paient**	qu'ils/elles	**aient**	**payé**

imparfait		plus-que-parfait		
que je	**payasse**	que j'	**eusse**	**payé**
que tu	**payasses**	que tu	**eusses**	**payé**
qu'il/elle	**payât**	qu'il/elle	**eût**	**payé**
que nous	**payassions**	que nous	**eussions**	**payé**
que vous	**payassiez**	que vous	**eussiez**	**payé**
qu'ils/elles	**payassent**	qu'ils/elles	**eussent**	**payé**

Indicatif

présent		passé composé		
je	**paye**	j'	**ai**	**payé**
tu	**payes**	tu	**as**	**payé**
il/elle	**paye**	il/elle	**a**	**payé**
nous	**payons**	nous	**avons**	**payé**
vous	**payez**	vous	**avez**	**payé**
ils/elles	**payent**	ils/elles	**ont**	**payé**
imparfait		**plus-que-parfait**		
je	**payais**	j'	**avais**	**payé**
tu	**payais**	tu	**avais**	**payé**
il/elle	**payait**	il/elle	**avait**	**payé**
nous	**payions**	nous	**avions**	**payé**
vous	**payiez**	vous	**aviez**	**payé**
ils/elles	**payaient**	ils/elles	**avaient**	**payé**
futur simple		**futur antérieur**		
je	**payerai**	j'	**aurai**	**payé**
tu	**payeras**	tu	**auras**	**payé**
il/elle	**payera**	il/elle	**aura**	**payé**
nous	**payerons**	nous	**aurons**	**payé**
vous	**payerez**	vous	**aurez**	**payé**
ils/elles	**payeront**	ils/elles	**auront**	**payé**
passé simple		**passé antérieur**		
je	**payai**	j'	**eus**	**payé**
tu	**payas**	tu	**eus**	**payé**
il/elle	**paya**	il/elle	**eut**	**payé**
nous	**payâmes**	nous	**eûmes**	**payé**
vous	**payâtes**	vous	**eûtes**	**payé**
ils/elles	**payèrent**	ils/elles	**eurent**	**payé**

Conditionnel

présent		passé		
je	**payerais**	j'	**aurais**	**payé**
tu	**payerais**	tu	**aurais**	**payé**
il/elle	**payerait**	il/elle	**aurait**	**payé**
nous	**payerions**	nous	**aurions**	**payé**
vous	**payeriez**	vous	**auriez**	**payé**
ils/elles	**payeraient**	ils/elles	**auraient**	**payé**

Infinitif

présent	passé	
payer	avoir	payé

Participe

présent	passé	
payant	payé/ée,	payés/ées
	ayant	payé

Impératif

présent	passé	
paye	aie	payé
payons	ayons	payé
payez	ayez	payé

Subjonctif

présent		passé		
que je	paye	que j'	aie	payé
que tu	payes	que tu	aies	payé
qu'il/elle	paye	qu'il/elle	ait	payé
que nous	payions	que nous	ayons	payé
que vous	payiez	que vous	ayez	payé
qu'ils/elles	payent	qu'ils/elles	aient	payé

imparfait		plus-que-parfait		
que je	payasse	que j'	eusse	payé
que tu	payasses	que tu	eusses	payé
qu'il/elle	payât	qu'il/elle	eût	payé
que nous	payassions	que nous	eussions	payé
que vous	payassiez	que vous	eussiez	payé
qu'ils/elles	payassent	qu'ils/elles	eussent	payé

31 EMPLOYER

1er groupe

Indicatif

présent		passé composé		
j'	emploie	j'	ai	employé
tu	emploies	tu	as	employé
il/elle	emploie	il/elle	a	employé
nous	employons	nous	avons	employé
vous	employez	vous	avez	employé
ils/elles	emploient	ils/elles	ont	employé
imparfait		**plus-que-parfait**		
j'	employais	j'	avais	employé
tu	employais	tu	avais	employé
il/elle	employait	il/elle	avait	employé
nous	employions	nous	avions	employé
vous	employiez	vous	aviez	employé
ils/elles	employaient	ils/elles	avaient	employé
futur simple		**futur antérieur**		
j'	emploierai	j'	aurai	employé
tu	emploieras	tu	auras	employé
il/elle	emploiera	il/elle	aura	employé
nous	emploierons	nous	aurons	employé
vous	emploierez	vous	aurez	employé
ils/elles	emploieront	ils/elles	auront	employé
passé simple		**passé antérieur**		
j'	employai	j'	eus	employé
tu	employas	tu	eus	employé
il/elle	employa	il/elle	eut	employé
nous	employâmes	nous	eûmes	employé
vous	employâtes	vous	eûtes	employé
ils/elles	employèrent	ils/elles	eurent	employé

Conditionnel

présent		passé		
j'	emploierais	j'	aurais	employé
tu	emploierais	tu	aurais	employé
il/elle	emploierait	il/elle	aurait	employé
nous	emploierions	nous	aurions	employé
vous	emploieriez	vous	auriez	employé
ils/elles	emploieraient	ils/elles	auraient	employé

Infinitif

présent	passé	
employer	avoir	employé

Participe

présent	passé	
employant	employé/ée,	employés/ées
	ayant	employé

Impératif

présent	passé	
emploie	aie	employé
employons	ayons	employé
employez	ayez	employé

Subjonctif

présent		passé		
que j'	emploie	que j'	aie	employé
que tu	emploies	que tu	aies	employé
qu'il/elle	emploie	qu'il/elle	ait	employé
que nous	employions	que nous	ayons	employé
que vous	employiez	que vous	ayez	employé
qu'ils/elles	emploient	qu'ils/elles	aient	employé

imparfait		plus-que-parfait		
que j'	employasse	que j'	eusse	employé
que tu	employasses	que tu	eusses	employé
qu'il/elle	employât	qu'il/elle	eût	employé
que nous	employassions	que nous	eussions	employé
que vous	employassiez	que vous	eussiez	employé
qu'ils/elles	employassent	qu'ils/elles	eussent	employé

32 ESSUYER

1er groupe

Indicatif

présent		passé composé		
j'	essuie	j'	ai	essuyé
tu	essuies	tu	as	essuyé
il/elle	essuie	il/elle	a	essuyé
nous	essuyons	nous	avons	essuyé
vous	essuyez	vous	avez	essuyé
ils/elles	essuient	ils/elles	ont	essuyé
imparfait		**plus-que-parfait**		
j'	essuyais	j'	avais	essuyé
tu	essuyais	tu	avais	essuyé
il/elle	essuyait	il/elle	avait	essuyé
nous	essuyions	nous	avions	essuyé
vous	essuyiez	vous	aviez	essuyé
ils/elles	essuyaient	ils/elles	avaient	essuyé
futur simple		**futur antérieur**		
j'	essuierai	j'	aurai	essuyé
tu	essuieras	tu	auras	essuyé
il/elle	essuiera	il/elle	aura	essuyé
nous	essuierons	nous	aurons	essuyé
vous	essuierez	vous	aurez	essuyé
ils/elles	essuieront	ils/elles	auront	essuyé
passé simple		**passé antérieur**		
j'	essuyai	j'	eus	essuyé
tu	essuyas	tu	eus	essuyé
il/elle	essuya	il/elle	eut	essuyé
nous	essuyâmes	nous	eûmes	essuyé
vous	essuyâtes	vous	eûtes	essuyé
ils/elles	essuyèrent	ils/elles	eurent	essuyé

Conditionnel

présent		passé		
j'	essuierais	j'	aurais	essuyé
tu	essuierais	tu	aurais	essuyé
il/elle	essuierait	il/elle	aurait	essuyé
nous	essuierions	nous	aurions	essuyé
vous	essuieriez	vous	auriez	essuyé
ils/elles	essuieraient	ils/elles	auraient	essuyé

Infinitif

présent	passé	
essuyer	avoir	essuyé

Participe

présent	passé	
essuyant	essuyé/ée,	essuyés/ées
	ayant	essuyé

Impératif

présent	passé	
essuie	aie	essuyé
essuyons	ayons	essuyé
essuyez	ayez	essuyé

Subjonctif

présent		passé		
que j'	essuie	que j'	aie	essuyé
que tu	essuies	que tu	aies	essuyé
qu'il/elle	essuie	qu'il/elle	ait	essuyé
que nous	essuyions	que nous	ayons	essuyé
que vous	essuyiez	que vous	ayez	essuyé
qu'ils/elles	essuient	qu'ils/elles	aient	essuyé

imparfait		plus-que-parfait		
que j'	essuyasse	que j'	eusse	essuyé
que tu	essuyasses	que tu	eusses	essuyé
qu'il/elle	essuyât	qu'il/elle	eût	essuyé
que nous	essuyassions	que nous	eussions	essuyé
que vous	essuyassiez	que vous	eussiez	essuyé
qu'ils/elles	essuyassent	qu'ils/elles	eussent	essuyé

33 ENVOYER

1er groupe

Indicatif

présent		passé composé		
j'	envoie	j'	ai	envoyé
tu	envoies	tu	as	envoyé
il/elle	envoie	il/elle	a	envoyé
nous	envoyons	nous	avons	envoyé
vous	envoyez	vous	avez	envoyé
ils/elles	envoient	ils/elles	ont	envoyé
imparfait		**plus-que-parfait**		
j'	envoyais	j'	avais	envoyé
tu	envoyais	tu	avais	envoyé
il/elle	envoyait	il/elle	avait	envoyé
nous	envoyions	nous	avions	envoyé
vous	envoyiez	vous	aviez	envoyé
ils/elles	envoyaient	ils/elles	avaient	envoyé
futur simple		**futur antérieur**		
j'	enverrai	j'	aurai	envoyé
tu	enverras	tu	auras	envoyé
il/elle	enverra	il/elle	aura	envoyé
nous	enverrons	nous	aurons	envoyé
vous	enverrez	vous	aurez	envoyé
ils/elles	enverront	ils/elles	auront	envoyé
passé simple		**passé antérieur**		
j'	envoyai	j'	eus	envoyé
tu	envoyas	tu	eus	envoyé
il/elle	envoya	il/elle	eut	envoyé
nous	envoyâmes	nous	eûmes	envoyé
vous	envoyâtes	vous	eûtes	envoyé
ils/elles	envoyèrent	ils/elles	eurent	envoyé

Conditionnel

présent		passé		
j'	enverrais	j'	aurais	envoyé
tu	enverrais	tu	aurais	envoyé
il/elle	enverrait	il/elle	aurait	envoyé
nous	enverrions	nous	aurions	envoyé
vous	enverriez	vous	auriez	envoyé
ils/elles	enverraient	ils/elles	auraient	envoyé

Infinitif

présent	passé	
envoyer	avoir	envoyé

Participe

présent	passé	
envoyant	envoyé/ée,	envoyés/ées
	ayant	envoyé

Impératif

présent	passé	
envoie	aie	envoyé
envoyons	ayons	envoyé
envoyez	ayez	envoyé

Subjonctif

présent		passé		
que j'	envoie	que j'	aie	envoyé
que tu	envoies	que tu	aies	envoyé
qu'il/elle	envoie	qu'il/elle	ait	envoyé
que nous	envoyions	que nous	ayons	envoyé
que vous	envoyiez	que vous	ayez	envoyé
qu'ils/elles	envoient	qu'ils/elles	aient	envoyé

imparfait		plus-que-parfait		
que j'	envoyasse	que j'	eusse	envoyé
que tu	envoyasses	que tu	eusses	envoyé
qu'il/elle	envoyât	qu'il/elle	eût	envoyé
que nous	envoyassions	que nous	eussions	envoyé
que vous	envoyassiez	que vous	eussiez	envoyé
qu'ils/elles	envoyassent	qu'ils/elles	eussent	envoyé

34 ARGUER

1er groupe

Indicatif

présent

j'	**argue**
tu	**argues**
il/elle	**argue**
nous	**arguons**
vous	**arguez**
ils/elles	**arguent**

imparfait

j'	**arguais**
tu	**arguais**
il/elle	**arguait**
nous	**arguions**
vous	**arguiez**
ils/elles	**arguaient**

futur simple

j'	**arguerai**
tu	**argueras**
il/elle	**arguera**
nous	**arguerons**
vous	**arguerez**
ils/elles	**argueront**

passé simple

j'	**arguai**
tu	**arguas**
il/elle	**argua**
nous	**arguâmes**
vous	**arguâtes**
ils/elles	**arguèrent**

passé composé

j'	**ai**	**argué**
tu	**as**	**argué**
il/elle	**a**	**argué**
nous	**avons**	**argué**
vous	**avez**	**argué**
ils/elles	**ont**	**argué**

plus-que-parfait

j'	**avais**	**argué**
tu	**avais**	**argué**
il/elle	**avait**	**argué**
nous	**avions**	**argué**
vous	**aviez**	**argué**
ils/elles	**avaient**	**argué**

futur antérieur

j'	**aurai**	**argué**
tu	**auras**	**argué**
il/elle	**aura**	**argué**
nous	**aurons**	**argué**
vous	**aurez**	**argué**
ils/elles	**auront**	**argué**

passé antérieur

j'	**eus**	**argué**
tu	**eus**	**argué**
il/elle	**eut**	**argué**
nous	**eûmes**	**argué**
vous	**eûtes**	**argué**
ils/elles	**eurent**	**argué**

Conditionnel

présent

j'	**arguerais**
tu	**arguerais**
il/elle	**arguerait**
nous	**arguerions**
vous	**argueriez**
ils/elles	**argueraient**

passé

j'	**aurais**	**argué**
tu	**aurais**	**argué**
il/elle	**aurait**	**argué**
nous	**aurions**	**argué**
vous	**auriez**	**argué**
ils/elles	**auraient**	**argué**

Infinitif

présent	passé	
arguer	avoir	argué

Participe

présent	passé	
arguant	argué/ée,	argués/ées
	ayant	argué

Impératif

présent	passé	
argue	aie	argué
arguons	ayons	argué
arguez	ayez	argué

Subjonctif

présent		passé		
que j'	argue	que j'	aie	argué
que tu	argues	que tu	aies	argué
qu'il/elle	argue	qu'il/elle	ait	argué
que nous	arguions	que nous	ayons	argué
que vous	arguiez	que vous	ayez	argué
qu'ils/elles	arguent	qu'ils/elles	aient	argué

imparfait		plus-que-parfait		
que j'	arguasse	que j'	eusse	argué
que tu	arguasses	que tu	eusses	argué
qu'il/elle	arguât	qu'il/elle	eût	argué
que nous	arguassions	que nous	eussions	argué
que vous	arguassiez	que vous	eussiez	argué
qu'ils/elles	arguassent	qu'ils/elles	eussent	argué

35 FINIR

2e groupe

Indicatif

présent		passé composé		
je	**finis**	j'	**ai**	**fini**
tu	**finis**	tu	**as**	**fini**
il/elle	**finit**	il/elle	**a**	**fini**
nous	**finissons**	nous	**avons**	**fini**
vous	**finissez**	vous	**avez**	**fini**
ils/elles	**finissent**	ils/elles	**ont**	**fini**
imparfait		**plus-que-parfait**		
je	**finissais**	j'	**avais**	**fini**
tu	**finissais**	tu	**avais**	**fini**
il/elle	**finissait**	il/elle	**avait**	**fini**
nous	**finissions**	nous	**avions**	**fini**
vous	**finissiez**	vous	**aviez**	**fini**
ils/elles	**finissaient**	ils/elles	**avaient**	**fini**
futur simple		**futur antérieur**		
je	**finirai**	j'	**aurai**	**fini**
tu	**finiras**	tu	**auras**	**fini**
il/elle	**finira**	il/elle	**aura**	**fini**
nous	**finirons**	nous	**aurons**	**fini**
vous	**finirez**	vous	**aurez**	**fini**
ils/elles	**finiront**	ils/elles	**auront**	**fini**
passé simple		**passé antérieur**		
je	**finis**	j'	**eus**	**fini**
tu	**finis**	tu	**eus**	**fini**
il/elle	**finit**	il/elle	**eut**	**fini**
nous	**finîmes**	nous	**eûmes**	**fini**
vous	**finîtes**	vous	**eûtes**	**fini**
ils/elles	**finirent**	ils/elles	**eurent**	**fini**

Conditionnel

présent		passé		
je	**finirais**	j'	**aurais**	**fini**
tu	**finirais**	tu	**aurais**	**fini**
il/elle	**finirait**	il/elle	**aurait**	**fini**
nous	**finirions**	nous	**aurions**	**fini**
vous	**finiriez**	vous	**auriez**	**fini**
ils/elles	**finiraient**	ils/elles	**auraient**	**fini**

Infinitif

présent	passé	
finir	avoir	fini

Participe

présent	passé	
finissant	fini/ie,	finis/ies
	ayant	fini

Impératif

présent	passé	
finis	aie	fini
finissons	ayons	fini
finissez	ayez	fini

Subjonctif

présent		passé		
que je	finisse	que j'	aie	fini
que tu	finisses	que tu	aies	fini
qu'il/elle	finisse	qu'il/elle	ait	fini
que nous	finissions	que nous	ayons	fini
que vous	finissiez	que vous	ayez	fini
qu'ils/elles	finissent	qu'ils/elles	aient	fini

imparfait		plus-que-parfait		
que je	finisse	que j'	eusse	fini
que tu	finisses	que tu	eusses	fini
qu'il/elle	finît	qu'il/elle	eût	fini
que nous	finissions	que nous	eussions	fini
que vous	finissiez	que vous	eussiez	fini
qu'ils/elles	finissent	qu'ils/elles	eussent	fini

Indicatif

présent		passé composé		
je	**hais**	j'	**ai**	**haï**
tu	**hais**	tu	**as**	**haï**
il/elle	**hait**	il/elle	**a**	**haï**
nous	**haïssons**	nous	**avons**	**haï**
vous	**haïssez**	vous	**avez**	**haï**
ils/elles	**haïssent**	ils/elles	**ont**	**haï**

imparfait		plus-que-parfait		
je	**haïssais**	j'	**avais**	**haï**
tu	**haïssais**	tu	**avais**	**haï**
il/elle	**haïssait**	il/elle	**avait**	**haï**
nous	**haïssions**	nous	**avions**	**haï**
vous	**haïssiez**	vous	**aviez**	**haï**
ils/elles	**haïssaient**	ils/elles	**avaient**	**haï**

futur simple		futur antérieur		
je	**haïrai**	j'	**aurai**	**haï**
tu	**haïras**	tu	**auras**	**haï**
il/elle	**haïra**	il/elle	**aura**	**haï**
nous	**haïrons**	nous	**aurons**	**haï**
vous	**haïrez**	vous	**aurez**	**haï**
ils/elles	**haïront**	ils/elles	**auront**	**haï**

passé simple		passé antérieur		
je	**haïs**	j'	**eus**	**haï**
tu	**haïs**	tu	**eus**	**haï**
il/elle	**haït**	il/elle	**eut**	**haï**
nous	**haïmes**	nous	**eûmes**	**haï**
vous	**haïtes**	vous	**eûtes**	**haï**
ils/elles	**haïrent**	ils/elles	**eurent**	**haï**

Conditionnel

présent		passé		
je	**haïrais**	j'	**aurais**	**haï**
tu	**haïrais**	tu	**aurais**	**haï**
il/elle	**haïrait**	il/elle	**aurait**	**haï**
nous	**haïrions**	nous	**aurions**	**haï**
vous	**haïriez**	vous	**auriez**	**haï**
ils/elles	**haïraient**	ils/elles	**auraient**	**haï**

Infinitif

présent	passé	
haïr	**avoir**	**haï**

Participe

présent	passé	
haïssant	**haï/ïe,**	**haïs/ïes**
	ayant	**haï**

Impératif

présent	passé	
hais	**aie**	**haï**
haïssons	**ayons**	**haï**
haïssez	**ayez**	**haï**

Subjonctif

présent		passé		
que je	**haïsse**	que j'	**aie**	**haï**
que tu	**haïsses**	que tu	**aies**	**haï**
qu'il/elle	**haïsse**	qu'il/elle	**ait**	**haï**
que nous	**haïssions**	que nous	**ayons**	**haï**
que vous	**haïssiez**	que vous	**ayez**	**haï**
qu'ils/elles	**haïssent**	qu'ils/elles	**aient**	**haï**

imparfait		plus-que-parfait		
que je	**haïsse**	que j'	**eusse**	**haï**
que tu	**haïsses**	que tu	**eusses**	**haï**
qu'il/elle	**haït**	qu'il/elle	**eût**	**haï**
que nous	**haïssions**	que nous	**eussions**	**haï**
que vous	**haïssiez**	que vous	**eussiez**	**haï**
qu'ils/elles	**haïssent**	qu'ils/elles	**eussent**	**haï**

Indicatif

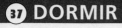

présent		passé composé		
je	dors	j'	ai	dormi
tu	dors	tu	as	dormi
il/elle	dort	il/elle	a	dormi
nous	dormons	nous	avons	dormi
vous	dormez	vous	avez	dormi
ils/elles	dorment	ils/elles	ont	dormi
imparfait		**plus-que-parfait**		
je	dormais	j'	avais	dormi
tu	dormais	tu	avais	dormi
il/elle	dormait	il/elle	avait	dormi
nous	dormions	nous	avions	dormi
vous	dormiez	vous	aviez	dormi
ils/elles	dormaient	ils/elles	avaient	dormi
futur simple		**futur antérieur**		
je	dormirai	j'	aurai	dormi
tu	dormiras	tu	auras	dormi
il/elle	dormira	il/elle	aura	dormi
nous	dormirons	nous	aurons	dormi
vous	dormirez	vous	aurez	dormi
ils/elles	dormiront	ils/elles	auront	dormi
passé simple		**passé antérieur**		
je	dormis	j'	eus	dormi
tu	dormis	tu	eus	dormi
il/elle	dormit	il/elle	eut	dormi
nous	dormîmes	nous	eûmes	dormi
vous	dormîtes	vous	eûtes	dormi
ils/elles	dormirent	ils/elles	eurent	dormi

Conditionnel

présent		passé		
je	dormirais	j'	aurais	dormi
tu	dormirais	tu	aurais	dormi
il/elle	dormirait	il/elle	aurait	dormi
nous	dormirions	nous	aurions	dormi
vous	dormiriez	vous	auriez	dormi
ils/elles	dormiraient	ils/elles	auraient	dormi

DORMIR 37

Infinitif

présent	passé	
dormir	avoir	dormi

Participe

présent	passé	
dormant	dormi	
	ayant	dormi

Impératif

présent	passé	
dors	aie	dormi
dormons	ayons	dormi
dormez	ayez	dormi

Subjonctif

présent		passé		
que je	dorme	que j'	aie	dormi
que tu	dormes	que tu	aies	dormi
qu'il/elle	dorme	qu'il/elle	ait	dormi
que nous	dormions	que nous	ayons	dormi
que vous	dormiez	que vous	ayez	dormi
qu'ils/elles	dorment	qu'ils/elles	aient	dormi

imparfait		plus-que-parfait		
que je	dormisse	que j'	eusse	dormi
que tu	dormisses	que tu	eusses	dormi
qu'il/elle	dormît	qu'il/elle	eût	dormi
que nous	dormissions	que nous	eussions	dormi
que vous	dormissiez	que vous	eussiez	dormi
qu'ils/elles	dormissent	qu'ils/elles	eussent	dormi

38 PARTIR

3e groupe

Indicatif

présent

je	pars
tu	pars
il/elle	part
nous	partons
vous	partez
ils/elles	partent

imparfait

je	partais
tu	partais
il/elle	partait
nous	partions
vous	partiez
ils/elles	partaient

futur simple

je	partirai
tu	partiras
il/elle	partira
nous	partirons
vous	partirez
ils/elles	partiront

passé simple

je	partis
tu	partis
il/elle	partit
nous	partîmes
vous	partîtes
ils/elles	partirent

passé composé

je	suis	parti/ie
tu	es	parti/ie
il/elle	est	parti/ie
nous	sommes	partis/ies
vous	êtes	partis/ies
ils/elles	sont	partis/ies

plus-que-parfait

j'	étais	parti/ie
tu	étais	parti/ie
il/elle	était	parti/ie
nous	étions	partis/ies
vous	étiez	partis/ies
ils/elles	étaient	partis/ies

futur antérieur

je	serai	parti/ie
tu	seras	parti/ie
il/elle	sera	parti/ie
nous	serons	partis/ies
vous	serez	partis/ies
ils/elles	seront	partis/ies

passé antérieur

je	fus	parti/ie
tu	fus	parti/ie
il/elle	fut	parti/ie
nous	fûmes	partis/ies
vous	fûtes	partis/ies
ils/elles	furent	partis/ies

Conditionnel

présent

je	partirais
tu	partirais
il/elle	partirait
nous	partirions
vous	partiriez
ils/elles	partiraient

passé

je	serais	parti/ie
tu	serais	parti/ie
il/elle	serait	parti/ie
nous	serions	partis/ies
vous	seriez	partis/ies
ils/elles	seraient	partis/ies

PARTIR 38

Infinitif

présent	passé	
partir	être parti/ie,	partis/ies

Participe

présent	passé	
partant	parti/ie,	partis/ies
	étant	parti/ie/is/ies

Impératif

présent	passé	
pars	sois	parti/ie
partons	soyons	partis/ies
partez	soyez	partis/ies

Subjonctif

présent		passé		
que je	parte	que je	sois	parti/ie
que tu	partes	que tu	sois	parti/ie
qu'il/elle	parte	qu'il/elle	soit	parti/ie
que nous	partions	que nous	soyons	partis/ies
que vous	partiez	que vous	soyez	partis/ies
qu'ils/elles	partent	qu'ils/elles	soient	partis/ies

imparfait		plus-que-parfait		
que je	partisse	que je	fusse	parti/ie
que tu	partisses	que tu	fusses	parti/ie
qu'il/elle	partît	qu'il/elle	fût	parti/ie
que nous	partissions	que nous	fussions	partis/ies
que vous	partissiez	que vous	fussiez	partis/ies
qu'ils/elles	partissent	qu'ils/elles	fussent	partis/ies

Indicatif

présent		passé composé		
je	**bous**	j'	**ai**	**bouilli**
tu	**bous**	tu	**as**	**bouilli**
il/elle	**bout**	il/elle	**a**	**bouilli**
nous	**bouillons**	nous	**avons**	**bouilli**
vous	**bouillez**	vous	**avez**	**bouilli**
ils/elles	**bouillent**	ils/elles	**ont**	**bouilli**
imparfait		**plus-que-parfait**		
je	**bouillais**	j'	**avais**	**bouilli**
tu	**bouillais**	tu	**avais**	**bouilli**
il/elle	**bouillait**	il/elle	**avait**	**bouilli**
nous	**bouillions**	nous	**avions**	**bouilli**
vous	**bouilliez**	vous	**aviez**	**bouilli**
ils/elles	**bouillaient**	ils/elles	**avaient**	**bouilli**
futur simple		**passé antérieur**		
je	**bouillirai**	j'	**eus**	**bouilli**
tu	**bouilliras**	tu	**eus**	**bouilli**
il/elle	**bouillira**	il/elle	**eut**	**bouilli**
nous	**bouillirons**	nous	**eûmes**	**bouilli**
vous	**bouillirez**	vous	**eûtes**	**bouilli**
ils/elles	**bouilliront**	ils/elles	**eurent**	**bouilli**
passé simple		**futur antérieur**		
je	**bouillis**	j'	**aurai**	**bouilli**
tu	**bouillis**	tu	**auras**	**bouilli**
il/elle	**bouillit**	il/elle	**aura**	**bouilli**
nous	**bouillîmes**	nous	**aurons**	**bouilli**
vous	**bouillîtes**	vous	**aurez**	**bouilli**
ils/elles	**bouillirent**	ils/elles	**auront**	**bouilli**

Conditionnel

présent		passé		
je	**bouillirais**	j'	**aurais**	**bouilli**
tu	**bouillirais**	tu	**aurais**	**bouilli**
il/elle	**bouillirait**	il/elle	**aurait**	**bouilli**
nous	**bouillirions**	nous	**aurions**	**bouilli**
vous	**bouilliriez**	vous	**auriez**	**bouilli**
ils/elles	**bouilliraient**	ils/elles	**auraient**	**bouilli**

Infinitif

présent	passé	
bouillir	**avoir**	**bouilli**

Participe

présent	passé	
bouillant	**bouilli/ie,**	**bouillis/ies**
	ayant	**bouilli**

Impératif

présent	passé	
bous	**aie**	**bouilli**
bouillons	**ayons**	**bouilli**
bouillez	**ayez**	**bouilli**

Subjonctif

présent		passé		
que je	**bouille**	que j'	**aie**	**bouilli**
que tu	**bouilles**	que tu	**aies**	**bouilli**
qu'il/elle	**bouille**	qu'il/elle	**ait**	**bouilli**
que nous	**bouillions**	que nous	**ayons**	**bouilli**
que vous	**bouilliez**	que vous	**ayez**	**bouilli**
qu'ils/elles	**bouillent**	qu'ils/elles	**aient**	**bouilli**

imparfait		plus-que-parfait		
que je	**bouillisse**	que j'	**eusse**	**bouilli**
que tu	**bouillisses**	que tu	**eusses**	**bouilli**
qu'il/elle	**bouillît**	qu'il/elle	**eût**	**bouilli**
que nous	**bouillissions**	que nous	**eussions**	**bouilli**
que vous	**bouillissiez**	que vous	**eussiez**	**bouilli**
qu'ils/elles	**bouillissent**	qu'ils/elles	**eussent**	**bouilli**

40 FUIR

3e groupe

Indicatif

présent		passé composé		
je	**fuis**	j'	**ai**	**fui**
tu	**fuis**	tu	**as**	**fui**
il/elle	**fuit**	il/elle	**a**	**fui**
nous	**fuyons**	nous	**avons**	**fui**
vous	**fuyez**	vous	**avez**	**fui**
ils/elles	**fuient**	ils/elles	**ont**	**fui**
imparfait		**plus-que-parfait**		
je	**fuyais**	j'	**avais**	**fui**
tu	**fuyais**	tu	**avais**	**fui**
il/elle	**fuyait**	il/elle	**avait**	**fui**
nous	**fuyions**	nous	**avions**	**fui**
vous	**fuyiez**	vous	**aviez**	**fui**
ils/elles	**fuyaient**	ils/elles	**avaient**	**fui**
futur simple		**futur antérieur**		
je	**fuirai**	j'	**aurai**	**fui**
tu	**fuiras**	tu	**auras**	**fui**
il/elle	**fuira**	il/elle	**aura**	**fui**
nous	**fuirons**	nous	**aurons**	**fui**
vous	**fuirez**	vous	**aurez**	**fui**
ils/elles	**fuiront**	ils/elles	**auront**	**fui**
passé simple		**passé antérieur**		
je	**fuis**	j'	**eus**	**fui**
tu	**fuis**	tu	**eus**	**fui**
il/elle	**fuit**	il/elle	**eut**	**fui**
nous	**fuîmes**	nous	**eûmes**	**fui**
vous	**fuîtes**	vous	**eûtes**	**fui**
ils/elles	**fuirent**	ils/elles	**eurent**	**fui**

Conditionnel

présent		passé		
je	**fuirais**	j'	**aurais**	**fui**
tu	**fuirais**	tu	**aurais**	**fui**
il/elle	**fuirait**	il/elle	**aurait**	**fui**
nous	**fuirions**	nous	**aurions**	**fui**
vous	**fuiriez**	vous	**auriez**	**fui**
ils/elles	**fuiraient**	ils/elles	**auraient**	**fui**

Infinitif

présent	passé	
fuir	avoir	fui

Participe

présent	passé	
fuyant	fui/fuie,	fuis/fuies
	ayant	fui

Impératif

présent	passé	
fuis	aie	fui
fuyons	ayons	fui
fuyez	ayez	fui

Subjonctif

présent		passé		
que je	fuie	que j'	aie	fui
que tu	fuies	que tu	aies	fui
qu'il/elle	fuie	qu'il/elle	ait	fui
que nous	fuyions	que nous	ayons	fui
que vous	fuyiez	que vous	ayez	fui
qu'ils/elles	fuient	qu'ils/elles	aient	fui

imparfait		plus-que-parfait		
que je	fuisse	que j'	eusse	fui
que tu	fuisses	que tu	eusses	fui
qu'il/elle	fuît	qu'il/elle	eût	fui
que nous	fuissions	que nous	eussions	fui
que vous	fuissiez	que vous	eussiez	fui
qu'ils/elles	fuissent	qu'ils/elles	eussent	fui

41 VÊTIR

3e groupe

Indicatif

présent		passé composé		
je	**vêts**	j'	**ai**	**vêtu**
tu	**vêts**	tu	**as**	**vêtu**
il/elle	**vêt**	il/elle	**a**	**vêtu**
nous	**vêtons**	nous	**avons**	**vêtu**
vous	**vêtez**	vous	**avez**	**vêtu**
ils/elles	**vêtent**	ils/elles	**ont**	**vêtu**

imparfait		plus-que-parfait		
je	**vêtais**	j'	**avais**	**vêtu**
tu	**vêtais**	tu	**avais**	**vêtu**
il/elle	**vêtait**	il/elle	**avait**	**vêtu**
nous	**vêtions**	nous	**avions**	**vêtu**
vous	**vêtiez**	vous	**aviez**	**vêtu**
ils/elles	**vêtaient**	ils/elles	**avaient**	**vêtu**

futur simple		futur antérieur		
je	**vêtirai**	j'	**aurai**	**vêtu**
tu	**vêtiras**	tu	**auras**	**vêtu**
il/elle	**vêtira**	il/elle	**aura**	**vêtu**
nous	**vêtirons**	nous	**aurons**	**vêtu**
vous	**vêtirez**	vous	**aurez**	**vêtu**
ils/elles	**vêtiront**	ils/elles	**auront**	**vêtu**

passé simple		passé antérieur		
je	**vêtis**	j'	**eus**	**vêtu**
tu	**vêtis**	tu	**eus**	**vêtu**
il/elle	**vêtit**	il/elle	**eut**	**vêtu**
nous	**vêtîmes**	nous	**eûmes**	**vêtu**
vous	**vêtîtes**	vous	**eûtes**	**vêtu**
ils/elles	**vêtirent**	ils/elles	**eurent**	**vêtu**

Conditionnel

présent		passé		
je	**vêtirais**	j'	**aurais**	**vêtu**
tu	**vêtirais**	tu	**aurais**	**vêtu**
il/elle	**vêtirait**	il/elle	**aurait**	**vêtu**
nous	**vêtirions**	nous	**aurions**	**vêtu**
vous	**vêtiriez**	vous	**auriez**	**vêtu**
ils/elles	**vêtiraient**	ils/elles	**auraient**	**vêtu**

Infinitif

présent		passé	
vêtir		**avoir**	**vêtu**

Participe

présent		passé	
vêtant		**vêtu/ue,**	**vêtus/ues**
		ayant	**vêtu**

Impératif

présent		passé	
vêts		**aie**	**vêtu**
vêtons		**ayons**	**vêtu**
vêtez		**ayez**	**vêtu**

Subjonctif

présent		passé		
que je	**vête**	que j'	**ale**	**vêtu**
que tu	**vêtes**	que tu	**aies**	**vêtu**
qu'il/elle	**vête**	qu'il/elle	**ait**	**vêtu**
que nous	**vêtions**	que nous	**ayons**	**vêtu**
que vous	**vêtiez**	que vous	**ayez**	**vêtu**
qu'ils/elles	**vêtent**	qu'ils/elles	**aient**	**vêtu**

imparfait		plus-que-parfait		
que je	**vêtisse**	que j'	**eusse**	**vêtu**
que tu	**vêtisses**	que tu	**eusses**	**vêtu**
qu'il/elle	**vêtît**	qu'il/elle	**eût**	**vêtu**
que nous	**vêtissions**	que nous	**eussions**	**vêtu**
que vous	**vêtissiez**	que vous	**eussiez**	**vêtu**
qu'ils/elles	**vêtissent**	qu'ils/elles	**eussent**	**vêtu**

42 COURIR

3e groupe

Indicatif

présent		passé composé		
je	**cours**	j'	**ai**	**couru**
tu	**cours**	tu	**as**	**couru**
il/elle	**court**	il/elle	**a**	**couru**
nous	**courons**	nous	**avons**	**couru**
vous	**courez**	vous	**avez**	**couru**
ils/elles	**courent**	ils/elles	**ont**	**couru**
imparfait		**plus-que-parfait**		
je	**courais**	j'	**avais**	**couru**
tu	**courais**	tu	**avais**	**couru**
il/elle	**courait**	il/elle	**avait**	**couru**
nous	**courions**	nous	**avions**	**couru**
vous	**couriez**	vous	**aviez**	**couru**
ils/elles	**couraient**	ils/elles	**avaient**	**couru**
futur simple		**futur antérieur**		
je	**courrai**	j'	**aurai**	**couru**
tu	**courras**	tu	**auras**	**couru**
il/elle	**courra**	il/elle	**aura**	**couru**
nous	**courrons**	nous	**aurons**	**couru**
vous	**courrez**	vous	**aurez**	**couru**
ils/elles	**courront**	ils/elles	**auront**	**couru**
passé simple		**passé antérieur**		
je	**courus**	j'	**eus**	**couru**
tu	**courus**	tu	**eus**	**couru**
il/elle	**courut**	il/elle	**eut**	**couru**
nous	**courûmes**	nous	**eûmes**	**couru**
vous	**courûtes**	vous	**eûtes**	**couru**
ils/elles	**coururent**	ils/elles	**eurent**	**couru**

Conditionnel

présent		passé		
je	**courrais**	j'	**aurais**	**couru**
tu	**courrais**	tu	**aurais**	**couru**
il/elle	**courrait**	il/elle	**aurait**	**couru**
nous	**courrions**	nous	**aurions**	**couru**
vous	**courriez**	vous	**auriez**	**couru**
ils/elles	**courraient**	ils/elles	**auraient**	**couru**

COURIR 42

Infinitif

présent	passé	
courir	avoir	couru

Participe

présent	passé	
courant	couru/ue,	courus/ues
	ayant	couru

Impératif

présent	passé	
cours	aie	couru
courons	ayons	couru
courez	ayez	couru

Subjonctif

présent		passé		
que je	coure	que j'	aie	couru
que tu	coures	que tu	aies	couru
qu'il/elle	coure	qu'il/elle	ait	couru
que nous	courions	que nous	ayons	couru
que vous	couriez	que vous	ayez	couru
qu'ils/elles	courent	qu'ils/elles	aient	couru

imparfait		plus-que-parfait		
que je	courusse	que j'	eusse	couru
que tu	courusses	que tu	eusses	couru
qu'il/elle	courût	qu'il/elle	eût	couru
que nous	courussions	que nous	eussions	couru
que vous	courussiez	que vous	eussiez	couru
qu'ils/elles	courussent	qu'ils/elles	eussent	couru

43 MOURIR

3e groupe

Indicatif

présent		passé composé		
je	meurs	je	suis	mort/te
tu	meurs	tu	es	mort/te
il/elle	meurt	il/elle	est	mort/te
nous	mourons	nous	sommes	morts/tes
vous	mourez	vous	êtes	morts/tes
ils/elles	meurent	ils/elles	sont	morts/tes
imparfait		**plus-que-parfait**		
je	mourais	j'	étais	mort/te
tu	mourais	tu	étais	mort/te
il/elle	mourait	il/elle	était	mort/te
nous	mourions	nous	étions	morts/tes
vous	mouriez	vous	étiez	morts/tes
ils/elles	mouraient	ils/elles	étaient	morts/tes
futur simple		**futur antérieur**		
je	mourrai	je	serai	mort/te
tu	mourras	tu	seras	mort/te
il/elle	mourra	il/elle	sera	mort/te
nous	mourrons	nous	serons	morts/tes
vous	mourrez	vous	serez	morts/tes
ils/elles	mourront	ils/elles	seront	morts/tes
passé simple		**passé antérieur**		
je	mourus	je	fus	mort/te
tu	mourus	tu	fus	mort/te
il/elle	mourut	il/elle	fut	mort/te
nous	mourûmes	nous	fûmes	morts/tes
vous	mourûtes	vous	fûtes	morts/tes
ils/elles	moururent	ils/elles	furent	morts/tes

Conditionnel

présent		passé		
je	mourrais	je	serais	mort/te
tu	mourrais	tu	serais	mort/te
il/elle	mourrait	il/elle	serait	mort/te
nous	mourrions	nous	serions	morts/tes
vous	mourriez	vous	seriez	morts/tes
ils/elles	mourraient	ils/elles	seraient	morts/tes

MOURIR 43

Infinitif

présent	passé		
mourir	être	mort/te,	morts/tes

Participe

présent	passé	
mourant	mort/te,	morts/tes
	étant	mort/te/ts/tes

Impératif

présent	passé	
meurs	sois	mort/te
mourons	soyons	morts/tes
mourez	soyez	morts/tes

Subjonctif

présent		passé		
que je	meure	que je	sois	mort/te
que tu	meures	que tu	sois	mort/te
qu'il/elle	meure	qu'il/elle	soit	mort/te
que nous	mourions	que nous	soyons	morts/tes
que vous	mouriez	que vous	soyez	morts/tes
qu'ils/elles	meurent	qu'ils/elles	soient	morts/tes

imparfait		plus-que-parfait		
que je	mourusse	que je	fusse	mort/te
que tu	mourusses	que tu	fusses	mort/te
qu'il/elle	mourût	qu'il/elle	fût	mort/te
que nous	mourussions	que nous	fussions	morts/tes
que vous	mourussiez	que vous	fussiez	morts/tes
qu'ils/elles	mourussent	qu'ils/elles	fussent	morts/tes

44 ACQUÉRIR

3e groupe

Indicatif

présent		passé composé		
j'	**acquiers**	j'	**ai**	**acquis**
tu	**acquiers**	tu	**as**	**acquis**
il/elle	**acquiert**	il/elle	**a**	**acquis**
nous	**acquérons**	nous	**avons**	**acquis**
vous	**acquérez**	vous	**avez**	**acquis**
ils/elles	**acquièrent**	ils/elles	**ont**	**acquis**
imparfait		**plus-que-parfait**		
j'	**acquérais**	j'	**avais**	**acquis**
tu	**acquérais**	tu	**avais**	**acquis**
il/elle	**acquérait**	il/elle	**avait**	**acquis**
nous	**acquérions**	nous	**avions**	**acquis**
vous	**acquériez**	vous	**aviez**	**acquis**
ils/elles	**acquéraient**	ils/elles	**avaient**	**acquis**
futur simple		**futur antérieur**		
j'	**acquerrai**	j'	**aurai**	**acquis**
tu	**acquerras**	tu	**auras**	**acquis**
il/elle	**acquerra**	il/elle	**aura**	**acquis**
nous	**acquerrons**	nous	**aurons**	**acquis**
vous	**acquerrez**	vous	**aurez**	**acquis**
ils/elles	**acquerront**	ils/elles	**auront**	**acquis**
passé simple		**passé antérieur**		
j'	**acquis**	j'	**eus**	**acquis**
tu	**acquis**	tu	**eus**	**acquis**
il/elle	**acquit**	il/elle	**eut**	**acquis**
nous	**acquîmes**	nous	**eûmes**	**acquis**
vous	**acquîtes**	vous	**eûtes**	**acquis**
ils/elles	**acquirent**	ils/elles	**eurent**	**acquis**

Conditionnel

présent		passé		
j'	**acquerrais**	j'	**aurais**	**acquis**
tu	**acquerrais**	tu	**aurais**	**acquis**
il/elle	**acquerrait**	il/elle	**aurait**	**acquis**
nous	**acquerrions**	nous	**aurions**	**acquis**
vous	**acquerriez**	vous	**auriez**	**acquis**
ils/elles	**acquerraient**	ils/elles	**auraient**	**acquis**

Infinitif

présent	passé	
acquérir	avoir	acquis

Participe

présent	passé	
acquérant	acquis/ise,	acquis/ises
	ayant	acquis

Impératif

présent	passé	
acquiers	aie	acquis
acquérons	ayons	acquis
acquérez	ayez	acquis

Subjonctif

présent		passé		
que j'	acquière	que j'	aie	acquis
que tu	acquières	que tu	aies	acquis
qu'il/elle	acquière	qu'il/elle	ait	acquis
que nous	acquérions	que nous	ayons	acquis
que vous	acquériez	que vous	ayez	acquis
qu'ils/elles	acquièrent	qu'ils/elles	aient	acquis

imparfait		plus-que-parfait		
que j'	acquisse	que j'	eusse	acquis
que tu	acquisses	que tu	eusses	acquis
qu'il/elle	acquît	qu'il/elle	eût	acquis
que nous	acquissions	que nous	eussions	acquis
que vous	acquissiez	que vous	eussiez	acquis
qu'ils/elles	acquissent	qu'ils/elles	eussent	acquis

45 OUVRIR

3e groupe

Indicatif

présent		passé composé		
j'	ouvre	j'	ai	ouvert
tu	ouvres	tu	as	ouvert
il/elle	ouvre	il/elle	a	ouvert
nous	ouvrons	nous	avons	ouvert
vous	ouvrez	vous	avez	ouvert
ils/elles	ouvrent	ils/elles	ont	ouvert
imparfait		**plus-que-parfait**		
j'	ouvrais	j'	avais	ouvert
tu	ouvrais	tu	avais	ouvert
il/elle	ouvrait	il/elle	avait	ouvert
nous	ouvrions	nous	avions	ouvert
vous	ouvriez	vous	aviez	ouvert
ils/elles	ouvraient	ils/elles	avaient	ouvert
futur simple		**futur antérieur**		
j'	ouvrirai	j'	aurai	ouvert
tu	ouvriras	tu	auras	ouvert
il/elle	ouvrira	il/elle	aura	ouvert
nous	ouvrirons	nous	aurons	ouvert
vous	ouvrirez	vous	aurez	ouvert
ils/elles	ouvriront	ils/elles	auront	ouvert
passé simple		**passé antérieur**		
j'	ouvris	j'	eus	ouvert
tu	ouvris	tu	eus	ouvert
il/elle	ouvrit	il/elle	eut	ouvert
nous	ouvrîmes	nous	eûmes	ouvert
vous	ouvrîtes	vous	eûtes	ouvert
ils/elles	ouvrirent	ils/elles	eurent	ouvert

Conditionnel

présent		passé		
j'	ouvrirais	j'	aurais	ouvert
tu	ouvrirais	tu	aurais	ouvert
il/elle	ouvrirait	il/elle	aurait	ouvert
nous	ouvririons	nous	aurions	ouvert
vous	ouvririez	vous	auriez	ouvert
ils/elles	ouvriraient	ils/elles	auraient	ouvert

OUVRIR 45

Infinitif

présent	passé	
ouvrir	avoir	ouvert

Participe

présent	passé	
ouvrant	ouvert/te,	ouverts/tes
	ayant	ouvert

Impératif

présent	passé	
ouvre	aie	ouvert
ouvrons	ayons	ouvert
ouvrez	ayez	ouvert

Subjonctif

présent		passé		
que j'	ouvre	que j'	aie	ouvert
que tu	ouvres	que tu	aies	ouvert
qu'il/elle	ouvre	qu'il/elle	ait	ouvert
que nous	ouvrions	que nous	ayons	ouvert
que vous	ouvriez	que vous	ayez	ouvert
qu'ils/elles	ouvrent	qu'ils/elles	aient	ouvert

imparfait		plus-que-parfait		
que j'	ouvrisse	que j'	eusse	ouvert
que tu	ouvrisses	que tu	eusses	ouvert
qu'il/elle	ouvrît	qu'il/elle	eût	ouvert
que nous	ouvrissions	que nous	eussions	ouvert
que vous	ouvrissiez	que vous	eussiez	ouvert
qu'ils/elles	ouvrissent	qu'ils/elles	eussent	ouvert

46 CUEILLIR

3e groupe

Indicatif

présent		passé composé		
je	cueille	j'	ai	cueilli
tu	cueilles	tu	as	cueilli
il/elle	cueille	il/elle	a	cueilli
nous	cueillons	nous	avons	cueilli
vous	cueillez	vous	avez	cueilli
ils/elles	cueillent	ils/elles	ont	cueilli
imparfait		**plus-que-parfait**		
je	cueillais	j'	avais	cueilli
tu	cueillais	tu	avais	cueilli
il/elle	cueillait	il/elle	avait	cueilli
nous	cueillions	nous	avions	cueilli
vous	cueilliez	vous	aviez	cueilli
ils/elles	cueillaient	ils/elles	avaient	cueilli
futur simple		**futur antérieur**		
je	cueillerai	j'	aurai	cueilli
tu	cueilleras	tu	auras	cueilli
il/elle	cueillera	il/elle	aura	cueilli
nous	cueillerons	nous	aurons	cueilli
vous	cueillerez	vous	aurez	cueilli
ils/elles	cueilleront	ils/elles	auront	cueilli
passé simple		**passé antérieur**		
je	cueillis	j'	eus	cueilli
tu	cueillis	tu	eus	cueilli
il/elle	cueillit	il/elle	eut	cueilli
nous	cueillîmes	nous	eûmes	cueilli
vous	cueillîtes	vous	eûtes	cueilli
ils/elles	cueillirent	ils/elles	eurent	cueilli

Conditionnel

présent		passé		
je	cueillerais	j'	aurais	cueilli
tu	cueillerais	tu	aurais	cueilli
il/elle	cueillerait	il/elle	aurait	cueilli
nous	cueillerions	nous	aurions	cueilli
vous	cueilleriez	vous	auriez	cueilli
ils/elles	cueilleraient	ils/elles	auraient	cueilli

CUEILLIR 46

Infinitif

présent	passé	
cueillir	**avoir**	**cueilli**

Participe

présent	passé	
cueillant	**cueilli/ie,**	**cueillis/ies**
	ayant	**cueilli**

Impératif

présent	passé	
cueille	**aie**	**cueilli**
cueillons	**ayons**	**cueilli**
cueillez	**ayez**	**cueilli**

Subjonctif

présent		passé		
que je	**cueille**	que j'	**aie**	**cueilli**
que tu	**cueilles**	que tu	**aies**	**cueilli**
qu'il/elle	**cueille**	qu'il/elle	**ait**	**cueilli**
que nous	**cueillions**	que nous	**ayons**	**cueilli**
que vous	**cueilliez**	que vous	**ayez**	**cueilli**
qu'ils/elles	**cueillent**	qu'ils/elles	**aient**	**cueilli**

imparfait		plus-que-parfait		
que je	**cueillisse**	que j'	**eusse**	**cueilli**
que tu	**cueillisses**	que tu	**eusses**	**cueilli**
qu'il/elle	**cueillît**	qu'il/elle	**eût**	**cueilli**
que nous	**cueillissions**	que nous	**eussions**	**cueilli**
que vous	**cueillissiez**	que vous	**eussiez**	**cueilli**
qu'ils/elles	**cueillissent**	qu'ils/elles	**eussent**	**cueilli**

47 DÉFAILLIR

3e groupe

Indicatif

présent		passé composé		
je	**défaille**	j'	**ai**	**défailli**
tu	**défailles**	tu	**as**	**défailli**
il/elle	**défaille**	il/elle	**a**	**défailli**
nous	**défaillons**	nous	**avons**	**défailli**
vous	**défaillez**	vous	**avez**	**défailli**
ils/elles	**défaillent**	ils/elles	**ont**	**défailli**
imparfait		**plus-que-parfait**		
je	**défaillais**	j'	**avais**	**défailli**
tu	**défaillais**	tu	**avais**	**défailli**
il/elle	**défaillait**	il/elle	**avait**	**défailli**
nous	**défaillions**	nous	**avions**	**défailli**
vous	**défailliez**	vous	**aviez**	**défailli**
ils/elles	**défaillaient**	ils/elles	**avaient**	**défailli**
futur simple		**futur antérieur**		
je	**défaillirai**	j'	**aurai**	**défailli**
tu	**défailliras**	tu	**auras**	**défailli**
il/elle	**défaillira**	il/elle	**aura**	**défailli**
nous	**défaillirons**	nous	**aurons**	**défailli**
vous	**défaillirez**	vous	**aurez**	**défailli**
ils/elles	**défailliront**	ils/elles	**auront**	**défailli**
passé simple		**passé antérieur**		
je	**défaillis**	j'	**eus**	**défailli**
tu	**défaillis**	tu	**eus**	**défailli**
il/elle	**défaillit**	il/elle	**eut**	**défailli**
nous	**défaillîmes**	nous	**eûmes**	**défailli**
vous	**défaillîtes**	vous	**eûtes**	**défailli**
ils/elles	**défaillirent**	ils/elles	**eurent**	**défailli**

Conditionnel

présent		passé		
je	**défaillirais**	j'	**aurais**	**défailli**
tu	**défaillirais**	tu	**aurais**	**défailli**
il/elle	**défaillirait**	il/elle	**aurait**	**défailli**
nous	**défaillirions**	nous	**aurions**	**défailli**
vous	**défailliriez**	vous	**auriez**	**défailli**
ils/elles	**défailliraient**	ils/elles	**auraient**	**défailli**

DÉFAILLIR 47

Infinitif

présent	passé	
défaillir	**avoir**	**défailli**

Participe

présent	passé	
défaillant	**défailli**	
	ayant	**défailli**

Impératif

présent	passé	
défaille	**aie**	**défailli**
défaillons	**ayons**	**défailli**
défaillez	**ayez**	**défailli**

Subjonctif

présent		passé		
que je	**défaille**	que j'	**aie**	**défailli**
que tu	**défailles**	que tu	**aies**	**défailli**
qu'il/elle	**défaille**	qu'il/elle	**ait**	**défailli**
que nous	**défaillions**	que nous	**ayons**	**défailli**
que vous	**défailliez**	que vous	**ayez**	**défailli**
qu'ils/elles	**défaillent**	qu'ils/elles	**aient**	**défailli**

imparfait		plus-que-parfait		
que je	**défaillisse**	que j'	**eusse**	**défailli**
que tu	**défaillisses**	que tu	**eusses**	**défailli**
qu'il/elle	**défaillît**	qu'il/elle	**eût**	**défailli**
que nous	**défaillissions**	que nous	**eussions**	**défailli**
que vous	**défaillissiez**	que vous	**eussiez**	**défailli**
qu'ils/elles	**défaillissent**	qu'ils/elles	**eussent**	**défailli**

48 OUÏR

3e groupe

Indicatif

présent		passé composé		
j'	**ouïs/ois**	j'	**ai**	**ouï**
tu	**ouïs/ois**	tu	**as**	**ouï**
il/elle	**ouït/oit**	il/elle	**a**	**ouï**
nous	**ouïssons/oyons**	nous	**avons**	**ouï**
vous	**ouïssez/oyez**	vous	**avez**	**ouï**
ils/elles	**ouïssent/oient**	ils/elles	**ont**	**ouï**
imparfait		**plus-que-parfait**		
j'	**ouïssais/oyais**	j'	**avais**	**ouï**
tu	**ouïssais/oyais**	tu	**avais**	**ouï**
il/elle	**ouïssait/oyait**	il/elle	**avait**	**ouï**
nous	**ouïssions/oyions**	nous	**avions**	**ouï**
vous	**ouïssiez/oyiez**	vous	**aviez**	**ouï**
ils/elles	**ouïssaient/oyaient**	ils/elles	**avaient**	**ouï**
futur simple		**futur antérieur**		
j'	**ouïrai/orrai**	j'	**aurai**	**ouï**
tu	**ouïras/orras**	tu	**auras**	**ouï**
il/elle	**ouïra/orra**	il/elle	**aura**	**ouï**
nous	**ouïrons/orrons**	nous	**aurons**	**ouï**
vous	**ouïrez/orrez**	vous	**aurez**	**ouï**
ils/elles	**ouïront/orront**	ils/elles	**auront**	**ouï**
passé simple		**passé antérieur**		
j'	**ouïs**	j'	**eus**	**ouï**
tu	**ouïs**	tu	**eus**	**ouï**
il/elle	**ouït**	il/elle	**eut**	**ouï**
nous	**ouïmes**	nous	**eûmes**	**ouï**
vous	**ouïtes**	vous	**eûtes**	**ouï**
ils/elles	**ouïrent**	ils/elles	**eurent**	**ouï**

Conditionnel

présent		passé		
j'	**ouïrais/orrais**	j'	**aurais**	**ouï**
tu	**ouïrais/orrais**	tu	**aurais**	**ouï**
il/elle	**ouïrait/orralt**	il/elle	**aurait**	**ouï**
nous	**ouïrions/orrions**	nous	**aurions**	**ouï**
vous	**ouïriez/orriez**	vous	**auriez**	**ouï**
ils/elles	**ouïraient/orraient**	ils/elles	**auraient**	**ouï**

Infinitif

présent	passé	
ouïr	avoir	ouï

Participe

présent	passé	
oyant	ouï/ïe,	ouïs/ïes
	ayant	ouï

Impératif

présent	passé	
ouïs/ois	aie	ouï
ouïssons/oyons	ayons	ouï
ouïssez/oyez	ayez	ouï

Subjonctif

présent		passé		
que j'	ouïsse/oie	que j'	aie	ouï
que tu	ouïsses/oies	que tu	aies	ouï
qu'il/elle	ouïsse/oie	qu'il/elle	ait	ouï
que nous	ouïssions/oyions	que nous	ayons	ouï
que vous	ouïssiez/oyiez	que vous	ayez	ouï
qu'ils/elles	ouïssent/oient	qu'ils/elles	aient	ouï

imparfait		plus-que-parfait		
que j'	ouïsse	que j'	eusse	ouï
que tu	ouïsses	que tu	eusses	ouï
qu'il/elle	ouït	qu'il/elle	eût	ouï
que nous	ouïssions	que nous	eussions	ouï
que vous	ouïssiez	que vous	eussiez	ouï
qu'ils/elles	ouïssent	qu'ils/elles	eussent	ouï

49 GÉSIR

Indicatif

présent

je	**gis**
tu	**gis**
il/elle	**gît**
nous	**gisons**
vous	**gisez**
ils/elles	**gisent**

passé composé
inusité

imparfait

je	**gisais**
tu	**gisais**
il/elle	**gisait**
nous	**gisions**
vous	**gisiez**
ils/elles	**gisaient**

futur antérieur
inusité

futur simple
inusité

passé antérieur
inusité

passé simple
inusité

Conditionnel

présent
inusité

passé
inusité

GÉSIR 49

Infinitif

présent	passé
gésir	*inusité*

Participe

présent	passé
gisant	*inusité*

Impératif

présent	passé
inusité	*inusité*

Subjonctif

présent	passé
inusité	*inusité*

imparfait	plus-que-parfait
inusité	*inusité*

50 SAILLIR

3e groupe

Indicatif

présent

il/elle	**saille**
ils/elles	**saillent**

passé composé

il/elle	**a**	**sailli**
ils/elles	**ont**	**sailli**

imparfait

il/elle	**saillait**
ils/elles	**saillaient**

plus-que-parfait

il/elle	**avait**	**sailli**
ils/elles	**avaient**	**sailli**

futur simple

il/elle	**saillera**
ils/elles	**sailleront**

futur antérieur

il/elle	**aura**	**sailli**
ils/elles	**auront**	**sailli**

passé simple

il/elle	**saillit**
ils/elles	**saillirent**

passé antérieur

il/elle	**eut**	**sailli**
ils/elles	**eurent**	**sailli**

Conditionnel

présent

il/elle	**saillerait**
ils/elles	**sailleraient**

passé

il/elle	**aurait**	**sailli**
ils/elles	**auraient**	**sailli**

Infinitif

présent	passé	
saillir	**avoir**	**sailli**

Participe

présent	passé	
saillant	**sailli**	
	ayant	**sailli**

Impératif

présent	passé
inusité	*inusité*

Subjonotif

présent

qu'il/elle	**saille**
qu'ils/elles	**saillent**

passé

qu'il/elle	**alt**	**sailli**
qu'ils/elles	**aient**	**sailli**

imparfait

qu'il/elle	**saillît**
qu'ils/elles	**saillissent**

plus-que-parfait

qu'il/elle	**eût**	**sailli**
qu'ils/elles	**eussent**	**sailli**

51 RECEVOIR

3e groupe

Indicatif

présent		passé composé		
je	reçois	j'	ai	reçu
tu	reçois	tu	as	reçu
il/elle	reçoit	il/elle	a	reçu
nous	recevons	nous	avons	reçu
vous	recevez	vous	avez	reçu
ils/elles	reçoivent	ils/elles	ont	reçu
imparfait		**plus-que-parfait**		
je	recevais	j'	avais	reçu
tu	recevais	tu	avais	reçu
il/elle	recevait	il/elle	avait	reçu
nous	recevions	nous	avions	reçu
vous	receviez	vous	aviez	reçu
ils/elles	recevaient	ils/elles	avaient	reçu
futur simple		**futur antérieur**		
je	recevrai	j'	aurai	reçu
tu	recevras	tu	auras	reçu
il/elle	recevra	il/elle	aura	reçu
nous	recevrons	nous	aurons	reçu
vous	recevrez	vous	aurez	reçu
ils/elles	recevront	ils/elles	auront	reçu
passé simple		**passé antérieur**		
je	reçus	j'	eus	reçu
tu	reçus	tu	eus	reçu
il/elle	reçut	il/elle	eut	reçu
nous	reçûmes	nous	eûmes	reçu
vous	reçûtes	vous	eûtes	reçu
ils/elles	reçurent	ils/elles	eurent	reçu

Conditionnel

présent		passé		
je	recevrais	j'	aurais	reçu
tu	recevrais	tu	aurais	reçu
il/elle	recevrait	il/elle	aurait	reçu
nous	recevrions	nous	aurions	reçu
vous	recevriez	vous	auriez	reçu
ils/elles	recevraient	ils/elles	auraient	reçu

RECEVOIR 51

Infinitif

présent	passé	
recevoir	avoir	reçu

Participe

présent	passé	
recevant	reçu/ue,	reçus/ues
	ayant	reçu

Impératif

présent	passé	
reçois	aie	reçu
recevons	ayons	reçu
recevez	ayez	reçu

Subjonctif

présent		passé		
que je	**reçoive**	que j'	**aie**	**reçu**
que tu	**reçoives**	que tu	**aies**	**reçu**
qu'il/elle	**reçoive**	qu'il/elle	**ait**	**reçu**
que nous	**recevions**	que nous	**ayons**	**reçu**
que vous	**receviez**	que vous	**ayez**	**reçu**
qu'ils/elles	**reçoivent**	qu'ils/elles	**aient**	**reçu**

imparfait		plus-que-parfait		
que je	**reçusse**	que j'	**eusse**	**reçu**
que tu	**reçusses**	que tu	**eusses**	**reçu**
qu'il/elle	**reçût**	qu'il/elle	**eût**	**reçu**
que nous	**reçussions**	que nous	**eussions**	**reçu**
que vous	**reçussiez**	que vous	**eussiez**	**reçu**
qu'ils/elles	**reçussent**	qu'ils/elles	**eussent**	**reçu**

52 VOIR

3e groupe

Indicatif

présent		passé composé		
je	**vois**	j'	**ai**	**vu**
tu	**vois**	tu	**as**	**vu**
il/elle	**voit**	il/elle	**a**	**vu**
nous	**voyons**	nous	**avons**	**vu**
vous	**voyez**	vous	**avez**	**vu**
ils/elles	**voient**	ils/elles	**ont**	**vu**

imparfait		plus-que-parfait		
je	**voyais**	j'	**avais**	**vu**
tu	**voyais**	tu	**avais**	**vu**
il/elle	**voyait**	il/elle	**avait**	**vu**
nous	**voyions**	nous	**avions**	**vu**
vous	**voyiez**	vous	**aviez**	**vu**
ils/elles	**voyaient**	ils/elles	**avaient**	**vu**

futur simple		futur antérieur		
je	**verrai**	j'	**aurai**	**vu**
tu	**verras**	tu	**auras**	**vu**
il/elle	**verra**	il/elle	**aura**	**vu**
nous	**verrons**	nous	**aurons**	**vu**
vous	**verrez**	vous	**aurez**	**vu**
ils/elles	**verront**	ils/elles	**auront**	**vu**

passé simple		passé antérieur		
je	**vis**	j'	**eus**	**vu**
tu	**vis**	tu	**eus**	**vu**
il/elle	**vit**	il/elle	**eut**	**vu**
nous	**vîmes**	nous	**eûmes**	**vu**
vous	**vîtes**	vous	**eûtes**	**vu**
ils/elles	**virent**	ils/elles	**eurent**	**vu**

Conditionnel

présent		passé		
je	**verrais**	j'	**aurais**	**vu**
tu	**verrais**	tu	**aurais**	**vu**
il/elle	**verrait**	il/elle	**aurait**	**vu**
nous	**verrions**	nous	**aurions**	**vu**
vous	**verriez**	vous	**auriez**	**vu**
ils/elles	**verraient**	ils/elles	**auraient**	**vu**

Infinitif

présent	passé	
voir	avoir	vu

Participe

présent	passé	
voyant	vu/ue,	vus/ues
	ayant	vu

Impératif

présent	passé	
vois	aie	vu
voyons	ayons	vu
voyez	ayez	vu

Subjonctif

présent		passé		
que je	voie	que j'	aie	vu
que tu	voies	que tu	aies	vu
qu'il/elle	voie	qu'il/elle	ait	vu
que nous	voyions	que nous	ayons	vu
que vous	voyiez	que vous	ayez	vu
qu'ils/elles	voient	qu'ils/elles	aient	vu

imparfait		plus-que-parfait		
que je	visse	que j'	eusse	vu
que tu	visses	que tu	eusses	vu
qu'il/elle	vît	qu'il/elle	eût	vu
que nous	vissions	que nous	eussions	vu
que vous	vissiez	que vous	eussiez	vu
qu'ils/elles	vissent	qu'ils/elles	eussent	vu

53 PRÉVOIR

3e groupe

Indicatif

présent		passé composé		
je	prévois	j'	ai	prévu
tu	prévois	tu	as	prévu
il/elle	prévoit	il/elle	a	prévu
nous	prévoyons	nous	avons	prévu
vous	prévoyez	vous	avez	prévu
ils/elles	prévoient	ils/elles	ont	prévu
imparfait		**plus-que-parfait**		
je	prévoyais	j'	avais	prévu
tu	prévoyais	tu	avais	prévu
il/elle	prévoyait	il/elle	avait	prévu
nous	prévoyions	nous	avions	prévu
vous	prévoyiez	vous	aviez	prévu
ils/elles	prévoyaient	ils/elles	avaient	prévu
futur simple		**futur antérieur**		
je	prévoirai	j'	aurai	prévu
tu	prévoiras	tu	auras	prévu
il/elle	prévoira	il/elle	aura	prévu
nous	prévoirons	nous	aurons	prévu
vous	prévoirez	vous	aurez	prévu
ils/elles	prévoiront	ils/elles	auront	prévu
passé simple		**passé antérieur**		
je	prévis	j'	eus	prévu
tu	prévis	tu	eus	prévu
il/elle	prévit	il/elle	eut	prévu
nous	prévîmes	nous	eûmes	prévu
vous	prévîtes	vous	eûtes	prévu
ils/elles	prévirent	ils/elles	eurent	prévu

Conditionnel

présent		passé		
je	prévoirais	j'	aurais	prévu
tu	prévoirais	tu	aurais	prévu
il/elle	prévoirait	il/elle	aurait	prévu
nous	prévoirions	nous	aurions	prévu
vous	prévoiriez	vous	auriez	prévu
ils/elles	prévoiraient	ils/elles	auraient	prévu

PRÉVOIR 53

Infinitif

présent	passé	
prévoir	avoir	prévu

Participe

présent	passé	
prévoyant	prévu/ue,	prévus/ues
	ayant	prévu

Impératif

présent	passé	
prévois	aie	prévu
prévoyons	ayons	prévu
prévoyez	ayez	prévu

Subjonctif

présent		passé		
que je	prévoie	que j'	aie	prévu
que tu	prévoies	que tu	aies	prévu
qu'il/elle	prévoie	qu'il/elle	ait	prévu
que nous	prévoyions	que nous	ayons	prévu
que vous	prévoyiez	que vous	ayez	prévu
qu'ils/elles	prévoient	qu'ils/elles	aient	prévu

imparfait		plus-que-parfait		
que je	prévisse	que j'	eusse	prévu
que tu	prévisses	que tu	eusses	prévu
qu'il/elle	prévît	qu'il/elle	eût	prévu
que nous	prévissions	que nous	eussions	prévu
que vous	prévissiez	que vous	eussiez	prévu
qu'ils/elles	prévissent	qu'ils/elles	eussent	prévu

54 POURVOIR

3e groupe

Indicatif

présent		passé composé		
je	pourvois	j'	ai	pourvu
tu	pourvois	tu	as	pourvu
il/elle	pourvoit	il/elle	a	pourvu
nous	pourvoyons	nous	avons	pourvu
vous	pourvoyez	vous	avez	pourvu
ils/elles	pourvoient	ils/elles	ont	pourvu

imparfait		plus-que-parfait		
je	pourvoyais	j'	avais	pourvu
tu	pourvoyais	tu	avais	pourvu
il/elle	pourvoyait	il/elle	avait	pourvu
nous	pourvoyions	nous	avions	pourvu
vous	pourvoyiez	vous	aviez	pourvu
ils/elles	pourvoyaient	ils/elles	avaient	pourvu

futur simple		futur antérieur		
je	pourvoirai	j'	aurai	pourvu
tu	pourvoiras	tu	auras	pourvu
il/elle	pourvoira	il/elle	aura	pourvu
nous	pourvoirons	nous	aurons	pourvu
vous	pourvoirez	vous	aurez	pourvu
ils/elles	pourvoiront	ils/elles	auront	pourvu

passé simple		passé antérieur		
je	pourvus	j'	eus	pourvu
tu	pourvus	tu	eus	pourvu
il/elle	pourvut	il/elle	eut	pourvu
nous	pourvûmes	nous	eûmes	pourvu
vous	pourvûtes	vous	eûtes	pourvu
ils/elles	pourvurent	ils/elles	eurent	pourvu

Conditionnel

présent		passé		
je	pourvoirais	j'	aurais	pourvu
tu	pourvoirais	tu	aurais	pourvu
il/elle	pourvoirait	il/elle	aurait	pourvu
nous	pourvoirions	nous	aurions	pourvu
vous	pourvoiriez	vous	auriez	pourvu
ils/elles	pourvoiraient	ils/elles	auraient	pourvu

POURVOIR 54

Infinitif

présent	passé	
pourvoir	avoir	pourvu

Participe

présent	passé	
pourvoyant	pourvu/ue,	pourvus/ues
	ayant	pourvu

Impératif

présent	passé	
pourvois	aie	pourvu
pourvoyons	ayons	pourvu
pourvoyez	ayez	pourvu

Subjonctif

présent		passé		
que je	pourvoie	que j'	aie	pourvu
que tu	pourvoies	que tu	aies	pourvu
qu'il/elle	pourvoie	qu'il/elle	ait	pourvu
que nous	pourvoyions	que nous	ayons	pourvu
que vous	pourvoyiez	que vous	ayez	pourvu
qu'ils/elles	pourvoient	qu'ils/elles	aient	pourvu

imparfait		plus-que-parfait		
que je	pourvusse	que j'	eusse	pourvu
que tu	pourvusses	que tu	eusses	pourvu
qu'il/elle	pourvût	qu'il/elle	eût	pourvu
que nous	pourvussions	que nous	eussions	pourvu
que vous	pourvussiez	que vous	eussiez	pourvu
qu'ils/elles	pourvussent	qu'ils/elles	eussent	pourvu

55 ÉMOUVOIR

3e groupe

Indicatif

présent		passé composé		
j'	émeus	j'	ai	ému
tu	émeus	tu	as	ému
il/elle	émeut	il/elle	a	ému
nous	émouvons	nous	avons	ému
vous	émouvez	vous	avez	ému
ils/elles	émeuvent	ils/elles	ont	ému

imparfait		plus-que-parfait		
j'	émouvais	j'	avais	ému
tu	émouvais	tu	avais	ému
il/elle	émouvait	il/elle	avait	ému
nous	émouvions	nous	avions	ému
vous	émouviez	vous	aviez	ému
ils/elles	émouvaient	ils/elles	avaient	ému

futur simple		futur antérieur		
j'	émouvrai	j'	aurai	ému
tu	émouvras	tu	auras	ému
il/elle	émouvra	il/elle	aura	ému
nous	émouvrons	nous	aurons	ému
vous	émouvrez	vous	aurez	ému
ils/elles	émouvront	ils/elles	auront	ému

passé simple		passé antérieur		
j'	émus	j'	eus	ému
tu	émus	tu	eus	ému
il/elle	émut	il/elle	eut	ému
nous	émûmes	nous	eûmes	ému
vous	émûtes	vous	eûtes	ému
ils/elles	émurent	ils/elles	eurent	ému

Conditionnel

présent		passé		
j'	émouvrais	j'	aurais	ému
tu	émouvrais	tu	aurais	ému
il/elle	émouvrait	il/elle	aurait	ému
nous	émouvrions	nous	aurions	ému
vous	émouvriez	vous	auriez	ému
ils/elles	émouvraient	ils/elles	auraient	ému

Infinitif

présent	passé	
émouvoir	avoir	ému

Participe

présent	passé	
émouvant	ému/ue,	émus/ues
	ayant	ému

Impératif

présent	passé	
émeus	aie	ému
émouvons	ayons	ému
émouvez	ayez	ému

Subjonctif

présent		passé		
que j'	émeuve	que j'	aie	ému
que tu	émeuves	que tu	aies	ému
qu'il/elle	émeuve	qu'il/elle	ait	ému
que nous	émouvions	que nous	ayons	ému
que vous	émouviez	que vous	ayez	ému
qu'ils/elles	émeuvent	qu'ils/elles	aient	ému

imparfait		plus-que-parfait		
que j'	émusse	que j'	eusse	ému
que tu	émusses	que tu	eusses	ému
qu'il/elle	émût	qu'il/elle	eût	ému
que nous	émussions	que nous	eussions	ému
que vous	émussiez	que vous	eussiez	ému
qu'ils/elles	émussent	qu'ils/elles	eussent	ému

56 VALOIR

3e groupe

Indicatif

présent

je	**vaux**
tu	**vaux**
il/elle	**vaut**
nous	**valons**
vous	**valez**
ils/elles	**valent**

passé composé

j'	**ai**	**valu**
tu	**as**	**valu**
il/elle	**a**	**valu**
nous	**avons**	**valu**
vous	**avez**	**valu**
ils/elles	**ont**	**valu**

imparfait

je	**valais**
tu	**valais**
il/elle	**valait**
nous	**valions**
vous	**valiez**
ils/elles	**valaient**

plus-que-parfait

j'	**avais**	**valu**
tu	**avais**	**valu**
il/elle	**avait**	**valu**
nous	**avions**	**valu**
vous	**aviez**	**valu**
ils/elles	**avaient**	**valu**

futur simple

je	**vaudrai**
tu	**vaudras**
il/elle	**vaudra**
nous	**vaudrons**
vous	**vaudrez**
ils/elles	**vaudront**

futur antérieur

j'	**aurai**	**valu**
tu	**auras**	**valu**
il/elle	**aura**	**valu**
nous	**aurons**	**valu**
vous	**aurez**	**valu**
ils/elles	**auront**	**valu**

passé simple

je	**valus**
tu	**valus**
il/elle	**valut**
nous	**valûmes**
vous	**valûtes**
ils/elles	**valurent**

passé antérieur

j'	**eus**	**valu**
tu	**eus**	**valu**
il/elle	**eut**	**valu**
nous	**eûmes**	**valu**
vous	**eûtes**	**valu**
ils/elles	**eurent**	**valu**

Conditionnel

présent

je	**vaudrais**
tu	**vaudrais**
il/elle	**vaudrait**
nous	**vaudrions**
vous	**vaudriez**
ils/elles	**vaudraient**

passé

j'	**aurais**	**valu**
tu	**aurais**	**valu**
il/elle	**aurait**	**valu**
nous	**aurions**	**valu**
vous	**auriez**	**valu**
ils/elles	**auraient**	**valu**

VALOIR 56

Infinitif

présent	passé	
valoir	avoir	valu

Participe

présent	passé	
valant	valu/ue,	valus/ues
	ayant	valu

Impératif

présent	passé	
vaux	aie	valu
valons	ayons	valu
valez	ayez	valu

Subjonctif

présent		passé		
que je	vaille	que j'	aie	valu
que tu	vailles	que tu	aies	valu
qu'il/elle	vaille	qu'il/elle	ait	valu
que nous	valions	que nous	ayons	valu
que vous	valiez	que vous	ayez	valu
qu'ils/elles	vaillent	qu'ils/elles	aient	valu

imparfait		plus-que-parfait		
que je	valusse	que j'	eusse	valu
que tu	valusses	que tu	eusses	valu
qu'il/elle	valût	qu'il/elle	eût	valu
que nous	valussions	que nous	eussions	valu
que vous	valussiez	que vous	eussiez	valu
qu'ils/elles	valussent	qu'ils/elles	eussent	valu

57 PRÉVALOIR

3e groupe

Indicatif

présent		passé composé		
je	prévaux	j'	ai	prévalu
tu	prévaux	tu	as	prévalu
il/elle	prévaut	il/elle	a	prévalu
nous	prévalons	nous	avons	prévalu
vous	prévalez	vous	avez	prévalu
ils/elles	prévalent	ils/elles	ont	prévalu
imparfait		**plus-que-parfait**		
je	prévalais	j'	avais	prévalu
tu	prévalais	tu	avais	prévalu
il/elle	prévalait	il/elle	avait	prévalu
nous	prévalions	nous	avions	prévalu
vous	prévaliez	vous	aviez	prévalu
ils/elles	prévalaient	ils/elles	avaient	prévalu
futur simple		**futur antérieur**		
je	prévaudrai	j'	aurai	prévalu
tu	prévaudras	tu	auras	prévalu
il/elle	prévaudra	il/elle	aura	prévalu
nous	prévaudrons	nous	aurons	prévalu
vous	prévaudrez	vous	aurez	prévalu
ils/elles	prévaudront	ils/elles	auront	prévalu
passé simple		**passé antérieur**		
je	prévalus	j'	eus	prévalu
tu	prévalus	tu	eus	prévalu
il/elle	prévalut	il/elle	eut	prévalu
nous	prévalûmes	nous	eûmes	prévalu
vous	prévalûtes	vous	eûtes	prévalu
ils/elles	prévalurent	ils/elles	eurent	prévalu

Conditionnel

présent		passé		
je	prévaudrais	j'	aurais	prévalu
tu	prévaudrais	tu	aurais	prévalu
il/elle	prévaudrait	il/elle	aurait	prévalu
nous	prévaudrions	nous	aurions	prévalu
vous	prévaudriez	vous	auriez	prévalu
ils/elles	prévaudraient	ils/elles	auraient	prévalu

Infinitif

présent	passé	
prévaloir	avoir	prévalu

Participe

présent	passé	
prévalant	prévalu/ue,	prévalus/ues
	ayant	prévalu

Impératif

présent	passé	
prévaux	aie	prévalu
prévalons	ayons	prévalu
prévalez	ayez	prévalu

Subjonctif

présent		passé		
que je	prévale	que j'	aie	prévalu
que tu	prévales	que tu	aies	prévalu
qu'il/elle	prévale	qu'il/elle	ait	prévalu
que nous	prévalions	que nous	ayons	prévalu
que vous	prévaliez	que vous	ayez	prévalu
qu'ils/elles	prévalent	qu'ils/elles	aient	prévalu

imparfait		plus-que-parfait		
que je	prévalusse	que j'	eusse	prévalu
que tu	prévalusses	que tu	eusses	prévalu
qu'il/elle	prévalût	qu'il/elle	eût	prévalu
que nous	prévalussions	que nous	eussions	prévalu
que vous	prévalussiez	que vous	eussiez	prévalu
qu'ils/elles	prévalussent	qu'ils/elles	eussent	prévalu

58 S'ASSEOIR (1)

3e groupe

Indicatif

présent		passé composé		
je m'	assieds	je me	suis	assis/se
tu t'	assieds	tu t'	es	assis/se
il/elle s'	assied	il/elle s'	est	assis/se
nous nous	asseyons	nous nous	sommes	assis/ses
vous vous	asseyez	vous vous	êtes	assis/ses
ils/elles s'	asseyent	ils/elles se	sont	assis/ses
imparfait		**plus-que-parfait**		
je m'	asseyais	je m'	étais	assis/se
tu t'	asseyais	tu t'	étais	assis/se
il/elle s'	asseyait	il/elle s'	était	assis/se
nous nous	asseyions	nous nous	étions	assis/ses
vous vous	asseyiez	vous vous	étiez	assis/ses
ils/elles s'	asseyaient	ils/elles s'	étaient	assis/ses
futur simple		**futur antérieur**		
je m'	assiérai	je me	serai	assis/se
tu t'	assiéras	tu te	seras	assis/se
il/elle s'	assiéra	il/elle se	sera	assis/se
nous nous	assiérons	nous nous	serons	assis/ses
vous vous	assiérez	vous vous	serez	assis/ses
ils/elles s'	assiéront	ils/elles se	seront	assis/ses
passé simple		**passé antérieur**		
je m'	assis	je me	fus	assis/se
tu t'	assis	tu te	fus	assis/se
il/elle s'	assit	il/elle se	fut	assis/se
nous nous	assîmes	nous nous	fûmes	assis/ses
vous vous	assîtes	vous vous	fûtes	assis/ses
ils/elles s'	assirent	ils/elles se	furent	assis/ses

Conditionnel

présent		passé		
je m'	assiérais	je me	serais	assis/se
tu t'	assiérais	tu te	serais	assis/se
il/elle s'	assiérait	il/elle se	serait	assis/se
nous nous	assiérions	nous nous	serions	assis/ses
vous vous	assiériez	vous vous	seriez	assis/ses
ils/elles s'	assiéraient	ils/elles se	seraient	assis/ses

S'ASSEOIR (1) 58

Infinitif

présent	passé	
s'asseoir	s'être	assis/ise, assis/ises

Participe

présent	passé	
s'asseyant	assis/ise,	assis/ises
	s'étant	assis/ise/is/ises

Impératif

présent	passé
assieds-toi	*inusité*
asseyons-nous	
asseyez-vous	

Subjonctif

présent		passé		
que je m'	asseye	que je me	sois	assis/se
que tu t'	asseyes	que tu te	sois	assis/se
qu'il/elle s'	asseye	qu'il/elle se	soit	assis/se
que nous nous	asseyions	que nous nous	soyons	assis/ses
que vous vous	asseyiez	que vous vous	soyez	assis/ses
qu'ils/elles s'	asseyent	qu'ils/elles se	soient	assis/ses

imparfait		plus-que-parfait		
que je m'	assisse	que je me	fusse	assis/se
que tu t'	assisses	que tu te	fusses	assis/se
qu'il/elle s'	assît	qu'il/elle se	fût	assis/se
que nous nous	assissions	que nous nous	fussions	assis/ses
que vous vous	assissiez	que vous vous	fussiez	assis/ses
qu'ils/elle s'	assissent	qu'ils/elles se	fussent	assis/ses

59 S'ASSEOIR (2)

3e groupe

Indicatif

présent		passé composé		
je m'	**assois**	je me	**suis**	**assis/se**
tu t'	**assois**	tu t'	**es**	**assis/se**
il/elle s'	**assoit**	il/elle s'	**est**	**assis/se**
nous nous	**assoyons**	nous nous	**sommes**	**assis/ses**
vous vous	**assoyez**	vous vous	**êtes**	**assis/ses**
ils/elles s'	**assoient**	ils/elles se	**sont**	**assis/ses**
imparfait		**plus-que-parfait**		
je m'	**assoyais**	je m'	**étais**	**assis/se**
tu t'	**assoyais**	tu t'	**étais**	**assis/se**
il/elle s'	**assoyait**	il/elle s'	**était**	**assis/se**
nous nous	**assoyions**	nous nous	**étions**	**assis/ses**
vous vous	**assoyiez**	vous vous	**étiez**	**assis/ses**
ils/elles s'	**assoyaient**	ils/elles s'	**étaient**	**assis/ses**
futur simple		**futur antérieur**		
je m'	**assoirai**	je me	**serai**	**assis/se**
tu t'	**assoiras**	tu te	**seras**	**assis/se**
il/elle s'	**assoira**	il/elle se	**sera**	**assis/se**
nous nous	**assoirons**	nous nous	**serons**	**assis/ses**
vous vous	**assoirez**	vous vous	**serez**	**assis/ses**
ils/elles s'	**assoiront**	ils/elles se	**seront**	**assis/ses**
passé simple		**passé antérieur**		
je m'	**assis**	je me	**fus**	**assis/se**
tu t'	**assis**	tu te	**fus**	**assis/se**
il/elle s'	**assit**	il/elle se	**fut**	**assis/se**
nous nous	**assîmes**	nous nous	**fûmes**	**assis/ses**
vous vous	**assîtes**	vous vous	**fûtes**	**assis/ses**
ils/elles s'	**assirent**	ils/elles se	**furent**	**assis/ses**

Conditionnel

présent		passé		
je m'	**assoirais**	je me	**serais**	**assis/se**
tu t'	**assoirais**	tu te	**serais**	**assis/se**
il/elle s'	**assoirait**	il/elle se	**serait**	**assis/se**
nous nous	**assoirions**	nous nous	**serions**	**assis/ses**
vous vous	**assoiriez**	vous vous	**seriez**	**assis/ses**
ils/elles s'	**assoiraient**	ils/elles se	**seraient**	**assis/ses**

S'ASSEOIR (2) 59

Infinitif

présent		passé	
s'asseoir		s'être	assis/ise, assis/ises

Participe

présent		passé	
s'assoyant		assis/ise,	assis/ises
		s'étant	assis/ise/is/ises

Impératif

présent	passé
assois-toi	*inusité*
assoyons-nous	
assoyez-vous	

Subjonctif

présent		passé		
que je m'	assoie	que je me	sois	assis/se
que tu t'	assoies	que tu te	sois	assis/se
qu'il/elle s'	assoie	qu'il/elle se	soit	assis/se
que nous nous	assoyions	que nous nous	soyons	assis/ses
que vous vous	assoyiez	que vous vous	soyez	assis/ses
qu'ils/elles s'	assoient	qu'ils/elles se	soient	assis/ses

imparfait		plus-que-parfait		
que je m'	assisse	que je me	fusse	assis/se
que tu t'	assisses	que tu te	fusses	assis/se
qu'il/elle s'	assît	qu'il/elle se	fût	assis/se
que nous nous	assissions	que nous nous	fussions	assis/ses
que vous vous	assissiez	que vous vous	fussiez	assis/ses
qu'ils/elles s'	assissent	qu'ils/elles se	fussent	assis/ses

60 SURSEOIR

3e groupe

Indicatif

présent

je	sursois
tu	sursois
il/elle	sursoit
nous	sursoyons
vous	sursoyez
ils/elles	sursoient

imparfait

je	sursoyais
tu	sursoyais
il/elle	sursoyait
nous	sursoyions
vous	sursoyiez
ils/elles	sursoyaient

futur simple

je	surseoirai
tu	surseoiras
il/elle	surseoira
nous	surseoirons
vous	surseoirez
ils/elles	surseoiront

passé simple

je	sursis
tu	sursis
il/elle	sursit
nous	sursîmes
vous	sursîtes
ils/elles	sursirent

passé composé

j'	ai	sursis
tu	as	sursis
il/elle	a	sursis
nous	avons	sursis
vous	avez	sursis
ils/elles	ont	sursis

plus-que-parfait

j'	avais	sursis
tu	avais	sursis
il/elle	avait	sursis
nous	avions	sursis
vous	aviez	sursis
ils/elles	avaient	sursis

futur antérieur

j'	aurai	sursis
tu	auras	sursis
il/elle	aura	sursis
nous	aurons	sursis
vous	aurez	sursis
ils/elles	auront	sursis

passé antérieur

j'	eus	sursis
tu	eus	sursis
il/elle	eut	sursis
nous	eûmes	sursis
vous	eûtes	sursis
ils/elles	eurent	sursis

Conditionnel

présent

je	surseoirais
tu	surseoirais
il/elle	surseoirait
nous	surseoirions
vous	surseoiriez
ils/elles	surseoiraient

passé

j'	aurais	sursis
tu	aurais	sursis
il/elle	aurait	sursis
nous	aurions	sursis
vous	auriez	sursis
ils/elles	auraient	sursis

Infinitif

présent	passé
surseoir	avoir sursis

Participe

présent	passé
sursoyant	sursis
	ayant sursis

Impératif

présent	passé
sursois	aie sursis
sursoyons	ayons sursis
sursoyez	ayez sursis

Subjonctif

présent		passé		
que je	sursoie	que j'	aie	sursis
que tu	sursoies	que tu	aies	sursis
qu'il/elle	sursoie	qu'il/elle	ait	sursis
que nous	sursoyions	que nous	ayons	sursis
que vous	sursoyiez	que vous	ayez	sursis
qu'ils/elles	sursoient	qu'ils/elles	aient	sursis

imparfait		plus-que-parfait		
que je	sursisse	que j'	eusse	sursis
que tu	sursisses	que tu	eusses	sursis
qu'il/elle	sursît	qu'il/elle	eût	sursis
que nous	sursissions	que nous	eussions	sursis
que vous	sursissiez	que vous	eussiez	sursis
qu'ils/elles	sursissent	qu'ils/elles	eussent	sursis

61 SEOIR

3e groupe

Indicatif

présent		passé composé
il/elle	**sied**	*inusité*
ils/elles	**siéent**	

imparfait		plus-que-parfait
il/elle	**seyait**	*inusité*
ils/elles	**seyaient**	

futur simple		futur antérieur
il/elle	**siéra**	*inusité*
ils/elles	**siéront**	

passé simple	passé antérieur
inusité	*inusité*

Conditionnel

présent		passé
il/elle	**siérait**	*inusité*
ils/elles	**siéraient**	

Infinitif

présent	passé
seoir	*inusité*

Participe

présent	passé
seyant **séant**	*inusité*

Impératif

présent	passé
inusité	*inusité*

Subjonctif

présent	passé
qu'il/elle **siée** qu'ils/elles **siéent**	*inusité*

imparfait	plus-que-parfait
inusité	*inusité*

62 PLEUVOIR

3e groupe

Indicatif

présent	passé composé
il **pleut**	il **a plu**

imparfait	plus-que-parfait
il **pleuvait**	il **avait plu**

futur simple	futur antérieur
il **pleuvra**	il **aura plu**

passé simple	passé antérieur
il **plut**	il **eut plu**

Conditionnel

présent	passé
il **pleuvrait**	il **aurait plu**

PLEUVOIR 62

Infinitif

présent	passé
pleuvoir	**avoir plu**

Participe

présent	passé
pleuvant	**plu** **ayant plu**

Impératif

présent	passé
inusité	*inusité*

Subjonctif

présent	passé
qu'il **pleuve**	qu'il **ait plu**

imparfait	plus-que-parfait
qu'il **plût**	qu'il **eût plu**

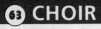

Indicatif

présent		passé composé		
je	chois	je	suis	chu/ue
tu	chois	tu	es	chu/ue
il/elle	choit	il/elle	est	chu/ue
inusité		nous	sommes	chus/ues
inusité		vous	êtes	chus/ues
ils/elles	choient	ils/elles	sont	chus/ues

imparfait		plus-que-parfait		
inusité		j'	étais	chu/ue
		tu	étais	chu/ue
		il/elle	était	chu/ue
		nous	étions	chus/ues
		vous	étiez	chus/ues
		ils/elles	étaient	chus/ues

futur simple		futur antérieur		
je	choirai/cherrai	je	serai	chu/ue
tu	choiras/cherras	tu	seras	chu/ue
il/elle	choira/cherra	il/elle	sera	chu/ue
nous	choirons/cherrons	nous	serons	chus/ues
vous	choirez/cherrez	vous	serez	chus/ues
ils/elles	choiront/cherront	ils/elles	seront	chus/ues

passé simple		passé antérieur		
je	chus	je	fus	chu/ue
tu	chus	tu	fus	chu/ue
il/elle	chut	il/elle	fut	chu/ue
nous	chûmes	nous	fûmes	chus/ues
vous	chûtes	vous	fûtes	chus/ues
ils/elles	churent	ils/elles	furent	chus/ues

Conditionnel

présent		passé		
je	choirais/cherrais	je	serais	chu/ue
tu	choirais/cherrais	tu	serais	chu/ue
il/elle	choirait/cherrait	il/elle	serait	chu/ue
nous	choirions/cherrions	nous	serions	chus/ues
vous	choiriez/cherriez	vous	seriez	chus/ues
ils/elles	choiraient/cherraient	ils/elles	seraient	chus/ues

CHOIR 63

Infinitif

présent	**passé**
choir	être chu/ue, chus/ues

Participe

présent	**passé**
inusité	chu/ue, chus/ues étant chu/ue/us/ues

Impératif

présent	**passé**
inusité	*inusité*

Subjonctif

présent

inusité

passé

que je	sois	chu/ue
que tu	sois	chu/ue
qu'il/elle	soit	chu/ue
que nous	soyons	chus/ues
que vous	soyez	chus/ues
qu'ils/elles	soient	chus/ues

imparfait

inusité	
inusité	
qu'il/elle	chût
inusité	
inusité	
inusité	

plus-que-parfait

que je	fusse	chu/ue
que tu	fusses	chu/ue
qu'il/elle	fût	chu/ue
que nous	fussions	chus/ues
que vous	fussiez	chus/ues
qu'ils/elles	fussent	chus/ues

Indicatif

présent			passé composé		
il/elle	échoit/échet		il/elle	est	échu/ue
ils/elles	échoient/échéent		ils/elles	sont	échus/ues

imparfait			plus-que-parfait		
il/elle	échoyait/échéait		il/elle	était	échu/ue
ils/elles	échoyaient/échéaient		ils/elles	étaient	échus/ues

futur simple			futur antérieur		
il/elle	échoira/écherra		il/elle	sera	échu/ue
ils/elles	échoiront/écherront		ils/elles	seront	échus/ues

passé simple			passé antérieur		
il/elle	échut		il/elle	fut	échu/ue
ils/elles	échurent		ils/elles	furent	échus/ues

Conditionnel

présent			passé		
il/elle	échoirait/écherrait		il/elle	serait	échu/ue
ils/elles	échoiraient/écherraient		ils/elles	seraient	échus/ues

Infinitif

présent	passé	
échoir	être	échu/ue, échus/ues

Participe

présent	passé	
échéant	échu/ue,	échus/ues
	étant	échu/ue/us/ues

Impératif

présent	passé
inusité	*inusité*

Subjonctif

présent

qu'il/elle	échoie/échée
qu'ils/elles	échoient/échéent

passé

qu'il/elle	soit	échu/ue
qu'ils/elles	soient	échus/ues

imparfait

qu'il/elle	échût
qu'ils/elles	échussent

plus-que-parfait

qu'il/elle	fût	échu/ue
qu'ils/elles	fussent	échus/ues

65 DÉCHOIR

3e groupe

Indicatif

présent		passé composé				
je	déchois	j'	ai	déchu/	suis	déchu/ue
tu	déchois	tu	as	déchu/	es	déchu/ue
il/elle	déchoit	il/elle	a	déchu/	est	déchu/ue
nous	déchoyons	nous	avons	déchu/	sommes	déchus/ues
vous	déchoyez	vous	avez	déchu/	êtes	déchus/ues
ils/elles	déchoient	ils/elles	ont	déchu/	sont	déchus/ues

imparfait		plus-que-parfait				
inusité		j'	avais	déchu/	étais	déchu/ue
		tu	avais	déchu/	étais	déchu/ue
		il/elle	avait	déchu/	était	déchu/ue
		nous	avions	déchu/	étions	déchus/ues
		vous	aviez	déchu/	étiez	déchus/ues
		ils/elles	avaient	déchu/	étaient	déchus/ues

futur simple		futur antérieur				
je	déchoirai	j'	aurai	déchu/	serai	déchu/ue
tu	déchoiras	tu	auras	déchu/	seras	déchu/ue
il/elle	déchoira	il/elle	aura	déchu/	sera	déchu/ue
nous	déchoirons	nous	aurons	déchu/	serons	déchus/ues
vous	déchoirez	vous	aurez	déchu/	serez	déchus/ues
ils/elles	déchoiront	ils/elles	auront	déchu/	seront	déchus/ues

passé simple		passé antérieur				
je	déchus	j'	eus	déchu/	fus	déchu/ue
tu	déchus	tu	eus	déchu/	fus	déchu/ue
il/elle	déchut	il/elle	eut	déchu/	fut	déchu/ue
nous	déchûmes	nous	eûmes	déchu/	fûmes	déchus/ues
vous	déchûtes	vous	eûtes	déchu/	fûtes	déchus/ues
ils/elles	déchurent	ils/elles	eurent	déchu/	furent	déchus/ues

Conditionnel

présent		passé				
je	déchoirais	j'	aurais	déchu/	serais	déchu/ue
tu	déchoirais	tu	aurais	déchu/	serais	déchu/ue
il/elle	déchoirait	il/elle	aurait	déchu/	serait	déchu/ue
nous	déchoirions	nous	aurions	déchu/	serions	déchus/ues
vous	déchoiriez	vous	auriez	déchu/	seriez	déchus/ues
ils/elles	déchoiraient	ils/elles	auraient	déchu/	seraient	déchus/ues

Infinitif

présent	passé	
déchoir	avoir déchu/	être déchu/ue, déchus/ues

Participe

présent	passé	
inusité	déchu/ue,	déchus/ues
	ayant déchu/	étant déchu/ue/us/ues

Impératif

présent	passé
inusité	*inusité*

Subjonctif

présent

que je	déchoie
que tu	déchoies
qu'il/elle	déchoie
que nous	déchoyions
que vous	déchoyiez
qu'ils/elles	déchoient

passé

que j'	aie	déchu/	sois	déchu/ue
que tu	aies	déchu/	sois	déchu/ue
qu'il/elle	ait	déchu/	soit	déchu/ue
que nous	ayons	déchu/	soyons	déchus/ues
que vous	ayez	déchu/	soyez	déchus/ues
qu'ils/elles	aient	déchu/	soient	déchus/ues

imparfait

que je	déchusse
que tu	déchusses
qu'il/elle	déchût
que nous	déchussions
que vous	déchussiez
qu'ils/elles	déchussent

plus-que-parfait

que j'	eusse	déchu/	fusse	déchu/ue
que tu	eusses	déchu/	fusses	déchu/ue
qu'il/elle	eût	déchu/	fût	déchu/ue
que nous	eussions	déchu/	fussions	déchus/ues
que vous	eussiez	déchu/	fussiez	déchus/ues
qu'ils/elles	eussent	déchu/	fussent	déchus/ues

66 RENDRE

3e groupe

Indicatif

présent		passé composé		
je	rends	j'	ai	rendu
tu	rends	tu	as	rendu
il/elle	rend	il/elle	a	rendu
nous	rendons	nous	avons	rendu
vous	rendez	vous	avez	rendu
ils/elles	rendent	ils/elles	ont	rendu
imparfait		**plus-que-parfait**		
je	rendais	j'	avais	rendu
tu	rendais	tu	avais	rendu
il/elle	rendait	il/elle	avait	rendu
nous	rendions	nous	avions	rendu
vous	rendiez	vous	aviez	rendu
ils/elles	rendaient	ils/elles	avaient	rendu
futur simple		**futur antérieur**		
je	rendrai	j'	aurai	rendu
tu	rendras	tu	auras	rendu
il/elle	rendra	il/elle	aura	rendu
nous	rendrons	nous	aurons	rendu
vous	rendrez	vous	aurez	rendu
ils/elles	rendront	ils/elles	auront	rendu
passé simple		**passé antérieur**		
je	rendis	j'	eus	rendu
tu	rendis	tu	eus	rendu
il/elle	rendit	il/elle	eut	rendu
nous	rendîmes	nous	eûmes	rendu
vous	rendîtes	vous	eûtes	rendu
ils/elles	rendirent	ils/elles	eurent	rendu

Conditionnel

présent		passé		
je	rendrais	j'	aurais	rendu
tu	rendrais	tu	aurais	rendu
il/elle	rendrait	il/elle	aurait	rendu
nous	rendrions	nous	aurions	rendu
vous	rendriez	vous	auriez	rendu
ils/elles	rendraient	ils/elles	auraient	rendu

Infinitif

présent	passé	
rendre	**avoir**	**rendu**

Participe

présent	passé	
rendant	**rendu/ue,**	**rendus/ues**
	ayant	**rendu**

Impératif

présent	passé	
rends	**aie**	**rendu**
rendons	**ayons**	**rendu**
rendez	**ayez**	**rendu**

Subjonctif

présent		passé		
que je	**rende**	que j'	**aie**	**rendu**
que tu	**rendes**	que tu	**aies**	**rendu**
qu'il/elle	**rende**	qu'il/elle	**ait**	**rendu**
que nous	**rendions**	que nous	**ayons**	**rendu**
que vous	**rendiez**	que vous	**ayez**	**rendu**
qu'ils/elles	**rendent**	qu'ils/elles	**aient**	**rendu**

imparfait		plus-que-parfait		
que je	**rendisse**	que j'	**eusse**	**rendu**
que tu	**rendisses**	que tu	**eusses**	**rendu**
qu'il/elle	**rendît**	qu'il/elle	**eût**	**rendu**
que nous	**rendissions**	que nous	**eussions**	**rendu**
que vous	**rendissiez**	que vous	**eussiez**	**rendu**
qu'ils/elles	**rendissent**	qu'ils/elles	**eussent**	**rendu**

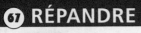

Indicatif

présent		passé composé		
je	répands	j'	ai	répandu
tu	répands	tu	as	répandu
il/elle	répand	il/elle	a	répandu
nous	répandons	nous	avons	répandu
vous	répandez	vous	avez	répandu
ils/elles	répandent	ils/elles	ont	répandu
imparfait		**plus-que-parfait**		
je	répandais	j'	avais	répandu
tu	répandais	tu	avais	répandu
il/elle	répandait	il/elle	avait	répandu
nous	répandions	nous	avions	répandu
vous	répandiez	vous	aviez	répandu
ils/elles	répandaient	ils/elles	avaient	répandu
futur simple		**futur antérieur**		
je	répandrai	j'	aurai	répandu
tu	répandras	tu	auras	répandu
il/elle	répandra	il/elle	aura	répandu
nous	répandrons	nous	aurons	répandu
vous	répandrez	vous	aurez	répandu
ils/elles	répandront	ils/elles	auront	répandu
passé simple		**passé antérieur**		
je	répandis	j'	eus	répandu
tu	répandis	tu	eus	répandu
il/elle	répandit	il/elle	eut	répandu
nous	répandîmes	nous	eûmes	répandu
vous	répandîtes	vous	eûtes	répandu
ils/elles	répandirent	ils/elles	eurent	répandu

Conditionnel

présent		passé		
je	répandrais	j'	aurais	répandu
tu	répandrais	tu	aurais	répandu
il/elle	répandrait	il/elle	aurait	répandu
nous	répandrions	nous	aurions	répandu
vous	répandriez	vous	auriez	répandu
ils/elles	répandraient	ils/elles	auraient	répandu

RÉPANDRE 67

Infinitif

présent	passé	
répandre	avoir	répandu

Participe

présent	passé	
répandant	répandu/ue,	répandus/ues
	ayant	répandu

Impératif

présent	passé	
répands	aie	répandu
répandons	ayons	répandu
répandez	ayez	répandu

Subjonctif

présent		passé		
que je	répande	que j'	aie	répandu
que tu	répandes	que tu	aies	répandu
qu'il/elle	répande	qu'il/elle	ait	répandu
que nous	répandions	que nous	ayons	répandu
que vous	répandiez	que vous	ayez	répandu
qu'ils/elles	répandent	qu'ils/elles	aient	répandu

imparfait		plus-que-parfait		
que je	répandisse	que j'	eusse	répandu
que tu	répandisses	que tu	eusses	répandu
qu'il/elle	répandît	qu'il/elle	eût	répandu
que nous	répandissions	que nous	eussions	répandu
que vous	répandissiez	que vous	eussiez	répandu
qu'ils/elles	répandissent	qu'ils/elles	eussent	répandu

68 PRENDRE

3e groupe

Indicatif

présent		passé composé		
je	**prends**	j'	**ai**	**pris**
tu	**prends**	tu	**as**	**pris**
il/elle	**prend**	il/elle	**a**	**pris**
nous	**prenons**	nous	**avons**	**pris**
vous	**prenez**	vous	**avez**	**pris**
ils/elles	**prennent**	ils/elles	**ont**	**pris**
imparfait		**plus-que-parfait**		
je	**prenais**	j'	**avais**	**pris**
tu	**prenais**	tu	**avais**	**pris**
il/elle	**prenait**	il/elle	**avait**	**pris**
nous	**prenions**	nous	**avions**	**pris**
vous	**preniez**	vous	**aviez**	**pris**
ils/elles	**prenaient**	ils/elles	**avaient**	**pris**
futur simple		**futur antérieur**		
je	**prendrai**	j'	**aurai**	**pris**
tu	**prendras**	tu	**auras**	**pris**
il/elle	**prendra**	il/elle	**aura**	**pris**
nous	**prendrons**	nous	**aurons**	**pris**
vous	**prendrez**	vous	**aurez**	**pris**
ils/elles	**prendront**	ils/elles	**auront**	**pris**
passé simple		**passé antérieur**		
je	**pris**	j'	**eus**	**pris**
tu	**pris**	tu	**eus**	**pris**
il/elle	**prit**	il/elle	**eut**	**pris**
nous	**prîmes**	nous	**eûmes**	**pris**
vous	**prîtes**	vous	**eûtes**	**pris**
ils/elles	**prirent**	ils/elles	**eurent**	**pris**

Conditionnel

présent		passé		
je	**prendrais**	j'	**aurais**	**pris**
tu	**prendrais**	tu	**aurais**	**pris**
il/elle	**prendrait**	il/elle	**aurait**	**pris**
nous	**prendrions**	nous	**aurions**	**pris**
vous	**prendriez**	vous	**auriez**	**pris**
ils/elles	**prendraient**	ils/elles	**auraient**	**pris**

Infinitif

présent	passé	
prendre	avoir	pris

Participe

présent	passé	
prenant	pris/ise,	pris/ises
	ayant	pris

Impératif

présent	passé	
prends	aie	pris
prenons	ayons	pris
prenez	ayez	pris

Subjonctif

présent		passé		
que je	**prenne**	que j'	**aie**	**pris**
que tu	**prennes**	que tu	**aies**	**pris**
qu'il/elle	**prenne**	qu'il/elle	**ait**	**pris**
que nous	**prenions**	que nous	**ayons**	**pris**
que vous	**preniez**	que vous	**ayez**	**pris**
qu'ils/elles	**prennent**	qu'ils/elles	**aient**	**pris**

imparfait		plus-que-parfait		
que je	**prisse**	que j'	**eusse**	**pris**
que tu	**prisses**	que tu	**eusses**	**pris**
qu'il/elle	**prît**	qu'il/elle	**eût**	**pris**
que nous	**prissions**	que nous	**eussions**	**pris**
que vous	**prissiez**	que vous	**eussiez**	**pris**
qu'ils/elles	**prissent**	qu'ils/elles	**eussent**	**pris**

69 CRAINDRE

3e groupe

Indicatif

présent		passé composé		
je	**crains**	j'	**ai**	**craint**
tu	**crains**	tu	**as**	**craint**
il/elle	**craint**	il/elle	**a**	**craint**
nous	**craignons**	nous	**avons**	**craint**
vous	**craignez**	vous	**avez**	**craint**
ils/elles	**craignent**	ils/elles	**ont**	**craint**

imparfait		plus-que-parfait		
je	**craignais**	j'	**avais**	**craint**
tu	**craignais**	tu	**avais**	**craint**
il/elle	**craignait**	il/elle	**avait**	**craint**
nous	**craignions**	nous	**avions**	**craint**
vous	**craigniez**	vous	**aviez**	**craint**
ils/elles	**craignaient**	ils/elles	**avaient**	**craint**

futur simple		futur antérieur		
je	**craindrai**	j'	**aurai**	**craint**
tu	**craindras**	tu	**auras**	**craint**
il/elle	**craindra**	il/elle	**aura**	**craint**
nous	**craindrons**	nous	**aurons**	**craint**
vous	**craindrez**	vous	**aurez**	**craint**
ils/elles	**craindront**	ils/elles	**auront**	**craint**

passé simple		passé antérieur		
je	**craignis**	j'	**eus**	**craint**
tu	**craignis**	tu	**eus**	**craint**
il/elle	**craignit**	il/elle	**eut**	**craint**
nous	**craignîmes**	nous	**eûmes**	**craint**
vous	**craignîtes**	vous	**eûtes**	**craint**
ils/elles	**craignirent**	ils/elles	**eurent**	**craint**

Conditionnel

présent		passé		
je	**craindrais**	j'	**aurais**	**craint**
tu	**craindrais**	tu	**aurais**	**craint**
il/elle	**craindrait**	il/elle	**aurait**	**craint**
nous	**craindrions**	nous	**aurions**	**craint**
vous	**craindriez**	vous	**auriez**	**craint**
ils/elles	**craindraient**	ils/elles	**auraient**	**craint**

CRAINDRE 69

Infinitif

présent	passé	
craindre	**avoir**	**craint**

Participe

présent	passé	
craignant	**craint/te,**	**craints/tes**
	ayant	**craint**

Impératif

présent	passé	
crains	**aie**	**craint**
craignons	**ayons**	**craint**
craignez	**ayez**	**craint**

Subjonctif

présent

que je	**craigne**
que tu	**craignes**
qu'il/elle	**craigne**
que nous	**craignions**
que vous	**craigniez**
qu'ils/elles	**craignent**

passé

que j'	**aie**	**craint**
que tu	**aies**	**craint**
qu'il/elle	**ait**	**craint**
que nous	**ayons**	**craint**
que vous	**ayez**	**craint**
qu'ils/elles	**aient**	**craint**

imparfait

que je	**craignisse**
que tu	**craignisses**
qu'il/elle	**craignît**
que nous	**craignissions**
que vous	**craignissiez**
qu'ils/elles	**craignissent**

plus-que-parfait

que j'	**eusse**	**craint**
que tu	**eusses**	**craint**
qu'il/elle	**eût**	**craint**
que nous	**eussions**	**craint**
que vous	**eussiez**	**craint**
qu'ils/elles	**eussent**	**craint**

70 PEINDRE

3e groupe

Indicatif

présent

je	**peins**
tu	**peins**
il/elle	**peint**
nous	**peignons**
vous	**peignez**
ils/elles	**peignent**

imparfait

je	**peignais**
tu	**peignais**
il/elle	**peignait**
nous	**peignions**
vous	**peigniez**
ils/elles	**peignaient**

futur simple

je	**peindrai**
tu	**peindras**
il/elle	**peindra**
nous	**peindrons**
vous	**peindrez**
ils/elles	**peindront**

passé simple

je	**peignis**
tu	**peignis**
il/elle	**peignit**
nous	**peignîmes**
vous	**peignîtes**
ils/elles	**peignirent**

passé composé

j'	**ai**	**peint**
tu	**as**	**peint**
il/elle	**a**	**peint**
nous	**avons**	**peint**
vous	**avez**	**peint**
ils/elles	**ont**	**peint**

plus-que-parfait

j'	**avais**	**peint**
tu	**avais**	**peint**
il/elle	**avait**	**peint**
nous	**avions**	**peint**
vous	**aviez**	**peint**
ils/elles	**avaient**	**peint**

futur antérieur

j'	**aurai**	**peint**
tu	**auras**	**peint**
il/elle	**aura**	**peint**
nous	**aurons**	**peint**
vous	**aurez**	**peint**
ils/elles	**auront**	**peint**

passé antérieur

j'	**eus**	**peint**
tu	**eus**	**peint**
il/elle	**eut**	**peint**
nous	**eûmes**	**peint**
vous	**eûtes**	**peint**
ils/elles	**eurent**	**peint**

Conditionnel

présent

je	**peindrais**
tu	**peindrais**
il/elle	**peindrait**
nous	**peindrions**
vous	**peindriez**
ils/elles	**peindraient**

passé

j'	**aurais**	**peint**
tu	**aurais**	**peint**
il/elle	**aurait**	**peint**
nous	**aurions**	**peint**
vous	**auriez**	**peint**
ils/elles	**auraient**	**peint**

Infinitif

présent	passé	
peindre	avoir	peint

Participe

présent	passé	
peignant	peint/te,	peints/tes
	ayant	peint

Impératif

présent	passé	
peins	aie	peint
peignons	ayons	peint
peignez	ayez	peint

Subjonctif

présent		passé		
que je	**peigne**	que j'	**aie**	**peint**
que tu	**peignes**	que tu	**aies**	**peint**
qu'il/elle	**peigne**	qu'il/elle	**ait**	**peint**
que nous	**peignions**	que nous	**ayons**	**peint**
que vous	**peigniez**	que vous	**ayez**	**peint**
qu'ils/elles	**peignent**	qu'ils/elles	**aient**	**peint**

imparfait		plus-que-parfait		
que je	**peignisse**	que j'	**eusse**	**peint**
que tu	**peignisses**	que tu	**eusses**	**peint**
qu'il/elle	**peignît**	qu'il/elle	**eût**	**peint**
que nous	**peignissions**	que nous	**eussions**	**peint**
que vous	**peignissiez**	que vous	**eussiez**	**peint**
qu'ils/elles	**peignissent**	qu'ils/elles	**eussent**	**peint**

71 JOINDRE

3e groupe

Indicatif

présent		passé composé		
je	**joins**	j'	**ai**	**joint**
tu	**joins**	tu	**as**	**joint**
il/elle	**joint**	il/elle	**a**	**joint**
nous	**joignons**	nous	**avons**	**joint**
vous	**joignez**	vous	**avez**	**joint**
ils/elles	**joignent**	ils/elles	**ont**	**joint**
imparfait		**plus-que-parfait**		
je	**joignais**	j'	**avais**	**joint**
tu	**joignais**	tu	**avais**	**joint**
il/elle	**joignait**	il/elle	**avait**	**joint**
nous	**joignions**	nous	**avions**	**joint**
vous	**joigniez**	vous	**aviez**	**joint**
ils/elles	**joignaient**	ils/elles	**avaient**	**joint**
futur simple		**futur antérieur**		
je	**joindrai**	j'	**aurai**	**joint**
tu	**joindras**	tu	**auras**	**joint**
il/elle	**joindra**	il/elle	**aura**	**joint**
nous	**joindrons**	nous	**aurons**	**joint**
vous	**joindrez**	vous	**aurez**	**joint**
ils/elles	**joindront**	ils/elles	**auront**	**joint**
passé simple		**passé antérieur**		
je	**joignis**	j'	**eus**	**joint**
tu	**joignis**	tu	**eus**	**joint**
il/elle	**joignit**	il/elle	**eut**	**joint**
nous	**joignîmes**	nous	**eûmes**	**joint**
vous	**joignîtes**	vous	**eûtes**	**joint**
ils/elles	**joignirent**	ils/elles	**eurent**	**joint**

Conditionnel

présent		passé		
je	**joindrais**	j'	**aurais**	**joint**
tu	**joindrais**	tu	**aurais**	**joint**
il/elle	**joindrait**	il/elle	**aurait**	**joint**
nous	**joindrions**	nous	**aurions**	**joint**
vous	**joindriez**	vous	**auriez**	**joint**
ils/elles	**joindraient**	ils/elles	**auraient**	**joint**

Infinitif

présent	passé	
joindre	avoir	joint

Participe

présent	passé	
joignant	joint/te,	joints/tes
	ayant	joint

Impératif

présent	passé	
joins	aie	joint
joignons	ayons	joint
joignez	ayez	joint

Subjonctif

présent		passé		
que je	joigne	que j'	aie	joint
que tu	joignes	que tu	aies	joint
qu'il/elle	joigne	qu'il/elle	ait	joint
que nous	joignions	que nous	ayons	joint
que vous	joigniez	que vous	ayez	joint
qu'ils/elles	joignent	qu'ils/elles	aient	joint

imparfait		plus-que-parfait		
que je	joignisse	que j'	eusse	joint
que tu	joignisses	que tu	eusses	joint
qu'il/elle	joignît	qu'il/elle	eût	joint
que nous	joignissions	que nous	eussions	joint
que vous	joignissiez	que vous	eussiez	joint
qu'ils/elles	joignissent	qu'ils/elles	eussent	joint

72 ROMPRE

3e groupe

Indicatif

présent		passé composé		
je	**romps**	j'	**ai**	**rompu**
tu	**romps**	tu	**as**	**rompu**
il/elle	**rompt**	il/elle	**a**	**rompu**
nous	**rompons**	nous	**avons**	**rompu**
vous	**rompez**	vous	**avez**	**rompu**
ils/elles	**rompent**	ils/elles	**ont**	**rompu**
imparfait		**plus-que-parfait**		
je	**rompais**	j'	**avais**	**rompu**
tu	**rompais**	tu	**avais**	**rompu**
il/elle	**rompait**	il/elle	**avait**	**rompu**
nous	**rompions**	nous	**avions**	**rompu**
vous	**rompiez**	vous	**aviez**	**rompu**
ils/elles	**rompaient**	ils/elles	**avaient**	**rompu**
futur simple		**futur antérieur**		
je	**romprai**	j'	**aurai**	**rompu**
tu	**rompras**	tu	**auras**	**rompu**
il/elle	**rompra**	il/elle	**aura**	**rompu**
nous	**romprons**	nous	**aurons**	**rompu**
vous	**romprez**	vous	**aurez**	**rompu**
ils/elles	**rompront**	ils/elles	**auront**	**rompu**
passé simple		**passé antérieur**		
je	**rompis**	j'	**eus**	**rompu**
tu	**rompis**	tu	**eus**	**rompu**
il/elle	**rompit**	il/elle	**eut**	**rompu**
nous	**rompîmes**	nous	**eûmes**	**rompu**
vous	**rompîtes**	vous	**eûtes**	**rompu**
ils/elles	**rompirent**	ils/elles	**eurent**	**rompu**

Conditionnel

présent		passé		
je	**romprais**	j'	**aurais**	**rompu**
tu	**romprais**	tu	**aurais**	**rompu**
il/elle	**romprait**	il/elle	**aurait**	**rompu**
nous	**romprions**	nous	**aurions**	**rompu**
vous	**rompriez**	vous	**auriez**	**rompu**
ils/elles	**rompraient**	ils/elles	**auraient**	**rompu**

Infinitif

présent	passé	
rompre	**avoir**	**rompu**

Participe

présent	passé	
rompant	**rompu/ue,**	**rompus/ues**
	ayant	**rompu**

Impératif

présent	passé	
romps	**aie**	**rompu**
rompons	**ayons**	**rompu**
rompez	**ayez**	**rompu**

Subjonctif

présent

que je	**rompe**
que tu	**rompes**
qu'il/elle	**rompe**
que nous	**rompions**
que vous	**rompiez**
qu'ils/elles	**rompent**

passé

que j'	**aie**	**rompu**
que tu	**aies**	**rompu**
qu'il/elle	**ait**	**rompu**
que nous	**ayons**	**rompu**
que vous	**ayez**	**rompu**
qu'ils/elles	**aient**	**rompu**

imparfait

que je	**rompisse**
que tu	**rompisses**
qu'il/elle	**rompît**
que nous	**rompissions**
que vous	**rompissiez**
qu'ils/elles	**rompissent**

plus-que-parfait

que j'	**eusse**	**rompu**
que tu	**eusses**	**rompu**
qu'il/elle	**eût**	**rompu**
que nous	**eussions**	**rompu**
que vous	**eussiez**	**rompu**
qu'ils/elles	**eussent**	**rompu**

73 VAINCRE

3e groupe

Indicatif

présent		passé composé		
je	**vaincs**	j'	**ai**	**vaincu**
tu	**vaincs**	tu	**as**	**vaincu**
il/elle	**vainc**	il/elle	**a**	**vaincu**
nous	**vainquons**	nous	**avons**	**vaincu**
vous	**vainquez**	vous	**avez**	**vaincu**
ils/elles	**vainquent**	ils/elles	**ont**	**vaincu**
imparfait		**plus-que-parfait**		
je	**vainquais**	j'	**avais**	**vaincu**
tu	**vainquais**	tu	**avais**	**vaincu**
il/elle	**vainquait**	il/elle	**avait**	**vaincu**
nous	**vainquions**	nous	**avions**	**vaincu**
vous	**vainquiez**	vous	**aviez**	**vaincu**
ils/elles	**vainquaient**	ils/elles	**avaient**	**vaincu**
futur simple		**futur antérieur**		
je	**vaincrai**	j'	**aurai**	**vaincu**
tu	**vaincras**	tu	**auras**	**vaincu**
il/elle	**vaincra**	il/elle	**aura**	**vaincu**
nous	**vaincrons**	nous	**aurons**	**vaincu**
vous	**vaincrez**	vous	**aurez**	**vaincu**
ils/elles	**vaincront**	ils/elles	**auront**	**vaincu**
passé simple		**passé antérieur**		
je	**vainquis**	j'	**eus**	**vaincu**
tu	**vainquis**	tu	**eus**	**vaincu**
il/elle	**vainquit**	il/elle	**eut**	**vaincu**
nous	**vainquîmes**	nous	**eûmes**	**vaincu**
vous	**vainquîtes**	vous	**eûtes**	**vaincu**
ils/elles	**vainquirent**	ils/elles	**eurent**	**vaincu**

Conditionnel

présent		passé		
je	**vaincrais**	j'	**aurais**	**vaincu**
tu	**vaincrais**	tu	**aurais**	**vaincu**
il/elle	**vaincrait**	il/elle	**aurait**	**vaincu**
nous	**vaincrions**	nous	**aurions**	**vaincu**
vous	**vaincriez**	vous	**auriez**	**vaincu**
ils/elles	**vaincraient**	ils/elles	**auraient**	**vaincu**

VAINCRE 73

Infinitif

présent	passé	
vaincre	avoir	vaincu

Participe

présent	passé	
vainquant	vaincu/ue,	vaincus/ues
	ayant	vaincu

Impératif

présent	passé	
vaincs	aie	vaincu
vainquons	ayons	vaincu
vainquez	ayez	vaincu

Subjonctif

présent		passé		
que je	**vainque**	que j'	**aie**	**vaincu**
que tu	**vainques**	que tu	**aies**	**vaincu**
qu'il/elle	**vainque**	qu'il/elle	**ait**	**vaincu**
que nous	**vainquions**	que nous	**ayons**	**vaincu**
que vous	**vainquiez**	que vous	**ayez**	**vaincu**
qu'ils/elles	**vainquent**	qu'ils/elles	**aient**	**vaincu**

imparfait		plus-que-parfait		
que je	**vainquisse**	que j'	**eusse**	**vaincu**
que tu	**vainquisses**	que tu	**eusses**	**vaincu**
qu'il/elle	**vainquît**	qu'il/elle	**eût**	**vaincu**
que nous	**vainquissions**	que nous	**eussions**	**vaincu**
que vous	**vainquissiez**	que vous	**eussiez**	**vaincu**
qu'ils/elles	**vainquissent**	qu'ils/elles	**eussent**	**vaincu**

74 BATTRE

3e groupe

Indicatif

présent		passé composé		
je	**bats**	j'	**ai**	**battu**
tu	**bats**	tu	**as**	**battu**
il/elle	**bat**	il/elle	**a**	**battu**
nous	**battons**	nous	**avons**	**battu**
vous	**battez**	vous	**avez**	**battu**
ils/elles	**battent**	ils/elles	**ont**	**battu**
imparfait		**plus-que-parfait**		
je	**battais**	j'	**avais**	**battu**
tu	**battais**	tu	**avais**	**battu**
il/elle	**battait**	il/elle	**avait**	**battu**
nous	**battions**	nous	**avions**	**battu**
vous	**battiez**	vous	**aviez**	**battu**
ils/elles	**battaient**	ils/elles	**avaient**	**battu**
futur simple		**futur antérieur**		
je	**battrai**	j'	**aurai**	**battu**
tu	**battras**	tu	**auras**	**battu**
il/elle	**battra**	il/elle	**aura**	**battu**
nous	**battrons**	nous	**aurons**	**battu**
vous	**battrez**	vous	**aurez**	**battu**
ils/elles	**battront**	ils/elles	**auront**	**battu**
passé simple		**passé antérieur**		
je	**battis**	j'	**eus**	**battu**
tu	**battis**	tu	**eus**	**battu**
il/elle	**battit**	il/elle	**eut**	**battu**
nous	**battîmes**	nous	**eûmes**	**battu**
vous	**battîtes**	vous	**eûtes**	**battu**
ils/elles	**battirent**	ils/elles	**eurent**	**battu**

Conditionnel

présent		passé		
je	**battrais**	j'	**aurais**	**battu**
tu	**battrais**	tu	**aurais**	**battu**
il/elle	**battrait**	il/elle	**aurait**	**battu**
nous	**battrions**	nous	**aurions**	**battu**
vous	**battriez**	vous	**auriez**	**battu**
ils/elles	**battraient**	ils/elles	**auraient**	**battu**

Infinitif

présent	passé	
battre	avoir	battu

Participe

présent	passé	
battant	battu/ue,	battus/ues
	ayant	battu

Impératif

présent	passé	
bats	aie	battu
battons	ayons	battu
battez	ayez	battu

Subjonctif

présent		passé		
que je	**batte**	que j'	**aie**	**battu**
que tu	**battes**	que tu	**aies**	**battu**
qu'il/elle	**batte**	qu'il/elle	**ait**	**battu**
que nous	**battions**	que nous	**ayons**	**battu**
que vous	**battiez**	que vous	**ayez**	**battu**
qu'ils/elles	**battent**	qu'ils/elles	**aient**	**battu**

imparfait		plus-que-parfait		
que je	**battisse**	que j'	**eusse**	**battu**
que tu	**battisses**	que tu	**eusses**	**battu**
qu'il/elle	**battît**	qu'il/elle	**eût**	**battu**
que nous	**battissions**	que nous	**eussions**	**battu**
que vous	**battissiez**	que vous	**eussiez**	**battu**
qu'ils/elles	**battissent**	qu'ils/elles	**eussent**	**battu**

75 CONNAÎTRE

3e groupe

Indicatif

présent		passé composé		
je	**connais**	j'	**ai**	**connu**
tu	**connais**	tu	**as**	**connu**
il/elle	**connaît**	il/elle	**a**	**connu**
nous	**connaissons**	nous	**avons**	**connu**
vous	**connaissez**	vous	**avez**	**connu**
ils/elles	**connaissent**	ils/elles	**ont**	**connu**
imparfait		**plus-que-parfait**		
je	**connaissais**	j'	**avais**	**connu**
tu	**connaissais**	tu	**avais**	**connu**
il/elle	**connaissait**	il/elle	**avait**	**connu**
nous	**connaissions**	nous	**avions**	**connu**
vous	**connaissiez**	vous	**aviez**	**connu**
ils/elles	**connaissaient**	ils/elles	**avaient**	**connu**
futur simple		**futur antérieur**		
je	**connaîtrai**	j'	**aurai**	**connu**
tu	**connaîtras**	tu	**auras**	**connu**
il/elle	**connaîtra**	il/elle	**aura**	**connu**
nous	**connaîtrons**	nous	**aurons**	**connu**
vous	**connaîtrez**	vous	**aurez**	**connu**
ils/elles	**connaîtront**	ils/elles	**auront**	**connu**
passé simple		**passé antérieur**		
je	**connus**	j'	**eus**	**connu**
tu	**connus**	tu	**eus**	**connu**
il/elle	**connut**	il/elle	**eut**	**connu**
nous	**connûmes**	nous	**eûmes**	**connu**
vous	**connûtes**	vous	**eûtes**	**connu**
ils/elles	**connurent**	ils/elles	**eurent**	**connu**

Conditionnel

présent		passé		
je	**connaîtrais**	j'	**aurais**	**connu**
tu	**connaîtrais**	tu	**aurais**	**connu**
il/elle	**connaîtrait**	il/elle	**aurait**	**connu**
nous	**connaîtrions**	nous	**aurions**	**connu**
vous	**connaîtriez**	vous	**auriez**	**connu**
ils/elles	**connaîtraient**	ils/elles	**auraient**	**connu**

CONNAÎTRE 75

Infinitif

présent	passé	
connaître	avoir	connu

Participe

présent	passé	
connaissant	connu/ue,	connus/ues
	ayant	connu

Impératif

présent	passé	
connais	aie	connu
connaissons	ayons	connu
connaissez	ayez	connu

Subjonctif

présent		passé		
que je	connaisse	que j'	aie	connu
que tu	connaisses	que tu	aies	connu
qu'il/elle	connaisse	qu'il/elle	ait	connu
que nous	connaissions	que nous	ayons	connu
que vous	connaissiez	que vous	ayez	connu
qu'ils/elles	connaissent	qu'ils/elles	aient	connu

imparfait		plus-que-parfait		
que je	connusse	que j'	eusse	connu
que tu	connusses	que tu	eusses	connu
qu'il/elle	connût	qu'il/elle	eût	connu
que nous	connussions	que nous	eussions	connu
que vous	connussiez	que vous	eussiez	connu
qu'ils/elles	connussent	qu'ils/elles	eussent	connu

76 NAÎTRE

3e groupe

Indicatif

présent		passé composé		
je	**nais**	je	**suis**	**né/ée**
tu	**nais**	tu	**es**	**né/ée**
il/elle	**naît**	il/elle	**est**	**né/ée**
nous	**naissons**	nous	**sommes**	**nés/ées**
vous	**naissez**	vous	**êtes**	**nés/ées**
ils/elles	**naissent**	ils/elles	**sont**	**nés/ées**
imparfait		**plus-que-parfait**		
je	**naissais**	j'	**étais**	**né/ée**
tu	**naissais**	tu	**étais**	**né/ée**
il/elle	**naissait**	il/elle	**était**	**né/ée**
nous	**naissions**	nous	**étions**	**nés/ées**
vous	**naissiez**	vous	**étiez**	**nés/ées**
ils/elles	**naissaient**	ils/elles	**étaient**	**nés/ées**
futur simple		**futur antérieur**		
je	**naîtrai**	je	**serai**	**né/ée**
tu	**naîtras**	tu	**seras**	**né/ée**
il/elle	**naîtra**	il/elle	**sera**	**né/ée**
nous	**naîtrons**	nous	**serons**	**nés/ées**
vous	**naîtrez**	vous	**serez**	**nés/ées**
ils/elles	**naîtront**	ils/elles	**seront**	**nés/ées**
passé simple		**passé antérieur**		
je	**naquis**	je	**fus**	**né/ée**
tu	**naquis**	tu	**fus**	**né/ée**
il/elle	**naquit**	il/elle	**fut**	**né/ée**
nous	**naquîmes**	nous	**fûmes**	**nés/ées**
vous	**naquîtes**	vous	**fûtes**	**nés/ées**
ils/elles	**naquirent**	ils/elles	**furent**	**nés/ées**

Conditionnel

présent		passé		
je	**naîtrais**	je	**serais**	**né/ée**
tu	**naîtrais**	tu	**serais**	**né/ée**
il/elle	**naîtrait**	il/elle	**serait**	**né/ée**
nous	**naîtrions**	nous	**serions**	**nés/ées**
vous	**naîtriez**	vous	**seriez**	**nés/ées**
ils/elles	**naîtraient**	ils/elles	**seraient**	**nés/ées**

NAÎTRE 76

Infinitif

présent	passé	
naître	être	né/ée, nés/ées

Participe

présent	passé	
naissant	né/née,	nés/nées
	étant	né/née/nés/nées

Impératif

présent	passé	
nais	sois	né/ée
naissons	soyons	nés/ées
naissez	soyez	nés/ées

Subjonctif

présent		passé		
que je	**naisse**	que je	**sois**	**né/ée**
que tu	**naisses**	que tu	**sois**	**né/ée**
qu'il/elle	**naisse**	qu'il/elle	**soit**	**né/ée**
que nous	**naissions**	que nous	**soyons**	**nés/ées**
que vous	**naissiez**	que vous	**soyez**	**nés/ées**
qu'ils/elles	**naissent**	qu'ils/elles	**soient**	**nés/ées**

imparfait		plus-que-parfait		
que je	**naquisse**	que je	**fusse**	**né/ée**
que tu	**naquisses**	que tu	**fusses**	**né/ée**
qu'il/elle	**naquît**	qu'il/elle	**fût**	**né/ée**
que nous	**naquissions**	que nous	**fussions**	**nés/ées**
que vous	**naquissiez**	que vous	**fussiez**	**nés/ées**
qu'ils/elles	**naquissent**	qu'ils/elles	**fussent**	**nés/ées**

77 DIRE

Indicatif

présent		passé composé		
je	**dis**	j'	**ai**	**dit**
tu	**dis**	tu	**as**	**dit**
il/elle	**dit**	il/elle	**a**	**dit**
nous	**disons**	nous	**avons**	**dit**
vous	**dites**	vous	**avez**	**dit**
ils/elles	**disent**	ils/elles	**ont**	**dit**

imparfait		plus-que-parfait		
je	**disais**	j'	**avais**	**dit**
tu	**disais**	tu	**avais**	**dit**
il/elle	**disait**	il/elle	**avait**	**dit**
nous	**disions**	nous	**avions**	**dit**
vous	**disiez**	vous	**aviez**	**dit**
ils/elles	**disaient**	ils/elles	**avaient**	**dit**

futur simple		futur antérieur		
je	**dirai**	j'	**aurai**	**dit**
tu	**diras**	tu	**auras**	**dit**
il/elle	**dira**	il/elle	**aura**	**dit**
nous	**dirons**	nous	**aurons**	**dit**
vous	**direz**	vous	**aurez**	**dit**
ils/elles	**diront**	ils/elles	**auront**	**dit**

passé simple		passé antérieur		
je	**dis**	j'	**eus**	**dit**
tu	**dis**	tu	**eus**	**dit**
il/elle	**dit**	il/elle	**eut**	**dit**
nous	**dîmes**	nous	**eûmes**	**dit**
vous	**dîtes**	vous	**eûtes**	**dit**
ils/elles	**dirent**	ils/elles	**eurent**	**dit**

Conditionnel

présent		passé		
je	**dirais**	j'	**aurais**	**dit**
tu	**dirais**	tu	**aurais**	**dit**
il/elle	**dirait**	il/elle	**aurait**	**dit**
nous	**dirions**	nous	**aurions**	**dit**
vous	**diriez**	vous	**auriez**	**dit**
ils/elles	**diraient**	ils/elles	**auraient**	**dit**

Infinitif

présent	passé	
dire	avoir	dit

Participe

présent	passé	
disant	dit/ite,	dits/ites
	ayant	dit

Impératif

présent	passé	
dis	aie	dit
disons	ayons	dit
dites	ayez	dit

Subjonctif

présent		passé		
que je	dise	que j'	aie	dit
que tu	dises	que tu	aies	dit
qu'il/elle	dise	qu'il/elle	ait	dit
que nous	disions	que nous	ayons	dit
que vous	disiez	que vous	ayez	dit
qu'ils/elles	disent	qu'ils/elles	aient	dit

imparfait		plus-que-parfait		
que je	disse	que j'	eusse	dit
que tu	disses	que tu	eusses	dit
qu'il/elle	dît	qu'il/elle	eût	dit
que nous	dissions	que nous	eussions	dit
que vous	dissiez	que vous	eussiez	dit
qu'ils/elles	dissent	qu'ils/elles	eussent	dit

Indicatif

présent		passé composé		
je	**médis**	j'	**ai**	**médit**
tu	**médis**	tu	**as**	**médit**
il/elle	**médit**	il/elle	**a**	**médit**
nous	**médisons**	nous	**avons**	**médit**
vous	**médisez**	vous	**avez**	**médit**
ils/elles	**médisent**	ils/elles	**ont**	**médit**

imparfait		plus-que-parfait		
je	**médisais**	j'	**avais**	**médit**
tu	**médisais**	tu	**avais**	**médit**
il/elle	**médisait**	il/elle	**avait**	**médit**
nous	**médisions**	nous	**avions**	**médit**
vous	**médisiez**	vous	**aviez**	**médit**
ils/elles	**médisaient**	ils/elles	**avaient**	**médit**

futur simple		futur antérieur		
je	**médirai**	j'	**aurai**	**médit**
tu	**médiras**	tu	**auras**	**médit**
il/elle	**médira**	il/elle	**aura**	**médit**
nous	**médirons**	nous	**aurons**	**médit**
vous	**médirez**	vous	**aurez**	**médit**
ils/elles	**médiront**	ils/elles	**auront**	**médit**

passé simple		passé antérieur		
je	**médis**	j'	**eus**	**médit**
tu	**médis**	tu	**eus**	**médit**
il/elle	**médit**	il/elle	**eut**	**médit**
nous	**médîmes**	nous	**eûmes**	**médit**
vous	**médîtes**	vous	**eûtes**	**médit**
ils/elles	**médirent**	ils/elles	**eurent**	**médit**

Conditionnel

présent		passé		
je	**médirais**	j'	**aurais**	**médit**
tu	**médirais**	tu	**aurais**	**médit**
il/elle	**médirait**	il/elle	**aurait**	**médit**
nous	**médirions**	nous	**aurions**	**médit**
vous	**médiriez**	vous	**auriez**	**médit**
ils/elles	**médiraient**	ils/elles	**auraient**	**médit**

MÉDIRE 78

Infinitif

présent	passé	
médire	**avoir**	**médit**

Participe

présent	passé	
médisant	**médit**	
	ayant	**médit**

Impératif

présent	passé	
médis	**aie**	**médit**
médisons	**ayons**	**médit**
médisez	**ayez**	**médit**

Subjonctif

présent		passé		
que je	**médise**	que j'	**aie**	**médit**
que tu	**médises**	que tu	**aies**	**médit**
qu'il/elle	**médise**	qu'il/elle	**ait**	**médit**
que nous	**médisions**	que nous	**ayons**	**médit**
que vous	**médisiez**	que vous	**ayez**	**médit**
qu'ils/elles	**médisent**	qu'ils/elles	**aient**	**médit**

imparfait		plus-que-parfait		
que je	**médisse**	que j'	**eusse**	**médit**
que tu	**médisses**	que tu	**eusses**	**médit**
qu'il/elle	**médît**	qu'il/elle	**eût**	**médit**
que nous	**médissions**	que nous	**eussions**	**médit**
que vous	**médissiez**	que vous	**eussiez**	**médit**
qu'ils/elles	**médissent**	qu'ils/elles	**eussent**	**médit**

79 MAUDIRE

3e groupe

Indicatif

présent		passé composé		
je	maudis	j'	ai	maudit
tu	maudis	tu	as	maudit
il/elle	maudit	il/elle	a	maudit
nous	maudissons	nous	avons	maudit
vous	maudissez	vous	avez	maudit
ils/elles	maudissent	ils/elles	ont	maudit
imparfait		**plus-que-parfait**		
je	maudissais	j'	avais	maudit
tu	maudissais	tu	avais	maudit
il/elle	maudissait	il/elle	avait	maudit
nous	maudissions	nous	avions	maudit
vous	maudissiez	vous	aviez	maudit
ils/elles	maudissaient	ils/elles	avaient	maudit
futur simple		**futur antérieur**		
je	maudirai	j'	aurai	maudit
tu	maudiras	tu	auras	maudit
il/elle	maudira	il/elle	aura	maudit
nous	maudirons	nous	aurons	maudit
vous	maudirez	vous	aurez	maudit
ils/elles	maudiront	ils/elles	auront	maudit
passé simple		**passé antérieur**		
je	maudis	j'	eus	maudit
tu	maudis	tu	eus	maudit
il/elle	maudit	il/elle	eut	maudit
nous	maudîmes	nous	eûmes	maudit
vous	maudîtes	vous	eûtes	maudit
ils/elles	maudirent	ils/elles	eurent	maudit

Conditionnel

présent		passé		
je	maudirais	j'	aurais	maudit
tu	maudirais	tu	aurais	maudit
il/elle	maudirait	il/elle	aurait	maudit
nous	maudirions	nous	aurions	maudit
vous	maudiriez	vous	auriez	maudit
ils/elles	maudiraient	ils/elles	auraient	maudit

Infinitif

présent	passé	
maudire	avoir	maudit

Participe

présent	passé	
maudissant	maudit/te,	maudits/tes
	ayant	maudit

Impératif

présent	passé	
maudis	aie	maudit
maudissons	ayons	maudit
maudissez	ayez	maudit

Subjonctif

présent		passé		
que je	maudisse	que j'	aie	maudit
que tu	maudisses	que tu	aies	maudit
qu'il/elle	maudisse	qu'il/elle	ait	maudit
que nous	maudissions	que nous	ayons	maudit
que vous	maudissiez	que vous	ayez	maudit
qu'ils/elles	maudissent	qu'ils/elles	aient	maudit

imparfait		plus-que-parfait		
que je	maudisse	que j'	eusse	maudit
que tu	maudisses	que tu	eusses	maudit
qu'il/elle	maudît	qu'il/elle	eût	maudit
que nous	maudissions	que nous	eussions	maudit
que vous	maudissiez	que vous	eussiez	maudit
qu'ils/elles	maudissent	qu'ils/elles	eussent	maudit

80 BRUIRE

3e groupe

Indicatif

présent		passé composé		
je	**bruis**	j'	**ai**	**bruit**
tu	**bruis**	tu	**as**	**bruit**
il/elle	**bruit**	il/elle	**a**	**bruit**
nous	**bruissons**	nous	**avons**	**bruit**
vous	**bruissez**	vous	**avez**	**bruit**
ils/elles	**bruissent**	ils/elles	**ont**	**bruit**
imparfait		**plus-que-parfait**		
je	**bruissais**	j'	**avais**	**bruit**
tu	**bruissais**	tu	**avais**	**bruit**
il/elle	**bruissait**	il/elle	**avait**	**bruit**
nous	**bruissions**	nous	**avions**	**bruit**
vous	**bruissiez**	vous	**aviez**	**bruit**
ils/elles	**bruissaient**	ils/elles	**avaient**	**bruit**
futur simple		**futur antérieur**		
je	**bruirai**	j'	**aurai**	**bruit**
tu	**bruiras**	tu	**auras**	**bruit**
il/elle	**bruira**	il/elle	**aura**	**bruit**
nous	**bruirons**	nous	**aurons**	**bruit**
vous	**bruirez**	vous	**aurez**	**bruit**
ils/elles	**bruiront**	ils/elles	**auront**	**bruit**
passé simple		**passé antérieur**		
je	**bruis**	j'	**eus**	**bruit**
tu	**bruis**	tu	**eus**	**bruit**
il/elle	**bruit**	il/elle	**eut**	**bruit**
nous	**bruîmes**	nous	**eûmes**	**bruit**
vous	**bruîtes**	vous	**eûtes**	**bruit**
ils/elles	**bruirent**	ils/elles	**eurent**	**bruit**

Conditionnel

présent		passé		
je	**bruirais**	j'	**aurais**	**bruit**
tu	**bruirais**	tu	**aurais**	**bruit**
il/elle	**bruirait**	il/elle	**aurait**	**bruit**
nous	**bruirions**	nous	**aurions**	**bruit**
vous	**bruiriez**	vous	**auriez**	**bruit**
ils/elles	**bruiraient**	ils/elles	**auraient**	**bruit**

Infinitif

présent	passé	
bruire	avoir	bruit

Participe

présent	passé	
bruissant	bruit	
	ayant	bruit

Impératif

présent	passé	
bruis	aie	bruit
bruissons	ayons	bruit
bruissez	ayez	bruit

Subjonctif

présent

que je	**bruisse**
que tu	**bruisses**
qu'il/elle	**bruisse**
que nous	**bruissions**
que vous	**bruissiez**
qu'ils/elles	**bruissent**

passé

que j'	**aie**	**bruit**
que tu	**aies**	**bruit**
qu'il/elle	**ait**	**bruit**
que nous	**ayons**	**bruit**
que vous	**ayez**	**bruit**
qu'ils/elles	**aient**	**bruit**

imparfait

inusité

plus-que-parfait

que j'	**eusse**	**bruit**
que tu	**eusses**	**bruit**
qu'il/elle	**eût**	**bruit**
que nous	**eussions**	**bruit**
que vous	**eussiez**	**bruit**
qu'ils/elles	**eussent**	**bruit**

81 ÉCRIRE

Indicatif

présent		passé composé		
j'	**écris**	j'	**ai**	**écrit**
tu	**écris**	tu	**as**	**écrit**
il/elle	**écrit**	il/elle	**a**	**écrit**
nous	**écrivons**	nous	**avons**	**écrit**
vous	**écrivez**	vous	**avez**	**écrit**
ils/elles	**écrivent**	ils/elles	**ont**	**écrit**
imparfait		**plus-que-parfait**		
j'	**écrivais**	j'	**avais**	**écrit**
tu	**écrivais**	tu	**avais**	**écrit**
il/elle	**écrivait**	il/elle	**avait**	**écrit**
nous	**écrivions**	nous	**avions**	**écrit**
vous	**écriviez**	vous	**aviez**	**écrit**
ils/elles	**écrivaient**	ils/elles	**avaient**	**écrit**
futur simple		**futur antérieur**		
j'	**écrirai**	j'	**aurai**	**écrit**
tu	**écriras**	tu	**auras**	**écrit**
il/elle	**écrira**	il/elle	**aura**	**écrit**
nous	**écrirons**	nous	**aurons**	**écrit**
vous	**écrirez**	vous	**aurez**	**écrit**
ils/elles	**écriront**	ils/elles	**auront**	**écrit**
passé simple		**passé antérieur**		
j'	**écrivis**	j'	**eus**	**écrit**
tu	**écrivis**	tu	**eus**	**écrit**
il/elle	**écrivit**	il/elle	**eut**	**écrit**
nous	**écrivîmes**	nous	**eûmes**	**écrit**
vous	**écrivîtes**	vous	**eûtes**	**écrit**
ils/elles	**écrivirent**	ils/elles	**eurent**	**écrit**

Conditionnel

présent		passé		
j'	**écrirais**	j'	**aurais**	**écrit**
tu	**écrirais**	tu	**aurais**	**écrit**
il/elle	**écrirait**	il/elle	**aurait**	**écrit**
nous	**écririons**	nous	**aurions**	**écrit**
vous	**écririez**	vous	**auriez**	**écrit**
ils/elles	**écriraient**	ils/elles	**auraient**	**écrit**

Infinitif

présent	passé	
écrire	**avoir**	**écrit**

Participe

présent	passé	
écrivant	**écrit/te,**	**écrits/tes**
	ayant	**écrit**

Impératif

présent	passé	
écris	**aie**	**écrit**
écrivons	**ayons**	**écrit**
écrivez	**ayez**	**écrit**

Subjonctif

présent		passé		
que j'	**écrive**	que j'	**aie**	**écrit**
que tu	**écrives**	que tu	**aies**	**écrit**
qu'il/elle	**écrive**	qu'il/elle	**ait**	**écrit**
que nous	**écrivions**	que nous	**ayons**	**écrit**
que vous	**écriviez**	que vous	**ayez**	**écrit**
qu'ils/elles	**écrivent**	qu'ils/elles	**aient**	**écrit**

imparfait		plus-que-parfait		
que j'	**écrivisse**	que j'	**eusse**	**écrit**
que tu	**écrivisses**	que tu	**eusses**	**écrit**
qu'il/elle	**écrivît**	qu'il/elle	**eût**	**écrit**
que nous	**écrivissions**	que nous	**eussions**	**écrit**
que vous	**écrivissiez**	que vous	**eussiez**	**écrit**
qu'ils/elles	**écrivissent**	qu'ils/elles	**eussent**	**écrit**

Indicatif

présent		passé composé		
je	**lis**	j'	**ai**	**lu**
tu	**lis**	tu	**as**	**lu**
il/elle	**lit**	il/elle	**a**	**lu**
nous	**lisons**	nous	**avons**	**lu**
vous	**lisez**	vous	**avez**	**lu**
ils/elles	**lisent**	ils/elles	**ont**	**lu**
imparfait		**plus-que-parfait**		
je	**lisais**	j'	**avais**	**lu**
tu	**lisais**	tu	**avais**	**lu**
il/elle	**lisait**	il/elle	**avait**	**lu**
nous	**lisions**	nous	**avions**	**lu**
vous	**lisiez**	vous	**aviez**	**lu**
ils/elles	**lisaient**	ils/elles	**avaient**	**lu**
futur simple		**futur antérieur**		
je	**lirai**	j'	**aurai**	**lu**
tu	**liras**	tu	**auras**	**lu**
il/elle	**lira**	il/elle	**aura**	**lu**
nous	**lirons**	nous	**aurons**	**lu**
vous	**lirez**	vous	**aurez**	**lu**
ils/elles	**liront**	ils/elles	**auront**	**lu**
passé simple		**passé antérieur**		
je	**lus**	j'	**eus**	**lu**
tu	**lus**	tu	**eus**	**lu**
il/elle	**lut**	il/elle	**eut**	**lu**
nous	**lûmes**	nous	**eûmes**	**lu**
vous	**lûtes**	vous	**eûtes**	**lu**
ils/elles	**lurent**	ils/elles	**eurent**	**lu**

Conditionnel

présent		passé		
je	**lirais**	j'	**aurais**	**lu**
tu	**lirais**	tu	**aurais**	**lu**
il/elle	**lirait**	il/elle	**aurait**	**lu**
nous	**lirions**	nous	**aurions**	**lu**
vous	**liriez**	vous	**auriez**	**lu**
ils/elles	**liraient**	ils/elles	**auraient**	**lu**

LIRE 82

Infinitif

présent	passé	
lire	avoir	lu

Participe

présent	passé	
lisant	lu/ue,	lus/ues
	ayant	lu

Impératif

présent	passé	
lis	aie	lu
lisons	ayons	lu
lisez	ayez	lu

Subjonctif

présent		passé		
que je	lise	que j'	aie	lu
que tu	lises	que tu	aies	lu
qu'il/elle	lise	qu'il/elle	ait	lu
que nous	lisions	que nous	ayons	lu
que vous	lisiez	que vous	ayez	lu
qu'ils/elles	lisent	qu'ils/elles	aient	lu

imparfait		plus-que-parfait		
que je	lusse	que j'	eusse	lu
que tu	lusses	que tu	eusses	lu
qu'il/elle	lût	qu'il/elle	eût	lu
que nous	lussions	que nous	eussions	lu
que vous	lussiez	que vous	eussiez	lu
qu'ils/elles	lussent	qu'ils/elles	eussent	lu

83 RIRE

3e groupe

Indicatif

présent		passé composé		
je	**ris**	j'	**ai**	**ri**
tu	**ris**	tu	**as**	**ri**
il/elle	**rit**	il/elle	**a**	**ri**
nous	**rions**	nous	**avons**	**ri**
vous	**riez**	vous	**avez**	**ri**
ils/elles	**rient**	ils/elles	**ont**	**ri**
imparfait		**plus-que-parfait**		
je	**riais**	j'	**avais**	**ri**
tu	**riais**	tu	**avais**	**ri**
il/elle	**riait**	il/elle	**avait**	**ri**
nous	**riions**	nous	**avions**	**ri**
vous	**riiez**	vous	**aviez**	**ri**
ils/elles	**riaient**	ils/elles	**avaient**	**ri**
futur simple		**futur antérieur**		
je	**rirai**	j'	**aurai**	**ri**
tu	**riras**	tu	**auras**	**ri**
il/elle	**rira**	il/elle	**aura**	**ri**
nous	**rirons**	nous	**aurons**	**ri**
vous	**rirez**	vous	**aurez**	**ri**
ils/elles	**riront**	ils/elles	**auront**	**ri**
passé simple		**passé antérieur**		
je	**ris**	j'	**eus**	**ri**
tu	**ris**	tu	**eus**	**ri**
il/elle	**rit**	il/elle	**eut**	**ri**
nous	**rîmes**	nous	**eûmes**	**ri**
vous	**rîtes**	vous	**eûtes**	**ri**
ils/elles	**rirent**	ils/elles	**eurent**	**ri**

Conditionnel

présent		passé		
je	**rirais**	j'	**aurais**	**ri**
tu	**rirais**	tu	**aurais**	**ri**
il/elle	**rirait**	il/elle	**aurait**	**ri**
nous	**ririons**	nous	**aurions**	**ri**
vous	**ririez**	vous	**auriez**	**ri**
ils/elles	**riraient**	ils/elles	**auraient**	**ri**

Infinitif

présent	passé	
rire	avoir	ri

Participe

présent	passé	
riant	ri	
	ayant	ri

Impératif

présent	passé	
ris	aie	ri
rions	ayons	ri
riez	ayez	ri

Subjonctif

présent		passé		
que je	rie	que j'	aie	ri
que tu	ries	que tu	aies	ri
qu'il/elle	rie	qu'il/elle	ait	ri
que nous	riions	que nous	ayons	ri
que vous	riiez	que vous	ayez	ri
qu'ils/elles	rient	qu'ils/elles	aient	ri

imparfait		plus-que-parfait		
que je	risse	que j'	eusse	ri
que tu	risses	que tu	eusses	ri
qu'il/elle	rît	qu'il/elle	eût	ri
que nous	rissions	que nous	eussions	ri
que vous	rissiez	que vous	eussiez	ri
qu'ils/elles	rissent	qu'ils/elles	eussent	ri

84 SUFFIRE

3e groupe

Indicatif

présent

je	**suffis**
tu	**suffis**
il/elle	**suffit**
nous	**suffisons**
vous	**suffisez**
ils/elles	**suffisent**

imparfait

je	**suffisais**
tu	**suffisais**
il/elle	**suffisait**
nous	**suffisions**
vous	**suffisiez**
ils/elles	**suffisaient**

futur simple

je	**suffirai**
tu	**suffiras**
il/elle	**suffira**
nous	**suffirons**
vous	**suffirez**
ils/elles	**suffiront**

passé simple

je	**suffis**
tu	**suffis**
il/elle	**suffit**
nous	**suffîmes**
vous	**suffîtes**
ils/elles	**suffirent**

passé composé

j'	**ai**	**suffi**
tu	**as**	**suffi**
il/elle	**a**	**suffi**
nous	**avons**	**suffi**
vous	**avez**	**suffi**
ils/elles	**ont**	**suffi**

plus-que-parfait

j'	**avais**	**suffi**
tu	**avais**	**suffi**
il/elle	**avait**	**suffi**
nous	**avions**	**suffi**
vous	**aviez**	**suffi**
ils/elles	**avaient**	**suffi**

futur antérieur

j'	**aurai**	**suffi**
tu	**auras**	**suffi**
il/elle	**aura**	**suffi**
nous	**aurons**	**suffi**
vous	**aurez**	**suffi**
ils/elles	**auront**	**suffi**

passé antérieur

j'	**eus**	**suffi**
tu	**eus**	**suffi**
il/elle	**eut**	**suffi**
nous	**eûmes**	**suffi**
vous	**eûtes**	**suffi**
ils/elles	**eurent**	**suffi**

Conditionnel

présent

je	**suffirais**
tu	**suffirais**
il/elle	**suffirait**
nous	**suffirions**
vous	**suffiriez**
ils/elles	**suffiraient**

passé

j'	**aurais**	**suffi**
tu	**aurais**	**suffi**
il/elle	**aurait**	**suffi**
nous	**aurions**	**suffi**
vous	**auriez**	**suffi**
ils/elles	**auraient**	**suffi**

Infinitif

présent		passé	
suffire		avoir	suffi

Participe

présent		passé	
suffisant		suffi	
		ayant	suffi

Impératif

présent		passé	
suffis		aie	suffi
suffisons		ayons	suffi
suffisez		ayez	suffi

Subjonctif

présent		passé		
que je	suffise	que j'	aie	suffi
que tu	suffises	que tu	aies	suffi
qu'il/elle	suffise	qu'il/elle	ait	suffi
que nous	suffisions	que nous	ayons	suffi
que vous	suffisiez	que vous	ayez	suffi
qu'ils/elles	suffisent	qu'ils/elles	aient	suffi

imparfait		plus-que-parfait		
que je	suffisse	que j'	eusse	suffi
que tu	suffisses	que tu	eusses	suffi
qu'il/elle	suffît	qu'il/elle	eût	suffi
que nous	suffissions	que nous	eussions	suffi
que vous	suffissiez	que vous	eussiez	suffi
qu'ils/elles	suffissent	qu'ils/elles	eussent	suffi

85 CONDUIRE

3e groupe

Indicatif

présent		passé composé		
je	conduis	j'	ai	conduit
tu	conduis	tu	as	conduit
il/elle	conduit	il/elle	a	conduit
nous	conduisons	nous	avons	conduit
vous	conduisez	vous	avez	conduit
ils/elles	conduisent	ils/elles	ont	conduit

imparfait		plus-que-parfait		
je	conduisais	j'	avais	conduit
tu	conduisais	tu	avais	conduit
il/elle	conduisait	il/elle	avait	conduit
nous	conduisions	nous	avions	conduit
vous	conduisiez	vous	aviez	conduit
ils/elles	conduisaient	ils/elles	avaient	conduit

futur simple		futur antérieur		
je	conduirai	j'	aurai	conduit
tu	conduiras	tu	auras	conduit
il/elle	conduira	il/elle	aura	conduit
nous	conduirons	nous	aurons	conduit
vous	conduirez	vous	aurez	conduit
ils/elles	conduiront	ils/elles	auront	conduit

passé simple		passé antérieur		
je	conduisis	j'	eus	conduit
tu	conduisis	tu	eus	conduit
il/elle	conduisit	il/elle	eut	conduit
nous	conduisîmes	nous	eûmes	conduit
vous	conduisîtes	vous	eûtes	conduit
ils/elles	conduisirent	ils/elles	eurent	conduit

Conditionnel

présent		passé		
je	conduirais	j'	aurais	conduit
tu	conduirais	tu	aurais	conduit
il/elle	conduiralt	il/elle	aurait	conduit
nous	conduirions	nous	aurions	conduit
vous	conduiriez	vous	auriez	conduit
ils/elles	conduiraient	ils/elles	auraient	conduit

CONDUIRE 85

Infinitif

présent	passé	
conduire	avoir	conduit

Participe

présent	passé	
conduisant	conduit/te,	conduits/tes
	ayant	conduit

Impératif

présent	passé	
conduis	aie	conduit
conduisons	ayons	conduit
conduisez	ayez	conduit

Subjonctif

présent		passé		
que je	conduise	que j'	aie	conduit
que tu	conduises	que tu	aies	conduit
qu'il/elle	conduise	qu'il/elle	ait	conduit
que nous	conduisions	que nous	ayons	conduit
que vous	conduisiez	que vous	ayez	conduit
qu'ils/elles	conduisent	qu'ils/elles	aient	conduit

imparfait		plus-que-parfait		
que je	conduisisse	que j'	eusse	conduit
que tu	conduisisses	que tu	eusses	conduit
qu'il/elle	conduisît	qu'il/elle	eût	conduit
que nous	conduisissions	que nous	eussions	conduit
que vous	conduisissiez	que vous	eussiez	conduit
qu'ils/elles	conduisissent	qu'ils/elles	eussent	conduit

Indicatif

présent		passé composé		
je	**suis**	j'	**ai**	**suivi**
tu	**suis**	tu	**as**	**suivi**
il/elle	**suit**	il/elle	**a**	**suivi**
nous	**suivons**	nous	**avons**	**suivi**
vous	**suivez**	vous	**avez**	**suivi**
ils/elles	**suivent**	ils/elles	**ont**	**suivi**
imparfait		**plus-que-parfait**		
je	**suivais**	j'	**avais**	**suivi**
tu	**suivais**	tu	**avais**	**suivi**
il/elle	**suivait**	il/elle	**avait**	**suivi**
nous	**suivions**	nous	**avions**	**suivi**
vous	**suiviez**	vous	**aviez**	**suivi**
ils/elles	**suivaient**	ils/elles	**avaient**	**suivi**
futur simple		**futur antérieur**		
je	**suivrai**	j'	**aurai**	**suivi**
tu	**suivras**	tu	**auras**	**suivi**
il/elle	**suivra**	il/elle	**aura**	**suivi**
nous	**suivrons**	nous	**aurons**	**suivi**
vous	**suivrez**	vous	**aurez**	**suivi**
ils/elles	**suivront**	ils/elles	**auront**	**suivi**
passé simple		**passé antérieur**		
je	**suivis**	j'	**eus**	**suivi**
tu	**suivis**	tu	**eus**	**suivi**
il/elle	**suivit**	il/elle	**eut**	**suivi**
nous	**suivîmes**	nous	**eûmes**	**suivi**
vous	**suivîtes**	vous	**eûtes**	**suivi**
ils/elles	**suivirent**	ils/elles	**eurent**	**suivi**

Conditionnel

présent		passé		
je	**suivrais**	j'	**aurais**	**suivi**
tu	**suivrais**	tu	**aurais**	**suivi**
il/elle	**suivrait**	il/elle	**aurait**	**suivi**
nous	**suivrions**	nous	**aurions**	**suivi**
vous	**suivriez**	vous	**auriez**	**suivi**
ils/elles	**suivraient**	ils/elles	**auraient**	**suivi**

Infinitif

présent	passé	
suivre	avoir	suivi

Participe

présent	passé	
suivant	suivi/ie,	suivis/ies
	ayant	suivi

Impératif

présent	passé	
suis	aie	suivi
suivons	ayons	suivi
suivez	ayez	suivi

Subjonctif

présent		passé		
que je	suive	que j'	aie	suivi
que tu	suives	que tu	aies	suivi
qu'il/elle	suive	qu'il/elle	ait	suivi
que nous	suivions	que nous	ayons	suivi
que vous	suiviez	que vous	ayez	suivi
qu'ils/elles	suivent	qu'ils/elles	aient	suivi

imparfait		plus-que-parfait		
que je	suivisse	que j'	eusse	suivi
que tu	suivisses	que tu	eusses	suivi
qu'il/elle	suivît	qu'il/elle	eût	suivi
que nous	suivissions	que nous	eussions	suivi
que vous	suivissiez	que vous	eussiez	suivi
qu'ils/elles	suivissent	qu'ils/elles	eussent	suivi

87 VIVRE

3e groupe

Indicatif

présent

je	**vis**
tu	**vis**
il/elle	**vit**
nous	**vivons**
vous	**vivez**
ils/elles	**vivent**

imparfait

je	**vivais**
tu	**vivais**
il/elle	**vivait**
nous	**vivions**
vous	**viviez**
ils/elles	**vivaient**

futur simple

je	**vivrai**
tu	**vivras**
il/elle	**vivra**
nous	**vivrons**
vous	**vivrez**
ils/elles	**vivront**

passé simple

je	**vécus**
tu	**vécus**
il/elle	**vécut**
nous	**vécûmes**
vous	**vécûtes**
ils/elles	**vécurent**

passé composé

j'	**ai**	**vécu**
tu	**as**	**vécu**
il/elle	**a**	**vécu**
nous	**avons**	**vécu**
vous	**avez**	**vécu**
ils/elles	**ont**	**vécu**

plus-que-parfait

j'	**avais**	**vécu**
tu	**avais**	**vécu**
il/elle	**avait**	**vécu**
nous	**avions**	**vécu**
vous	**aviez**	**vécu**
ils/elles	**avaient**	**vécu**

futur antérieur

j'	**aurai**	**vécu**
tu	**auras**	**vécu**
il/elle	**aura**	**vécu**
nous	**aurons**	**vécu**
vous	**aurez**	**vécu**
ils/elles	**auront**	**vécu**

passé antérieur

j'	**eus**	**vécu**
tu	**eus**	**vécu**
il/elle	**eut**	**vécu**
nous	**eûmes**	**vécu**
vous	**eûtes**	**vécu**
ils/elles	**eurent**	**vécu**

Conditionnel

présent

je	**vivrais**
tu	**vivrais**
il/elle	**vivrait**
nous	**vivrions**
vous	**vivriez**
ils/elles	**vivraient**

passé

j'	**aurais**	**vécu**
tu	**aurais**	**vécu**
il/elle	**aurait**	**vécu**
nous	**aurions**	**vécu**
vous	**auriez**	**vécu**
ils/elles	**auraient**	**vécu**

Infinitif

présent	passé	
vivre	avoir	vécu

Participe

présent	passé	
vivant	vécu/ue,	vécus/ues
	ayant	vécu

Impératif

présent	passé	
vis	aie	vécu
vivons	ayons	vécu
vivez	ayez	vécu

Subjonctif

présent		passé		
que je	vive	que j'	aie	vécu
que tu	vives	que tu	aies	vécu
qu'il/elle	vive	qu'il/elle	ait	vécu
que nous	vivions	que nous	ayons	vécu
que vous	viviez	que vous	ayez	vécu
qu'ils/elles	vivent	qu'ils/elles	aient	vécu

imparfait		plus-que-parfait		
que je	vécusse	que j'	eusse	vécu
que tu	vécusses	que tu	eusses	vécu
qu'il/elle	vécût	qu'il/elle	eût	vécu
que nous	vécussions	que nous	eussions	vécu
que vous	vécussiez	que vous	eussiez	vécu
qu'ils/elles	vécussent	qu'ils/elles	eussent	vécu

88 CROIRE

3e groupe

Indicatif

présent		passé composé		
je	**crois**	j'	**ai**	**cru**
tu	**crois**	tu	**as**	**cru**
il/elle	**croit**	il/elle	**a**	**cru**
nous	**croyons**	nous	**avons**	**cru**
vous	**croyez**	vous	**avez**	**cru**
ils/elles	**croient**	ils/elles	**ont**	**cru**
imparfait		**plus-que-parfait**		
je	**croyais**	j'	**avais**	**cru**
tu	**croyais**	tu	**avais**	**cru**
il/elle	**croyait**	il/elle	**avait**	**cru**
nous	**croyions**	nous	**avions**	**cru**
vous	**croyiez**	vous	**aviez**	**cru**
ils/elles	**croyaient**	ils/elles	**avaient**	**cru**
futur simple		**futur antérieur**		
je	**croirai**	j'	**aurai**	**cru**
tu	**croiras**	tu	**auras**	**cru**
il/elle	**croira**	il/elle	**aura**	**cru**
nous	**croirons**	nous	**aurons**	**cru**
vous	**croirez**	vous	**aurez**	**cru**
ils/elles	**croiront**	ils/elles	**auront**	**cru**
passé simple		**passé antérieur**		
je	**crus**	j'	**eus**	**cru**
tu	**crus**	tu	**eus**	**cru**
il/elle	**crut**	il/elle	**eut**	**cru**
nous	**crûmes**	nous	**eûmes**	**cru**
vous	**crûtes**	vous	**eûtes**	**cru**
ils/elles	**crurent**	ils/elles	**eurent**	**cru**

Conditionnel

présent		passé		
je	**croirais**	j'	**aurais**	**cru**
tu	**croirais**	tu	**aurais**	**cru**
il/elle	**croirait**	il/elle	**aurait**	**cru**
nous	**croirions**	nous	**aurions**	**cru**
vous	**croiriez**	vous	**auriez**	**cru**
ils/elles	**croiraient**	ils/elles	**auraient**	**cru**

Infinitif

présent	passé	
croire	avoir	cru

Participe

présent	passé	
croyant	cru/ue,	crus/ues
	ayant	cru

Impératif

présent	passé	
crois	aie	cru
croyons	ayons	cru
croyez	ayez	cru

Subjonctif

présent		passé		
que je	croie	que j'	aie	cru
que tu	croies	que tu	aies	cru
qu'il/elle	croie	qu'il/elle	ait	cru
que nous	croyions	que nous	ayons	cru
que vous	croyiez	que vous	ayez	cru
qu'ils/elles	croient	qu'ils/elles	aient	cru

imparfait		plus-que-parfait		
que je	crusse	que j'	eusse	cru
que tu	crusses	que tu	eusses	cru
qu'il/elle	crût	qu'il/elle	eût	cru
que nous	crussions	que nous	eussions	cru
que vous	crussiez	que vous	eussiez	cru
qu'ils/elles	crussent	qu'ils/elles	eussent	cru

89 BOIRE

3e groupe

Indicatif

présent		passé composé		
je	**bois**	j'	**ai**	**bu**
tu	**bois**	tu	**as**	**bu**
il/elle	**boit**	il/elle	**a**	**bu**
nous	**buvons**	nous	**avons**	**bu**
vous	**buvez**	vous	**avez**	**bu**
ils/elles	**boivent**	ils/elles	**ont**	**bu**
imparfait		**plus-que-parfait**		
je	**buvais**	j'	**avais**	**bu**
tu	**buvais**	tu	**avais**	**bu**
il/elle	**buvait**	il/elle	**avait**	**bu**
nous	**buvions**	nous	**avions**	**bu**
vous	**buviez**	vous	**aviez**	**bu**
ils/elles	**buvaient**	ils/elles	**avaient**	**bu**
futur simple		**futur antérieur**		
je	**boirai**	j'	**aurai**	**bu**
tu	**boiras**	tu	**auras**	**bu**
il/elle	**boira**	il/elle	**aura**	**bu**
nous	**boirons**	nous	**aurons**	**bu**
vous	**boirez**	vous	**aurez**	**bu**
ils/elles	**boiront**	ils/elles	**auront**	**bu**
passé simple		**passé antérieur**		
je	**bus**	j'	**eus**	**bu**
tu	**bus**	tu	**eus**	**bu**
il/elle	**but**	il/elle	**eut**	**bu**
nous	**bûmes**	nous	**eûmes**	**bu**
vous	**bûtes**	vous	**eûtes**	**bu**
ils/elles	**burent**	ils/elles	**eurent**	**bu**

Conditionnel

présent		passé		
je	**boirais**	j'	**aurais**	**bu**
tu	**boirais**	tu	**aurais**	**bu**
il/elle	**boirait**	il/elle	**aurait**	**bu**
nous	**boirions**	nous	**aurions**	**bu**
vous	**boiriez**	vous	**auriez**	**bu**
ils/elles	**boiraient**	ils/elles	**auraient**	**bu**

Infinitif

présent	passé	
boire	avoir	bu

Participe

présent	passé	
buvant	bu/ue,	bus/ues
	ayant	bu

Impératif

présent	passé	
bois	aie	bu
buvons	ayons	bu
buvez	ayez	bu

Subjonctif

présent		passé		
que je	boive	que j'	aie	bu
que tu	boives	que tu	aies	bu
qu'il/elle	boive	qu'il/elle	ait	bu
que nous	buvions	que nous	ayons	bu
que vous	buviez	que vous	ayez	bu
qu'ils/elles	boivent	qu'ils/elles	aient	bu

imparfait		plus-que-parfait		
que je	busse	que j'	eusse	bu
que tu	busses	que tu	eusses	bu
qu'il/elle	bût	qu'il/elle	eût	bu
que nous	bussions	que nous	eussions	bu
que vous	bussiez	que vous	eussiez	bu
qu'ils/elles	bussent	qu'ils/elles	eussent	bu

90 SE DISTRAIRE

3e groupe

Indicatif

présent

je me	**distrais**
tu te	**distrais**
il/elle se	**distrait**
nous nous	**distrayons**
vous vous	**distrayez**
ils/elles se	**distraient**

imparfait

je me	**distrayais**
tu te	**distrayais**
il/elle se	**distrayait**
nous nous	**distrayions**
vous vous	**distrayiez**
ils/elles se	**distrayaient**

futur simple

je me	**distrairai**
tu te	**distrairas**
il/elle se	**distraira**
nous nous	**distrairons**
vous vous	**distrairez**
ils/elles se	**distrairont**

passé simple

inusité

passé composé

je me	**suis**	**distrait/te**
tu t'	**es**	**distrait/te**
il/elle s'	**est**	**distrait/te**
nous nous	**sommes**	**distraits/tes**
vous vous	**êtes**	**distraits/tes**
ils/elles se	**sont**	**distraits/tes**

plus-que-parfait

je m'	**étais**	**distrait/te**
tu t'	**étais**	**distrait/te**
il/elle s'	**était**	**distrait/te**
nous nous	**étions**	**distraits/tes**
vous vous	**étiez**	**distraits/tes**
ils/elles s'	**étaient**	**distraits/tes**

futur antérieur

je me	**serai**	**distrait/te**
tu te	**seras**	**distrait/te**
il/elle se	**sera**	**distrait/te**
nous nous	**serons**	**distraits/tes**
vous vous	**serez**	**distraits/tes**
ils/elles se	**seront**	**distraits/tes**

passé antérieur

je me	**fus**	**distrait/te**
tu te	**fus**	**distrait/te**
il/elle se	**fut**	**distrait/te**
nous nous	**fûmes**	**distraits/tes**
vous vous	**fûtes**	**distraits/tes**
ils/elles se	**furent**	**distraits/tes**

Conditionnel

présent

je me	**distrairais**
tu te	**distrairais**
il/elle se	**distrairait**
nous nous	**distrairions**
vous vous	**distrairiez**
ils/elles se	**distrairaient**

passé

je me	**serais**	**distrait/te**
tu te	**serais**	**distrait/te**
il/elle se	**serait**	**distrait/te**
nous nous	**serions**	**distraits/tes**
vous vous	**seriez**	**distraits/tes**
ils/elles se	**seraient**	**distraits/tes**

SE DISTRAIRE 90

Infinitif

présent		passé	
se	distraire	s'être	distrait/te, distraits/tes

Participe

présent		passé	
se	distrayant	distrait/te,	distraits/tes
		s'étant	distrait/te/ts/tes

Impératif

présent

distrais-toi
distrayons-nous
distrayez-vous

passé

inusité

Subjonctif

présent		passé		
que je me	**distraie**	que je me	**sois**	**distrait/te**
que tu te	**distraies**	que tu te	**sois**	**distrait/te**
qu'il/elle se	**distraie**	qu'il/elle se	**soit**	**distrait/te**
que nous nous	**distrayions**	que nous nous	**soyons**	**distraits/tes**
que vous vous	**distrayiez**	que vous vous	**soyez**	**distraits/tes**
qu'ils/elles se	**distraient**	qu' ils/elles se	**soient**	**distraits/tes**

imparfait

inusité

plus-que-parfait		
que je me	**fusse**	**distrait/te**
que tu te	**fusses**	**distrait/te**
qu'il/elle se	**fût**	**distrait/te**
que nous nous	**fussions**	**distraits/tes**
que vous vous	**fussiez**	**distraits/tes**
qu' ils/elles se	**fussent**	**distraits/tes**

91 PLAIRE

3e groupe

Indicatif

présent		passé composé		
je	**plais**	j'	**ai**	**plu**
tu	**plais**	tu	**as**	**plu**
il/elle	**plaît**	il/elle	**a**	**plu**
nous	**plaisons**	nous	**avons**	**plu**
vous	**plaisez**	vous	**avez**	**plu**
ils/elles	**plaisent**	ils/elles	**ont**	**plu**
imparfait		**plus-que-parfait**		
je	**plaisais**	j'	**avais**	**plu**
tu	**plaisais**	tu	**avais**	**plu**
il/elle	**plaisait**	il/elle	**avait**	**plu**
nous	**plaisions**	nous	**avions**	**plu**
vous	**plaisiez**	vous	**aviez**	**plu**
ils/elles	**plaisaient**	ils/elles	**avaient**	**plu**
futur simple		**futur antérieur**		
je	**plairai**	j'	**aurai**	**plu**
tu	**plairas**	tu	**auras**	**plu**
il/elle	**plaira**	il/elle	**aura**	**plu**
nous	**plairons**	nous	**aurons**	**plu**
vous	**plairez**	vous	**aurez**	**plu**
ils/elles	**plairont**	ils/elles	**auront**	**plu**
passé simple		**passé antérieur**		
je	**plus**	j'	**eus**	**plu**
tu	**plus**	tu	**eus**	**plu**
il/elle	**plut**	il/elle	**eut**	**plu**
nous	**plûmes**	nous	**eûmes**	**plu**
vous	**plûtes**	vous	**eûtes**	**plu**
ils/elles	**plurent**	ils/elles	**eurent**	**plu**

Conditionnel

présent		passé		
je	**plairais**	j'	**aurais**	**plu**
tu	**plairais**	tu	**aurais**	**plu**
il/elle	**plairait**	il/elle	**aurait**	**plu**
nous	**plairions**	nous	**aurions**	**plu**
vous	**plairiez**	vous	**auriez**	**plu**
ils/elles	**plairaient**	ils/elles	**auraient**	**plu**

Infinitif

présent	passé	
plaire	**avoir**	**plu**

Participe

présent	passé	
plaisant	**plu**	
	ayant	**plu**

Impératif

présent	passé	
plais	**aie**	**plu**
plaisons	**ayons**	**plu**
plaisez	**ayez**	**plu**

Subjonctif

présent		passé		
que je	**plaise**	que j'	**aie**	**plu**
que tu	**plaises**	que tu	**aies**	**plu**
qu'il/elle	**plaise**	qu'il/elle	**ait**	**plu**
que nous	**plaisions**	que nous	**ayons**	**plu**
que vous	**plaisiez**	que vous	**ayez**	**plu**
qu'ils/elles	**plaisent**	qu'ils/elles	**aient**	**plu**

imparfait		plus-que-parfait		
que je	**plusse**	que j'	**eusse**	**plu**
que tu	**plusses**	que tu	**eusses**	**plu**
qu'il/elle	**plût**	qu'il/elle	**eût**	**plu**
que nous	**plussions**	que nous	**eussions**	**plu**
que vous	**plussiez**	que vous	**eussiez**	**plu**
qu'ils/elles	**plussent**	qu'ils/elles	**eussent**	**plu**

Indicatif

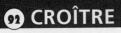

présent		passé composé		
je	**croîs**	j'	**ai**	**crû**
tu	**croîs**	tu	**as**	**crû**
il/elle	**croît**	il/elle	**a**	**crû**
nous	**croissons**	nous	**avons**	**crû**
vous	**croissez**	vous	**avez**	**crû**
ils/elles	**croissent**	ils/elles	**ont**	**crû**
imparfait		**plus-que-parfait**		
je	**croissais**	j'	**avais**	**crû**
tu	**croissais**	tu	**avais**	**crû**
il/elle	**croissait**	il/elle	**avait**	**crû**
nous	**croissions**	nous	**avions**	**crû**
vous	**croissiez**	vous	**aviez**	**crû**
ils/elles	**croissaient**	ils/elles	**avaient**	**crû**
futur simple		**futur antérieur**		
je	**croîtrai**	j'	**aurai**	**crû**
tu	**croîtras**	tu	**auras**	**crû**
il/elle	**croîtra**	il/elle	**aura**	**crû**
nous	**croîtrons**	nous	**aurons**	**crû**
vous	**croîtrez**	vous	**aurez**	**crû**
ils/elles	**croîtront**	ils/elles	**auront**	**crû**
passé simple		**passé antérieur**		
je	**crûs**	j'	**eus**	**crû**
tu	**crûs**	tu	**eus**	**crû**
il/elle	**crût**	il/elle	**eut**	**crû**
nous	**crûmes**	nous	**eûmes**	**crû**
vous	**crûtes**	vous	**eûtes**	**crû**
ils/elles	**crûrent**	ils/elles	**eurent**	**crû**

Conditionnel

présent		passé		
je	**croîtrais**	j'	**aurais**	**crû**
tu	**croîtrais**	tu	**aurais**	**crû**
il/elle	**croîtrait**	il/elle	**aurait**	**crû**
nous	**croîtrions**	nous	**aurions**	**crû**
vous	**croîtriez**	vous	**auriez**	**crû**
ils/elles	**croîtraient**	ils/elles	**auraient**	**crû**

CROÎTRE 92

Infinitif

présent	passé	
croître	avoir	crû

Participe

présent	passé	
croissant	crû/crue,	crus/crues
	ayant	crû

Impératif

présent	passé	
croîs	aie	crû
croissons	ayons	crû
croissez	ayez	crû

Subjonctif

présent		passé		
que je	croisse	que j'	aie	crû
que tu	croisses	que tu	aies	crû
qu'il/elle	croisse	qu'il/elle	ait	crû
que nous	croissions	que nous	ayons	crû
que vous	croissiez	que vous	ayez	crû
qu'ils/elles	croissent	qu'ils/elles	aient	crû

imparfait		plus-que-parfait		
que je	crûsse	que j'	eusse	crû
que tu	crûsses	que tu	eusses	crû
qu'il/elle	crût	qu'il/elle	eût	crû
que nous	crûssions	que nous	eussions	crû
que vous	crûssiez	que vous	eussiez	crû
qu'ils/elles	crûssent	qu'ils/elles	eussent	crû

93 ACCROÎTRE

3e groupe

Indicatif

présent		passé composé		
j'	accrois	j'	ai	accru
tu	accrois	tu	as	accru
il/elle	accroît	il/elle	a	accru
nous	accroissons	nous	avons	accru
vous	accroissez	vous	avez	accru
ils/elles	accroissent	ils/elles	ont	accru

imparfait		plus-que-parfait		
j'	accroissais	j'	avais	accru
tu	accroissais	tu	avais	accru
il/elle	accroissait	il/elle	avait	accru
nous	accroissions	nous	avions	accru
vous	accroissiez	vous	aviez	accru
ils/elles	accroissaient	ils/elles	avaient	accru

futur simple		futur antérieur		
j'	accroîtrai	j'	aurai	accru
tu	accroîtras	tu	auras	accru
il/elle	accroîtra	il/elle	aura	accru
nous	accroîtrons	nous	aurons	accru
vous	accroîtrez	vous	aurez	accru
ils/elles	accroîtront	ils/elles	auront	accru

passé simple		passé antérieur		
j'	accrus	j'	eus	accru
tu	accrus	tu	eus	accru
il/elle	accrut	il/elle	eut	accru
nous	accrûmes	nous	eûmes	accru
vous	accrûtes	vous	eûtes	accru
ils/elles	accrurent	ils/elles	eurent	accru

Conditionnel

présent		passé		
j'	accroîtrais	j'	aurais	accru
tu	accroîtrais	tu	aurais	accru
il/elle	accroîtrait	il/elle	aurait	accru
nous	accroîtrions	nous	aurions	accru
vous	accroîtriez	vous	auriez	accru
ils/elles	accroîtraient	ils/elles	auraient	accru

ACCROÎTRE 93

Infinitif

présent	passé	
accroître	avoir	accru

Participe

présent	passé	
accroissant	accru/ue,	accrus/ues
	ayant	accru

Impératif

présent	passé	
accrois	aie	accru
accroissons	ayons	accru
accroissez	ayez	accru

Subjonctif

présent		passé		
que j'	accroisse	que j'	aie	accru
que tu	accroisses	que tu	aies	accru
qu'il/elle	accroisse	qu'il/elle	ait	accru
que nous	accroissions	que nous	ayons	accru
que vous	accroissiez	que vous	ayez	accru
qu'ils/elles	accroissent	qu'ils/elles	aient	accru

imparfait		plus-que-parfait		
que j'	accrusse	que j'	eusse	accru
que tu	accrusses	que tu	eusses	accru
qu'il/elle	accrût	qu'il/elle	eût	accru
que nous	accrussions	que nous	eussions	accru
que vous	accrussiez	que vous	eussiez	accru
qu'ils/elles	accrussent	qu'ils/elles	eussent	accru

94 CONCLURE

3e groupe

Indicatif

présent		passé composé		
je	**conclus**	j'	**ai**	**conclu**
tu	**conclus**	tu	**as**	**conclu**
il/elle	**conclut**	il/elle	**a**	**conclu**
nous	**concluons**	nous	**avons**	**conclu**
vous	**concluez**	vous	**avez**	**conclu**
ils/elles	**concluent**	ils/elles	**ont**	**conclu**
imparfait		**plus-que-parfait**		
je	**concluais**	j'	**avais**	**conclu**
tu	**concluais**	tu	**avais**	**conclu**
il/elle	**concluait**	il/elle	**avait**	**conclu**
nous	**concluions**	nous	**avions**	**conclu**
vous	**concluiez**	vous	**aviez**	**conclu**
ils/elles	**concluaient**	ils/elles	**avaient**	**conclu**
futur simple		**futur antérieur**		
je	**conclurai**	j'	**aurai**	**conclu**
tu	**concluras**	tu	**auras**	**conclu**
il/elle	**conclura**	il/elle	**aura**	**conclu**
nous	**conclurons**	nous	**aurons**	**conclu**
vous	**conclurez**	vous	**aurez**	**conclu**
ils/elles	**concluront**	ils/elles	**auront**	**conclu**
passé simple		**passé antérieur**		
je	**conclus**	j'	**eus**	**conclu**
tu	**conclus**	tu	**eus**	**conclu**
il/elle	**conclut**	il/elle	**eut**	**conclu**
nous	**conclûmes**	nous	**eûmes**	**conclu**
vous	**conclûtes**	vous	**eûtes**	**conclu**
ils/elles	**conclurent**	ils/elles	**eurent**	**conclu**

Conditionnel

présent		passé		
je	**conclurais**	j'	**aurais**	**conclu**
tu	**conclurais**	tu	**aurais**	**conclu**
il/elle	**conclurait**	il/elle	**aurait**	**conclu**
nous	**conclurions**	nous	**aurions**	**conclu**
vous	**concluriez**	vous	**auriez**	**conclu**
ils/elles	**concluraient**	ils/elles	**auraient**	**conclu**

CONCLURE 94

Infinitif

présent	passé	
conclure	avoir	conclu

Participe

présent	passé	
concluant	conclu/ue,	conclus/ues
	ayant	conclu

Impératif

présent	passé	
conclus	aie	conclu
concluons	ayons	conclu
concluez	ayez	conclu

Subjonctif

présent		passé		
que je	conclue	que j'	aie	conclu
que tu	conclues	que tu	aies	conclu
qu'il/elle	conclue	qu'il/elle	ait	conclu
que nous	concluions	que nous	ayons	conclu
que vous	concluiez	que vous	ayez	conclu
qu'ils/elles	concluent	qu'ils/elles	aient	conclu

imparfait		plus-que-parfait		
que je	conclusse	que j'	eusse	conclu
que tu	conclusses	que tu	eusses	conclu
qu'il/elle	conclût	qu'il/elle	eût	conclu
que nous	conclussions	que nous	eussions	conclu
que vous	conclussiez	que vous	eussiez	conclu
qu'ils/elles	conclussent	qu'ils/elles	eussent	conclu

95 RÉSOUDRE

3ᵉ groupe

Indicatif

présent		passé composé		
je	résous	j'	ai	résolu
tu	résous	tu	as	résolu
il/elle	résout	il/elle	a	résolu
nous	résolvons	nous	avons	résolu
vous	résolvez	vous	avez	résolu
ils/elles	résolvent	ils/elles	ont	résolu
imparfait		**plus-que-parfait**		
je	résolvais	j'	avais	résolu
tu	résolvais	tu	avais	résolu
il/elle	résolvait	il/elle	avait	résolu
nous	résolvions	nous	avions	résolu
vous	résolviez	vous	aviez	résolu
ils/elles	résolvaient	ils/elles	avaient	résolu
futur simple		**futur antérieur**		
je	résoudrai	j'	aurai	résolu
tu	résoudras	tu	auras	résolu
il/elle	résoudra	il/elle	aura	résolu
nous	résoudrons	nous	aurons	résolu
vous	résoudrez	vous	aurez	résolu
ils/elles	résoudront	ils/elles	auront	résolu
passé simple		**passé antérieur**		
je	résolus	j'	eus	résolu
tu	résolus	tu	eus	résolu
il/elle	résolut	il/elle	eut	résolu
nous	résolûmes	nous	eûmes	résolu
vous	résolûtes	vous	eûtes	résolu
ils/elles	résolurent	ils/elles	eurent	résolu

Conditionnel

présent		passé		
je	résoudrais	j'	aurais	résolu
tu	résoudrais	tu	aurais	résolu
il/elle	résoudrait	Il/elle	aurait	résolu
nous	résoudrions	nous	aurions	résolu
vous	résoudriez	vous	auriez	résolu
ils/elles	résoudraient	ils/elles	auraient	résolu

Infinitif

présent	passé
résoudre	avoir résolu

Participe

présent	passé
résolvant	résolu/ue, résolus/ues
	ayant résolu

Impératif

présent	passé
résous	aie résolu
résolvons	ayons résolu
résolvez	ayez résolu

Subjonctif

présent		passé		
que je	résolve	que j'	aie	résolu
que tu	résolves	que tu	aies	résolu
qu'il/elle	résolve	qu'il/elle	ait	résolu
que nous	résolvions	que nous	ayons	résolu
que vous	résolviez	que vous	ayez	résolu
qu'ils/elles	résolvent	qu'ils/elles	aient	résolu

imparfait		plus-que-parfait		
que je	résolusse	que j'	eusse	résolu
que tu	résolusses	que tu	eusses	résolu
qu'il/elle	résolût	qu'il/elle	eût	résolu
que nous	résolussions	que nous	eussions	résolu
que vous	résolussiez	que vous	eussiez	résolu
qu'ils/elles	résolussent	qu'ils/elles	eussent	résolu

96 MOUDRE

3e groupe

Indicatif

présent

je	**mouds**
tu	**mouds**
il/elle	**moud**
nous	**moulons**
vous	**moulez**
ils/elles	**moulent**

imparfait

je	**moulais**
tu	**moulais**
il/elle	**moulait**
nous	**moulions**
vous	**mouliez**
ils/elles	**moulaient**

futur simple

je	**moudrai**
tu	**moudras**
il/elle	**moudra**
nous	**moudrons**
vous	**moudrez**
ils/elles	**moudront**

passé simple

je	**moulus**
tu	**moulus**
il/elle	**moulut**
nous	**moulûmes**
vous	**moulûtes**
ils/elles	**moulurent**

passé composé

j'	**ai**	**moulu**
tu	**as**	**moulu**
il/elle	**a**	**moulu**
nous	**avons**	**moulu**
vous	**avez**	**moulu**
ils/elles	**ont**	**moulu**

plus-que-parfait

j'	**avais**	**moulu**
tu	**avais**	**moulu**
il/elle	**avait**	**moulu**
nous	**avions**	**moulu**
vous	**aviez**	**moulu**
ils/elles	**avaient**	**moulu**

futur antérieur

j'	**aurai**	**moulu**
tu	**auras**	**moulu**
il/elle	**aura**	**moulu**
nous	**aurons**	**moulu**
vous	**aurez**	**moulu**
ils/elles	**auront**	**moulu**

passé antérieur

j'	**eus**	**moulu**
tu	**eus**	**moulu**
il/elle	**eut**	**moulu**
nous	**eûmes**	**moulu**
vous	**eûtes**	**moulu**
ils/elles	**eurent**	**moulu**

Conditionnel

présent

je	**moudrais**
tu	**moudrais**
il/elle	**moudrait**
nous	**moudrions**
vous	**moudriez**
ils/elles	**moudraient**

passé

j'	**aurais**	**moulu**
tu	**aurais**	**moulu**
il/elle	**aurait**	**moulu**
nous	**aurions**	**moulu**
vous	**auriez**	**moulu**
ils/elles	**auraient**	**moulu**

Infinitif

présent	passé	
moudre	avoir	moulu

Participe

présent	passé	
moulant	moulu/ue,	moulus/ues
	ayant	moulu

Impératif

présent	passé	
mouds	aie	moulu
moulons	ayons	moulu
moulez	ayez	moulu

Subjonctif

présent		passé		
que je	moule	que j'	aie	moulu
que tu	moules	que tu	aies	moulu
qu'il/elle	moule	qu'il/elle	ait	moulu
que nous	moulions	que nous	ayons	moulu
que vous	mouliez	que vous	ayez	moulu
qu'ils/elles	moulent	qu'ils/elles	aient	moulu

imparfait		plus-que-parfait		
que je	moulusse	que j'	eusse	moulu
que tu	moulusses	que tu	eusses	moulu
qu'il/elle	moulût	qu'il/elle	eût	moulu
que nous	moulussions	que nous	eussions	moulu
que vous	moulussiez	que vous	eussiez	moulu
qu'ils/elles	moulussent	qu'ils/elles	eussent	moulu

97 COUDRE

3e groupe

Indicatif

présent

je	**couds**
tu	**couds**
il/elle	**coud**
nous	**cousons**
vous	**cousez**
ils/elles	**cousent**

imparfait

je	**cousais**
tu	**cousais**
il/elle	**cousait**
nous	**cousions**
vous	**cousiez**
ils/elles	**cousaient**

futur simple

je	**coudrai**
tu	**coudras**
il/elle	**coudra**
nous	**coudrons**
vous	**coudrez**
ils/elles	**coudront**

passé simple

je	**cousis**
tu	**cousis**
il/elle	**cousit**
nous	**cousîmes**
vous	**cousîtes**
ils/elles	**cousirent**

passé composé

j'	**ai**	**cousu**
tu	**as**	**cousu**
il/elle	**a**	**cousu**
nous	**avons**	**cousu**
vous	**avez**	**cousu**
ils/elles	**ont**	**cousu**

plus-que-parfait

j'	**avais**	**cousu**
tu	**avais**	**cousu**
il/elle	**avait**	**cousu**
nous	**avions**	**cousu**
vous	**aviez**	**cousu**
ils/elles	**avaient**	**cousu**

futur antérieur

j'	**aurai**	**cousu**
tu	**auras**	**cousu**
il/elle	**aura**	**cousu**
nous	**aurons**	**cousu**
vous	**aurez**	**cousu**
ils/elles	**auront**	**cousu**

passé antérieur

j'	**eus**	**cousu**
tu	**eus**	**cousu**
il/elle	**eut**	**cousu**
nous	**eûmes**	**cousu**
vous	**eûtes**	**cousu**
ils/elles	**eurent**	**cousu**

Conditionnel

présent

je	**coudrais**
tu	**coudrais**
il/elle	**coudrait**
nous	**coudrions**
vous	**coudriez**
ils/elles	**coudraient**

passé

j'	**aurais**	**cousu**
tu	**aurais**	**cousu**
il/elle	**aurait**	**cousu**
nous	**aurions**	**cousu**
vous	**auriez**	**cousu**
ils/elles	**auraient**	**cousu**

COUDRE 97

Infinitif

présent	passé	
coudre	avoir	cousu

Participe

présent	passé	
cousant	cousu/ue,	cousus/ues
	ayant	cousu

Impératif

présent	passé	
couds	aie	cousu
cousons	ayons	cousu
cousez	ayez	cousu

Subjonctif

présent		passé		
que je	couse	que j'	aie	cousu
que tu	couses	que tu	aies	cousu
qu'il/elle	couse	qu'il/elle	ait	cousu
que nous	cousions	que nous	ayons	cousu
que vous	cousiez	que vous	ayez	cousu
qu'ils/elles	cousent	qu'ils/elles	aient	cousu

imparfait		plus-que-parfait		
que je	cousisse	que j'	eusse	cousu
que tu	cousisses	que tu	eusses	cousu
qu'il/elle	cousît	qu'il/elle	eût	cousu
que nous	cousissions	que nous	eussions	cousu
que vous	cousissiez	que vous	eussiez	cousu
qu'ils/elles	cousissent	qu'ils/elles	eussent	cousu

98 CLORE

3e groupe

Indicatif

présent		passé composé		
je	**clos**	j'	**ai**	**clos**
tu	**clos**	tu	**as**	**clos**
il/elle	**clôt**	il/elle	**a**	**clos**
nous	**closons**	nous	**avons**	**clos**
vous	**closez**	vous	**avez**	**clos**
ils/elles	**closent**	ils/elles	**ont**	**clos**

imparfait	plus-que-parfait		
inusité	j'	**avais**	**clos**
	tu	**avais**	**clos**
	il/elle	**avait**	**clos**
	nous	**avions**	**clos**
	vous	**aviez**	**clos**
	ils/elles	**avaient**	**clos**

futur simple		futur antérieur		
je	**clorai**	j'	**aurai**	**clos**
tu	**cloras**	tu	**auras**	**clos**
il/elle	**clora**	il/elle	**aura**	**clos**
nous	**clorons**	nous	**aurons**	**clos**
vous	**clorez**	vous	**aurez**	**clos**
ils/elles	**cloront**	ils/elles	**auront**	**clos**

passé simple	passé antérieur		
inusité	j'	**eus**	**clos**
	tu	**eus**	**clos**
	il/elle	**eut**	**clos**
	nous	**eûmes**	**clos**
	vous	**eûtes**	**clos**
	ils/elles	**eurent**	**clos**

Conditionnel

présent		passé		
je	**clorais**	j'	**aurais**	**clos**
tu	**clorais**	tu	**aurais**	**clos**
il/elle	**clorait**	il/elle	**aurait**	**clos**
nous	**clorions**	nous	**aurions**	**clos**
vous	**cloriez**	vous	**auriez**	**clos**
ils/elles	**cloraient**	ils/elles	**auraient**	**clos**

CLORE 98

Infinitif

présent	passé	
clore	**avoir**	**clos**

Participe

présent	passé	
closant	**clos/ose,**	**clos/oses**
	ayant	**clos**

Impératif

présent	passé	
clos	**aie**	**clos**
inusité	**ayons**	**clos**
inusité	**ayez**	**clos**

Subjonctif

présent		passé		
que je	**close**	que j'	**aie**	**clos**
que tu	**closes**	que tu	**aies**	**clos**
qu'il/elle	**close**	qu'il/elle	**ait**	**clos**
que nous	**closions**	que nous	**ayons**	**clos**
que vous	**closiez**	que vous	**ayez**	**clos**
qu'ils/elles	**closent**	qu'ils/elles	**aient**	**clos**

imparfait		plus-que-parfait		
inusité		que j'	**eusse**	**clos**
		que tu	**eusses**	**clos**
		qu'il/elle	**eût**	**clos**
		que nous	**eussions**	**clos**
		que vous	**eussiez**	**clos**
		qu'ils/elles	**eussent**	**clos**

99 SE REPAÎTRE

3e groupe

Indicatif

présent

je me	**repais**
tu te	**repais**
il/elle se	**repaît**
nous nous	**repaissons**
vous vous	**repaissez**
ils/elles se	**repaissent**

imparfait

je me	**repaissais**
tu te	**repaissais**
il/elle se	**repaissait**
nous nous	**repaissions**
vous vous	**repaissiez**
ils/elles se	**repaissaient**

futur simple

je me	**repaîtrai**
tu te	**repaîtras**
il/elle se	**repaîtra**
nous nous	**repaîtrons**
vous vous	**repaîtrez**
ils/elles se	**repaîtront**

passé simple

je me	**repus**
tu te	**repus**
il/elle se	**reput**
nous nous	**repûmes**
vous vous	**repûtes**
ils/elles se	**repurent**

passé composé

je me	**suis**	**repu/ue**
tu t'	**es**	**repu/ue**
il/elle s'	**est**	**repu/ue**
nous nous	**sommes**	**repus/ues**
vous vous	**êtes**	**repus/ues**
ils/elles se	**sont**	**repus/ues**

plus-que-parfait

je m'	**étais**	**repu/ue**
tu t'	**étais**	**repu/ue**
il/elle s'	**était**	**repu/ue**
nous nous	**étions**	**repus/ues**
vous vous	**étiez**	**repus/ues**
ils/elles s'	**étaient**	**repus/ues**

futur antérieur

je me	**serai**	**repu/ue**
tu te	**seras**	**repu/ue**
il/elle se	**sera**	**repu/ue**
nous nous	**serons**	**repus/ues**
vous vous	**serez**	**repus/ues**
ils/elles se	**seront**	**repus/ues**

passé antérieur

je me	**fus**	**repu/ue**
tu te	**fus**	**repu/ue**
il/elle se	**fut**	**repu/ue**
nous nous	**fûmes**	**repus/ues**
vous vous	**fûtes**	**repus/ues**
ils/elles se	**furent**	**repus/ues**

Conditionnel

présent

je me	**repaîtrais**
tu te	**rcpaîtrais**
il/elle se	**repaîtrait**
nous nous	**repaîtrions**
vous vous	**repaîtriez**
ils/elles se	**repaîtraient**

passé

je me	**serais**	**repu/ue**
tu te	**serais**	**repu/ue**
il/elle se	**serait**	**repu/ue**
nous nous	**serions**	**repus/ues**
vous vous	**seriez**	**repus/ues**
ils/elles se	**seraient**	**repus/ues**

SE REPAÎTRE 99

Infinitif

présent		passé	
se	repaître	s'être	repu/ue, repus/ues

Participe

présent		passé	
se	repaissant	repu/ue,	repus/ues
		s'étant	repu/ue/us/ues

Impératif

présent	passé
repais-toi	*inusité*
repaissons-nous	
repaissez-vous	

Subjonctif

présent		passé		
que je me	repaisse	que je me	sois	repu/ue
que tu te	repaisses	que tu te	sois	repu/ue
qu'il/elle se	repaisse	qu'il/elle se	soit	repu/ue
que nous nous	repaissions	que nous nous	soyons	repus/ues
que vous vous	repaissiez	que vous vous	soyez	repus/ues
qu'ils/elles se	repaissent	qu'ils/elles se	soient	repus/ues

imparfait		plus-que-parfait		
que je me	repusse	que je me	fusse	repu/ue
que tu te	repusses	que tu te	fusses	repu/ue
qu'il/elle se	repût	qu'il/elle se	fût	repu/ue
que nous nous	repussions	que nous nous	fussions	repus/ues
que vous vous	repussiez	que vous vous	fussiez	repus/ues
qu'ils/elles se	repussent	qu'ils/elles se	fussent	repus/ues

100 CONFIRE

3e groupe

Indicatif

présent		passé composé		
je	**confis**	j'	**ai**	**confit**
tu	**confis**	tu	**as**	**confit**
il/elle	**confit**	il/elle	**a**	**confit**
nous	**confisons**	nous	**avons**	**confit**
vous	**confisez**	vous	**avez**	**confit**
ils/elles	**confisent**	ils/elles	**ont**	**confit**
imparfait		**plus-que-parfait**		
je	**confisais**	j'	**avais**	**confit**
tu	**confisais**	tu	**avais**	**confit**
il/elle	**confisait**	il/elle	**avait**	**confit**
nous	**confisions**	nous	**avions**	**confit**
vous	**confisiez**	vous	**aviez**	**confit**
ils/elles	**confisaient**	ils/elles	**avaient**	**confit**
futur simple		**futur antérieur**		
je	**confirai**	j'	**aurai**	**confit**
tu	**confiras**	tu	**auras**	**confit**
il/elle	**confira**	il/elle	**aura**	**confit**
nous	**confirons**	nous	**aurons**	**confit**
vous	**confirez**	vous	**aurez**	**confit**
ils/elles	**confiront**	ils/elles	**auront**	**confit**
passé simple		**passé antérieur**		
je	**confis**	j'	**eus**	**confit**
tu	**confis**	tu	**eus**	**confit**
il/elle	**confit**	il/elle	**eut**	**confit**
nous	**confîmes**	nous	**eûmes**	**confit**
vous	**confîtes**	vous	**eûtes**	**confit**
ils/elles	**confirent**	ils/elles	**eurent**	**confit**

Conditionnel

présent		passé		
je	**confirais**	j'	**aurais**	**confit**
tu	**confirais**	tu	**aurais**	**confit**
il/elle	**confirait**	il/elle	**aurait**	**confit**
nous	**confirions**	nous	**aurions**	**confit**
vous	**confiriez**	vous	**auriez**	**confit**
ils/elles	**confiraient**	ils/elles	**auraient**	**confit**

Infinitif

présent	passé	
confire	**avoir**	**confit**

Participe

présent	passé	
confisant	**confit/te,**	**confits/tes**
	ayant	**confit**

Impératif

présent	passé	
confis	**aie**	**confit**
confisons	**ayons**	**confit**
confisez	**ayez**	**confit**

Subjonctif

présent		passé		
que je	**confise**	que j'	**aie**	**confit**
que tu	**confises**	que tu	**aies**	**confit**
qu'il/elle	**confise**	qu'il/elle	**ait**	**confit**
que nous	**confisions**	que nous	**ayons**	**confit**
que vous	**confisiez**	que vous	**ayez**	**confit**
qu'ils/elles	**confisent**	qu'ils/elles	**aient**	**confit**

imparfait		plus-que-parfait		
que je	**confisse**	que j'	**eusse**	**confit**
que tu	**confisses**	que tu	**eusses**	**confit**
qu'il/elle	**confît**	qu'il/elle	**eût**	**confit**
que nous	**confissions**	que nous	**eussions**	**confit**
que vous	**confissiez**	que vous	**eussiez**	**confit**
qu'ils/elles	**confissent**	qu'ils/elles	**eussent**	**confit**

Le répertoire des verbes

MODE D'EMPLOI

Ce répertoire permet de retrouver comment se conjuguent et se construisent tous les verbes courants de la langue. Les numéros renvoient aux tableaux de conjugaison.

• Pour chaque verbe, sont indiqués :

- le ou les modes de construction (transitive directe ou indirecte, intransitive) ;

- les prépositions généralement utilisées pour introduire le complément (C.O.I., C.O.S. ou C.C.), mentionnées entre parenthèses ;

- l'emploi pronominal éventuel (à cette voix, l'auxiliaire de conjugaison est toujours « être ») ;

- l'auxiliaire qui permet de former les temps composés à la voix active quand ce n'est pas « avoir » qui est obligatoire ;

- les particularités orthographiques ;

- les particularités d'emploi.

• Les verbes essentiellement pronominaux (qui n'existent pas à la voix active) sont suivis de **-se-** ou **-s'-**.

• Les verbes propres à la francophonie sont signalés par l'indication du pays ou de la région où ils sont employés : Afrique, Belgique, Québec, Suisse.

ABRÉVIATIONS UTILISÉES

T	emploi transitif direct (avec un C.O.D.)
TI	emploi transitif indirect (avec un C.O.I.)
I	emploi intransitif (avec un C.C. ou sans complément)
Pr	verbe souvent conjugué à la voix pronominale (à cette voix, toujours avec « être » aux temps composés)
U	verbe unipersonnel (= impersonnel), n'existe qu'à la 3e personne du singulier
Déf	verbe défectif (= dont certaines formes sont inusitées)
p.p. inv.	verbe dont le participe passé est toujours invariable
p.p. inv.	participe passé invariable dans l'emploi indiqué
+ être	verbe actif qui forme ses temps composés avec l'auxiliaire « être »
+ être ou avoir	verbe actif qui peut former ses temps composés avec l'auxiliaire « être » ou avec l'auxiliaire « avoir », selon la nuance de sens.

A

abaisser **T / Pr** (à) 12
abandonner **T / Pr** (à) 12
abasourdir **T** 35
abâtardir **T** 35
abattre **T / I,** p.p.inv. / **Pr** 74
abcéder **I / p.p.inv.** 20
abdiquer **T / I,** p.p.inv. 16
abêtir **T / Pr** 35
abhorrer **T** 12
abîmer **T / Pr** 12
abjurer **T** 12
ablater **T / Pr** 12
abolir **T** 35
abominer **T** 12
abonder **I / p.p.inv.** 12
abonner **T / Pr** (à) 12
abonnir **T / Pr** 35
aborder **I,** p.p.inv. / **T** 12
aboucher **T / Pr** (avec) 12
abouler **T / Pr** 12
abouter **T** 12
aboutir **Ti** (à) / **I / p.p.inv.** 35
aboyer **I / Ti** (à, après, contre) / **p.p.inv.** 31
abraser **T** 12
abréagir **I / p.p.inv.** 35
abréger **T** 21
abreuver **T / Pr** (à, de) 12
abriter **T / Pr** 12
abroger **T** 17
abrutir **T** 35
absenter **-s'-** (de) **+ être** 12
absorber **T / Pr** (dans) 12
absoudre **T** 95
abstenir **-s'-** (de) **+ être** 4
abstraire **T / Pr** (de) / **Déf :** pas de passé simple, pas de subj. imparf. 90
abuser **Ti** (de), p.p.inv. / **T / Pr** 12
accabler **T** 12
accaparer **T / Pr** (de), Belgique 12
accastiller **T** 12
accéder **Ti** (à) / **p.p.inv.** 20
accélérer **T / I,** p.p.inv. / **Pr** 20
accentuer **T / Pr** 13
accepter **T** 12
accessoiriser **T** 12
accidenter **T** 12
acclamer **T** 12
acclimater **T / Pr** (à) 12
accointer **-s'-** (avec) **+ être** 12
accoler **T** 12
accommoder **T / I,** p.p.inv. / **Pr** (à, avec, de) 12
accompagner **T** 12
accomplir **T / Pr** 35
accorder **T / Pr** 12
accoster **T** 12
accoter **T / Pr** 12
accoucher **I,** p.p.inv. / **Ti** (de), p.p.inv. / **T** 12
accouder **-s'- + être** 12
accouer **T** 13
accoupler **T / Pr** 12
accourcir **T** 35
accourir **I / + être ou avoir** 42
accoutrer **T / Pr** 12
accoutumer **T / Pr** (à) 12
accréditer **T / Pr** 12
accrocher **T / Pr** 12
accroire **T / Déf :** usité seulement à l'inf., après *faire* et *laisser (en faire accroire à quelqu'un)* 88
accroître T / Pr 93
accroupir **-s'- + être** 35
accueillir **T** 46
acculer **T** 12
acculturer **T** 12
accumuler **T / Pr** 12
accuser **T** 12
acérer **T** 20
acétifier **T** 15
achalander **T** 12
acharner **-s'-** (sur, contre) **+ être** 12
acheminer **T / Pr** (vers) 12
acheter T 28
achever **T** 25
achopper **I / p.p.inv.** 12
achromatiser **T** 12

aider **T / Ti** (à), p.p.inv. **/ Pr** (de)	12
aigrir **T / I,** p.p.inv. **/ Pr**	35
aiguiller **T**	12
aiguilleter **T**	27
aiguillonner **T**	12
aiguiser **T**	12
ailler **T**	12
aimanter **T**	12
aimer T / Pr	**12**
airer **I / p.p.inv.**	12
ajointer **T**	12
ajourer **T**	12
ajourner **T**	12
ajouter **T / Pr** (à)	12
ajuster **T**	12
alanguir **T / Pr**	35
alarmer **T / Pr** (de)	12
alcaliniser **T**	12
alcooliser **T / Pr**	12
alerter **T**	12
aléser **T**	20
aleviner **T**	12
aliéner **T**	20
aligner **T / Pr**	12
alimenter **T**	12
aliter **T / Pr**	12
allaiter **T**	12
allécher **T**	20
alléger **T**	21
alléguer **T** / -gu- partout	20
aller I / + être / Pr	**3**
allier **T / Pr** (à, avec)	15
allonger **T / I,** p.p.inv. **/ Pr**	17
allotir **T**	35
allouer **T**	13
allumer **T / Pr**	12
alluvionner **I / p.p.inv.**	12
alourdir **T**	35
alpaguer **T** / -gu- partout	16
alphabétiser **T**	12
altérer **T**	20
alterner **I,** p.p.inv. **/ T**	12
aluminer **T**	12
aluner **T**	12
alunir **I / p.p.inv.**	35
amadouer **T / Pr**	13
amaigrir **T / Pr**	35
amalgamer **T / Pr**	12
amariner **T**	12
amarrer **T**	12
amasser **T / Pr**	12
amatir **T**	35
ambiancer **I / p.p.inv.** / Afrique	18
ambitionner **T**	12
ambler **I / p.p.inv.**	12
ambrer **T**	12
améliorer **T / Pr**	12
aménager **T**	17
amender **T / Pr**	12
amener **T / Pr**	25
amenuiser **T / Pr**	12
américaniser **T / Pr**	12
amerrir **I / p.p.inv.**	35
ameublir **T**	35
ameuter **T**	12
amidonner **T**	12
amincir **T / Pr**	35
amnistier **T**	15
amocher **T**	12
amodier **T**	15
amoindrir **T / Pr**	35
amollir **T / Pr**	35
amonceler **T / Pr**	23
amorcer **T / Pr**	18
amortir **T / Pr**	35
amouracher **-s'-** (de) **+ être**	12
amplifier **T**	15
amputer **T**	12
amuïr **-s'- + être** / -ï- partout	35
amurer **T**	12
amuser **T / Pr**	12
analyser **T / Pr**	12
anastomoser **T / Pr**	12
anathématiser **T**	12
anatomiser **T**	12
ancrer **T / Pr**	12
anéantir **T / Pr**	35
anémier **T**	15
anesthésier **T**	15
anglaiser **T**	12
angliciser **T / Pr**	12
angoisser **T**	12
anhéler **I / p.p.inv.**	20
animaliser **T**	12
animer **T / Pr**	12
aniser **T**	12
ankyloser **T / Pr**	12

anneler **T** 23
annexer **T / Pr** 12
annihiler **T** 12
annoncer **T** 18
annoter **T** 12
annualiser **T** 12
annuler **T** 12
anoblir **T** 35
anodiser **T** 12
ânonner **I,** p.p.inv. / **T** 12
anordir **I / p.p.inv.** 35
antéposer **T** 12
anticiper **T / I,** p.p.inv. / **Ti** (sur), p.p.inv. 12
antidater **T** 12
antiparasiter **T** 12
apaiser **T / Pr** 12
apercevoir **T / Pr** (de) 51
apeurer **T** 12
apiquer **T** 16
apitoyer **T / Pr** (sur) 31
aplanir **T** 35
aplatir **T / I,** p.p.inv. / **Pr** 35
aplomber **T / Pr** / Québec 12
apostasier **T / I,** p.p.inv. 15
aposter **T** 12
apostiller **T** 12
apostropher **T** 12
appairer **T** 12
apparaître **I / + être** 75
appareiller **T / I,** p.p.inv. 12
apparenter **-s'-** (à) **+ être** 12
apparier **T / Pr** 15
apparoir **I / Déf :** usité seulement à l'inf. prés. et à la 3e pers. du sing. de l'ind. prés. *(il appert que…)* / Langage juridique —
appartenir **Ti** (à) / **U / Pr / p.p.inv.** 4
appâter **T** 12
appauvrir **T / Pr** 35
appeler **T / Ti** (de, à), p.p. inv. / **Pr** **23**
appendre **T** 66
appesantir **T / Pr** (sur) 35
applaudir **T / Ti** (à), p.p.inv. / **Pr** (de) 35
appliquer **T / Pr** (à) 16
appointer **T** 12
appondre **T** / Suisse 66
apponter **I / p.p.inv.** 12
apporter **T** 12
apposer **T** 12
apprécier **T / Pr** 15
appréhender **T** 12
apprendre **T** 68
apprêter **T / Pr** (à) 12
apprivoiser **T / Pr** 12
approcher **T / I,** p.p.inv. / **Ti** (de), p.p. inv. / **Pr** (de) 12
approfondir **T** 35
approprier **T / Pr** 15
approuver **T** 12
approvisionner **T** 12
appuyer **T / I,** p.p.inv. / **Pr** (à, sur) 32
apurer **T** 12
arabiser **T / Pr** 12
araser **T** 12
arbitrer **T** 12
arborer **T** 12
arc-bouter **T / Pr** (contre, à, sur) 12
architecturer **T** 12
archiver **T** 12
arçonner **T** 12
argenter **T** 12
arguer **T / Ti** (de), p.p.inv. **34**
argumenter **I,** p.p.inv. / **T** 12
ariser **T** 12
armer **T / Pr** (de) 12
armorier **T** 15
arnaquer **T** 16
aromatiser **T** 12
arpéger **T** 21
arpenter **T** 12
arquer **T** 16
arracher **T / Pr** (de, à) 12
arraisonner **T** 12
arranger **T / Pr** 17
arrenter **T** 12
arrérager **I,** p.p.inv. / **Pr** 17
arrêter **T / I,** p.p.inv. / **Pr** (de + inf.) 12
arriérer **T** 20
arrimer **T** 12

arriser **T**	12
arriver **I / U /+ être**	12
arroger **-s'- + être**	17
arrondir **T / Pr**	35
arroser **T**	12
articuler **T / Pr** (sur)	12
ascensionner **T**	12
aseptiser **T**	12
asperger **T**	17
asphalter **T**	12
asphyxier **T / Pr**	15
aspirer **T / Ti** (à), p.p.inv.	12
assagir **T / Pr**	35
assaillir **T**	47
assainir **T**	35
assaisonner **T**	12
assassiner **T**	12
assécher **T / Pr**	20
assembler **T / Pr**	12
assener **T**	25
asséner **T**	20
asseoir T / Pr	**58 ou 59**
assermenter **T**	12
asservir **T**	35
assiéger **T**	21
assigner **T**	12
assimiler **T / Pr** (à)	12
assister **T / Ti** (à), p.p.inv.	12
associer **T / Pr** (à, avec)	15
assoiffer **T**	12
assoler **T**	12
assombrir **T / Pr**	35
assommer **T**	12
assortir **T / Pr** (à, avec, de)	35
assoupir **T / Pr**	35
assouplir **T / Pr**	35
assourdir **T**	35
assouvir **T**	35
assujettir **T**	35
assumer **T / Pr**	12
assurer **T / I,** p.p.inv. / **Pr**	12
asticoter **T**	12
astiquer **T**	16
astreindre **T / Pr** (à)	70
atermoyer **I / p.p. inv.**	31
atomiser **T**	12
atrophier **-s'- + être**	15
attabler **-s'- + être**	12
attacher **T / I,** p.p.inv. / **Pr** (à)	12
attaquer **T / Pr** (à)	16
attarder **-s'- + être**	12
atteindre **T / Ti** (à), p.p.inv.	70
atteler **T / Pr** (à)	23
attendre **T / I,** p.p.inv. / **Ti,** p.p.inv. / **Pr** (à)	66
attendrir **T / Pr**	35
attenter **Ti** (à) / **p.p.inv.**	12
atténuer **T / Pr**	13
atterrer **T**	12
atterrir **I / p.p.inv.**	35
attester **T**	12
attiédir **T**	35
attifer **T / Pr**	12
attiger **I / p.p.inv.**	17
attirer **T**	12
attiser **T**	12
attraire **T**	90
attraper **T**	12
attremper **T**	12
attribuer **T / Pr**	13
attrister **T / Pr**	12
attrouper **T / Pr**	12
auditer **T**	12
auditionner **T / I,** p.p.inv.	12
augmenter **T / I,** p.p.inv.	12
augurer **T**	12
auréoler **T**	12
aurifier **T**	15
ausculter **T**	12
authentifier **T**	15
authentiquer **T**	16
autocensurer **-s'- + être**	12
autofinancer **-s'- + être**	18
autographier **T**	15
automatiser **T**	12
autoproclamer **-s'- + être**	12
autopsier **T**	15
autoriser **T / Pr** (de)	12
avachir **-s'- + être**	35
avaler **T**	12
avaliser **T**	12
avancer **T / I,** p.p.inv. / **Pr**	18
avantager **T**	17
avarier **T**	15

aventurer **T / Pr** 12
avérer **-s'- + être** 20
avertir **T** 35
aveugler **T / Pr** 12
aveulir **T / Pr** 35
avilir **T / Pr** 35
aviner **T** 12
aviser **T / I,** p.p.inv. / **Pr** (de) 12
avitailler **T** 12
aviver **T** 12
avoir T **2**
avoisiner **T** 12
avorter **I,** p.p.inv. / **T** 12
avouer **T / Pr** 13
axer **T** 12
axiomatiser **T** 12
azurer **T**

B

babiller **I / p.p.inv.** 12
bâcher **T** 12
bachoter **I / p.p.inv.** 12
bâcler **T** 12
badigeonner **T** 12
badiner **I / Ti** (avec, sur) / **p.p.inv.** 12
bafouer **T** 13
bafouiller **T / I,** p.p.inv. 12
bâfrer **T / I,** p.p.inv. 12
bagarrer **I,** p.p.inv. / **Pr** 12
baguenauder **I,** p.p.inv. / **Pr** 12
baguer **T** / -gu- partout 16
baigner **T / I,** p.p. inv. / **Pr** 12
bailler **T** / Usité surtout dans l'expression *vous me la baillez belle* 12
bâiller **I / p.p.inv.** 12
bâillonner **T** 12
baiser **T** 12
baisoter **T** 12
baisser **T / I,** p.p.inv. / **Pr** 12
balader **T / I,** p.p.inv. / **Pr** 12
balafrer **T** 12
balancer **T / I,** p.p.inv. / **Pr** 18
balayer **T** 29 ou 30
balbutier **I,** p.p.inv. / **T** 15
baliser **T / I,** p.p.inv. 12
balkaniser **T / Pr** 12
ballaster **T** 12
baller **I / p.p.inv.** 12
ballonner **T / Pr** 12
ballotter **T / I,** p.p.inv. 12
bambocher **I / p.p.inv.** 12
banaliser **T** 12
bancher **T** 12
bander **T / I,** p.p.inv. 12
bannir **T** 35
banquer **I / p.p.inv.** 16
banqueter **I / p.p.inv.** 27
baptiser **T** 12
baragouiner **T / I,** p.p.inv. 12
baraquer **I / p.p.inv.** 16
baratiner **I** / p.p.inv. / **T** 12
baratter **T** 12
barber **T** 12
barbifier **T** 15
barboter **I,** p.p.inv. / **T** 12
barbouiller **T** 12
barder **T / U,** p.p.inv. : *ça va barder* 12
baréter **I / p.p.inv.** 20
barguigner **I / p.p.inv. :** *sans barguigner* 12
barioler **T** 12
barrer **T / Pr** 12
barricader **T / Pr** 12
barrir **I / p.p.inv.** 35
basaner **T** 12
basculer **I,** p.p.inv. / **T** 12
baser **T / Pr** (sur) 12
bassiner **T** 12
bastonner **-se- + être** 12
batailler **I / p.p.inv.** 12
bateler **I / p.p.inv.** 23
bâter **T** 12
batifoler **I / p.p.inv.** 12
bâtir **T** 35
bâtonner **T** 12
battre T / I, p.p.inv. / **Pr** (contre) **74**
bavarder **I / p.p.inv.** 12
bavasser **I / p.p.inv.** 12
baver **I / p.p.inv.** 12
bavocher **I / p.p.inv.** 12

bayer **I / p.p.inv. :** *bayer aux corneilles* 12
bazarder **T** 12
béatifier **T** 15
bêcher **T / I,** p.p.inv. 12
bêcheveter **T** 27
bécoter **T / Pr** 12
becqueter **T** 27
becter **T / I,** p.p.inv. 12
bedonner **I / p.p.inv.** 12
béer **I / p.p.inv. / Déf :** usité seulement à l'inf. prés. et au part. prés. *(béant)* ; souvent remplacé par *être béant/te* aux autres temps 14
bégayer **I,** p.p.inv. **/ T** 29 ou 30
bégueter **I / p.p.inv.** 28
bêler **I / p.p.inv.** 12
bémoliser **T** 12
bénéficier **Ti** (de) **/ I,** Afrique **/ p.p.inv.** 15
bénir **T** 35
béqueter **T** 28
béquiller **T** 12
bercer **T / Pr** (de) 18
berner **T** 12
besogner **I / p.p.inv.** 12
bêtifier **I / p.p.inv.** 15
bétonner **T / I,** p.p.inv. 12
beugler **I,** p.p.inv. **/ T** 12
beurrer **T** 12
biaiser **I,** p.p.inv. **/ T** 12
biberonner **I,** p.p.inv. **/ T** 12
bicher **I / p.p.inv.** 12
bichonner **T / Pr** 12
bidonner **T / Pr** 12
bidouiller **T** 12
bienvenir **I / Déf :** usité seulement à l'inf. prés. (*se faire bienvenir* = être bien accueilli) —
biffer **T** 12
bifurquer **I / Ti** (sur, vers) **/ p.p.inv.** 16
bigarrer **T** 12
bigler **I,** p.p.inv. **/ T** 12
bigorner **T / Pr** 12
biler **-se- + être** 12
biller **T** 12
biloquer **T** 16
biner **T / I,** p.p.inv. 12
biper **T** 12
biscuiter **T** 12
biseauter **T** 12
biser **I,** p.p.inv. **/ T** 12
bisquer **I / p.p.inv.** 16
bisser **T** 12
bistourner **T** 12
bistrer **T** 12
bitturer **-se- + être** 12
bitumer **T** 12
biturer **-se- + être** 12
bivouaquer **I / p.p.inv.** 16
bizuter **T** 12
blackbouler **T** 12
blaguer **I,** p.p.inv. **/ T /** -gu- partout 16
blairer **T** 12
blâmer **T** 12
blanchir **T / I,** p.p.inv. 35
blaser **T** 12
blasonner **T** 12
blasphémer **T / I,** p.p.inv. 20
blatérer **I / p.p.inv.** 20
blêmir **I / p.p.inv.** 35
bléser **I / p.p.inv.** 20
blesser **T / Pr** 12
blettir **I / p.p.inv.** 35
bleuir **T / I,** p.p.inv. 35
bleuter **T** 12
blinder **T** 12
blinquer **I / p.p.inv. /** Belgique 16
blondir **I,** p.p.inv. **/ T** 35
bloquer **T** 16
blottir **-se- + être** 35
blouser **T / I,** p.p.inv. 12
bluffer **T / I,** p.p.inv. 12
bluter **T** 12
bobiner **T** 12
bocarder **T** 12
boire T **89**
boiser **T** 12
boiter **I / p.p.inv.** 12
boitiller **I / p.p.inv.** 12
bombarder **T** 12
bomber **T / I,** p.p.inv. 12
bondir **I / p.p.inv.** 35
bonifier **T / Pr** 15
bonimenter **I / p.p.inv.** 12

border **T**	12
borner **T / Pr** (à)	12
bornoyer **I,** p.p.inv. / **T**	31
bosseler **T**	23
bosser **T / I,** p.p.inv.	12
bossuer **T**	13
bostonner **I / p.p.inv.**	12
botteler **T**	23
botter **T**	12
boubouler **I / p.p.inv.**	12
boucaner **T**	12
boucharder **T**	12
boucher **T**	12
bouchonner **T / I,** p.p.inv.	12
boucler **T / I,** p.p.inv.	12
bouder **I,** p.p.inv. / **T**	12
boudiner **T**	12
bouffer **I,** p.p.inv. / **T** / **Pr** dans l'expression *se bouffer le nez*	12
bouffir **T / I,** p.p.inv.	35
bouffonner **I / p.p.inv.**	12
bouger **I,** p.p.inv. / **T**	17
bougonner **T / I,** p.p.inv.	12
bouillir I, p.p.inv. / **T**	**39**
bouillonner **I,** p.p.inv. / **T**	12
bouillotter **I / p.p.inv.**	12
boulanger **I,** p.p.inv. / **T**	17
bouler **I / p.p.inv.**	12
bouleverser **T**	12
boulocher **I / p.p.inv.**	12
boulonner **T, I,** p.p.inv.	12
boulotter **T, I,** p.p.inv.	12
boumer **I / U / p.p.inv.** avec le pronom démonstratif familier : *ça boume*	12
bouquiner **I,** p.p.inv. / **T**	12
bourdonner **I / p.p.inv.**	12
bourgeonner **I** / **p.p.inv.**	12
bourlinguer **I / p.p.inv.** / -gu- partout	16
bourrer **T / I,** p.p.inv. / **Pr**	12
boursicoter **I / p.p.inv.**	12
boursoufler **T / Pr**	12
bousculer **T / Pr**	12
bousiller **T**	12
bouter **T**	12
boutonner **T / I,** p.p.inv. / **Pr**	12
bouturer **I,** p.p.inv. / **T**	12
boxer **I,** p.p.inv. / **T**	12
boyauter **-se- + être**	12
boycotter **T**	12
braconner **I / p.p.inv.**	12
brader **T**	12
brailler **T / I,** p.p.inv.	12
braire **I / Déf :** usité seulement à l'inf. prés. et aux 3es pers. de l'ind. prés. et futur, ainsi qu'au conditionnel prés.	90
braiser **T**	12
bramer **I / p.p.inv.**	12
brancarder **T**	12
brancher **T / I** , p.p.inv. / **Pr** (sur)	12
brandir **T**	35
branler **I,** p.p.inv. / **T / Pr**	12
braquer **T / I,** p.p.inv. / **Pr** (contre)	16
braser **T**	12
brasiller **I / p.p.inv.**	12
brasser **T / Pr**	12
braver **T**	12
bredouiller **I,** p.p.inv. / **T**	12
brêler **T**	12
brésiller **T / I,** p.p.inv. / **Pr**	12
bretteler **T**	23
bretter **T**	12
breveter **T**	27
bricoler **I,** p.p.inv. / **T**	12
brider **T**	12
bridger **I / p.p.inv.**	17
briefer **T**	12
briffer **I,** p.p.inv. / **T**	12
briguer **T** / -gu- partout	16
brillanter **T**	12
brillantiner **T**	12
briller **I / p.p.inv.**	12
brimbaler **T / I,** p.p.inv.	12
brimer **T**	12
bringuebaler **T / I,** p.p.inv.	12
bringuer **I,** p.p.inv. / **Pr / Suisse** / -gu- partout	16
brinquebaler **T / I,** p.p.inv.	12

briquer **T**	16
briqueter **T**	27
briser **T / I,** p.p.inv. / **Pr**	12
brocanter **I / p.p.inv.**	12
brocarder **T**	12
brocher **T**	12
broder **T**	12
broncher **I / p.p.inv.**	12
bronzer **T / I,** p.p.inv.	12
brosser **T / Pr**	12
brouetter **T**	12
brouillasser **U / p.p.inv.**	12
brouiller **T / Pr**	12
brouillonner **T**	12
brouter **T / I,** p.p.inv.	12
broyer **T**	31
bruiner **U / p.p.inv.**	12
bruir **T**	35
bruire I / p.p.inv. / Déf	**80**
bruisser **I / p.p.inv.**	12
bruiter **T**	12
brûler **T / I,** p.p.inv. / **Pr**	12
brumasser **U / p.p.inv.**	12
brumer **U / p.p.inv.**	12
brunir **T / I,** p.p.inv.	35
brusquer **T**	16
brutaliser **T**	12
bûcher **T / I,** p.p.inv.	12
budgéter **T**	20
budgétiser **T**	12
buffler **T**	12
buller **I / p.p.inv.**	12
bureaucratiser **T**	12
buriner **T**	12
buser **T /** Belgique	12
busquer **T**	16
buter **Ti** (sur, contre), p.p.inv. / **T / Pr**	12
butiner **I,** p.p.inv. / **T**	12
butter **T**	12

C

cabaler **I / p.p.inv.**	12
cabaner **T / I,** p.p.inv.	12
câbler **T**	12
cabosser **T**	12
caboter **I / p.p.inv.**	12
cabotiner **I / p.p.inv.**	12
cabrer **T / Pr**	12
cabrioler **I / p.p.inv.**	12
cacaber **I / p.p.inv.**	12
cacarder **I / p.p.inv.**	12
cacher **T / Pr**	12
cacheter **T**	27
cadastrer **T**	12
cadenasser **T**	12
cadencer **T**	18
cadmier **T**	15
cadrer **I** (avec), p.p.inv. **/ T**	12
cafarder **I,** p.p.inv. / **T**	12
cafouiller **I / p.p.inv.**	12
cafter **I,** p.p.inv. / **T**	12
cahoter **T / I,** p.p.inv.	12
cailler **T / I,** p.p.inv. / **Pr**	12
caillouter **T**	12
cajoler **T / I,** p.p.inv.	12
calaminer **-se- + être**	12
calancher **I / p.p.inv.**	12
calandrer **T**	12
calciner **T / Pr**	12
calculer **T / I,** p.p.inv.	12
caler **T / I,** p.p.inv.	12
caleter **I,** p.p.inv. / **Pr**	12
calfater **T**	12
calfeutrer **T / Pr**	12
calibrer **T**	12
câliner **T**	12
calligraphier **T / I,** p.p.inv.	15
calmer **T / Pr**	12
calmir **I / p.p.inv.**	35
calomnier **T**	15
calorifuger **T**	17
calotter **T**	12
calquer **T**	16
calter **I,** p.p.inv. / **Pr**	12
cambrer **T / Pr**	12
cambrioler **T**	12
camer **-se- + être**	12
camionner **T**	12
camoufler **T / Pr**	12
camper **I,** p.p.inv. / **T / Pr**	12
canaliser **T**	12
canarder **T / I,** p.p.inv.	12
cancaner **I / p.p.inv.**	12
cancériser **-se- + être**	12
candir **T / Pr**	35

caner **I / p.p.inv.** 12
canner **I,** p.p.inv. / **T** 12
cannibaliser **T** 12
canoniser **T** 12
canonner **T** 12
canoter **I / p.p.inv.** 12
cantiner **I / p.p.inv.** 12
cantonner **T / I,** p.p.inv. / **Pr** 12
canuler **T** 12
caoutchouter **T** 12
caparaçonner **T** 12
capéer **I / p.p.inv.** / -é- partout 14
capeler **T** 23
caper **T** 12
capeyer **I / p.p.inv.** / -y- partout 30
capitaliser **T / I,** p.p.inv. 12
capitonner **T** 12
capituler **I / p.p.inv.** 12
caporaliser **T** 12
capoter **T / I,** p.p.inv. 12
capsuler **T** 12
capter **T** 12
captiver **T** 12
capturer **T** 12
caquer **T** 16
caqueter **I / p.p.inv.** 27
caracoler **I / p.p.inv.** 12
caractériser **T / Pr** (par) 12
caramboler **I,** p.p.inv. / **T** 12
caraméliser **I,** p.p.inv. / **T** 12
carapater **-se- + être** 12
carbonater **T** 12
carboniser **T** 12
carbonitrurer **T** 12
carburer **T / I,** p.p.inv. 12
carcailler **I / p.p.inv.** 12
carder **T** 12
carencer **T** 18
caréner **T** 20
caresser **T** 12
carguer **T** / -gu- partout 16
caricaturer **T** 12
carier **T / Pr** 15
carillonner **I,** p.p.inv. / **T** 12
carotter **T** 12
carreler **T** 23
carrer **T / Pr** 12
carrosser **T** 12
carroyer **T** 31
cartelliser **T** 12
carter **T** 12
cartographier **T** 15
cartonner **T / I** 12
cascader **I / p.p.inv.** 12
casemater **T** 12
caser **T / Pr** 12
caserner **T** 12
casquer **I,** p.p.inv. / **T** 16
casser **T / I,** p.p.inv. / **Pr** 12
castrer **T** 12
cataloguer **T** / -gu- partout 16
catalyser **T** 12
catapulter **T** 12
catastropher **T** 12
catcher **I / p.p.inv.** 12
catéchiser **T** 12
catégoriser **T** 12
catir **T** 35
cauchemarder **I / p.p.inv.** 12
causer **T / Ti** (de, sur), p.p.inv. 12
cautériser **T** 12
cautionner **T** 12
cavalcader **I / p.p.inv.** 12
cavaler **I,** p.p.inv. / **T / Pr** 12
caver **T / I,** p.p.inv. 12
caviarder **T** 12
céder T / I, p.p.inv. / **Ti** (à), p.p.inv. **20**
ceindre **T** 70
ceinturer **T** 12
célébrer **T** 20
celer **T** 25
cémenter **T** 12
cendrer **T** 12
censurer **T** 12
centraliser **T** 12
centrer **T** 12
centrifuger **T** 17
centupler **T / I,** p.p.inv. 12
cercler **T** 12
cerner **T** 12
certifier **T** 15

césariser **T**	12
cesser **T / I,** p.p.inv.	12
chabler **T**	12
chagriner **T**	12
chahuter **T / I,** p.p.inv.	12
chaîner **T**	12
chaloir **U / Déf :** usité seulement dans l'expression *peu me (te, lui…) chaut*	—
chalouper **I / p.p.inv.**	12
chamailler **-se- + être**	12
chamarrer **T**	12
chambarder **T**	12
chambouler **T**	12
chambrer **T**	12
chamoiser **T**	12
champagniser **T**	12
champlever **T**	25
chanceler **I / p.p.inv.**	23
chancir **I / p.p.inv.**	35
chanfreiner **T**	12
changer **T / I,** p.p.inv. / **Ti** (de), p.p.inv. / **Pr**	17
chansonner **T**	12
chanter **I,** p.p.inv. / **T**	12
chantonner **T / I,** p.p.inv.	12
chantourner **T**	12
chaparder **T**	12
chapeauter **T**	12
chaperonner **T**	12
chapitrer **T**	12
chaponner **T**	12
chaptaliser **T**	12
charbonner **T / I,** p.p.inv.	12
charcuter **T**	12
charger **T / Pr** (de)	17
charioter **I / p.p.inv.**	12
charmer **T**	12
charpenter **T**	12
charrier **T / I,** p.p.inv.	15
charroyer **T**	31
chasser **T / I,** p.p.inv.	12
châtier **T**	15
chatonner **I / p.p.inv.**	12
chatouiller **T**	12
chatoyer **I / p.p.inv.**	31
châtrer **T**	12
chauffer **T / I,** p.p.inv. / **Pr**	12
chauler **T**	12
chaumer **T / I,** p.p.inv.	12
chausser **T / I,** p.p.inv. / **Pr**	12
chauvir **I / p.p.inv. /** Suit le modèle de *aimer* (12) au plur. du prés. de l'ind. et de l'impér., à l'ind. imparf., au subj. prés. et au part. prés.	35
chavirer **I,** p.p.inv. / **T**	12
cheminer **I / p.p.inv.**	12
chemiser **T**	12
chercher **T**	12
chérir **T**	35
chevaler **T**	12
chevaucher **T / I,** p.p.inv. / **Pr**	12
cheviller **T**	12
chevreter **I / p.p.inv.**	27
chevretter **I / p.p.inv.**	12
chevroter **I / p.p.inv.**	12
chiader **I,** p.p.inv. / **T**	12
chialer **I / p.p.inv.**	12
chicaner **I,** p.p.inv. / **T**	12
chicoter **I / p.p.inv.**	12
chier **I,** p.p.inv. / **T**	15
chiffonner **T**	12
chiffrer **T / I,** p.p.inv. / **Pr**	12
chiner **T / I,** p.p.inv.	12
chinoiser **I / p.p.inv.**	12
chiper **T**	12
chipoter **I / p.p.inv.**	12
chiquer **T / I,** p.p.inv.	16
chlinguer **I / p.p.inv. / -**gu- partout	16
chloroformer **T**	12
chlorurer **T**	12
choir I / + être / Déf	**63**
choisir **T**	35
chômer **I,** p.p.inv. / **T**	12
choper **T**	12
choquer **T**	16
chorégraphier **T**	15
chosifier **T**	15
chouchouter **T**	12
chouriner **T**	12
choyer **T**	31
christianiser **T**	12
chromer **T**	12

contrevenir **Ti** (à) / **p.p.inv.** 4
contreventer **T** 12
contribuer **Ti** (à) / **p.p.inv.** 13
contrister **T** 12
contrôler **T / Pr** 12
controverser **T** 12
contusionner **T** 12
convaincre **T** 73
convenir **Ti** (de, à), p.p.inv. / **U** (de) **+ être ou avoir / Pr** / Attention : p.p.inv. à la voix pronominale 4
conventionner **T** 12
converger **I / p.p.inv.** 17
converser **I / p.p.inv.** 12
convertir **T** 35
convier **T** 15
convoiter **T** 12
convoler **I / p.p.inv.** 12
convoquer **T** 16
convoyer **T** 31
convulser **T** 12
convulsionner **T** 12
coopérer **Ti** (à) / **p.p.inv.** 20
coopter **T** 12
coordonner **T** 12
copartager **T** 17
copermuter **T** 12
copier **T / Ti** (sur), p.p.inv. 15
copiner **I / p.p.inv.** 12
coposséder **T** 20
coproduire **T** 85
copuler **I / p.p.inv.** 12
coqueter **I / p.p.inv.** 27
coquiller **I / p.p.inv.** 12
cordeler **T** 23
corder **T** 12
cordonner **T** 12
cornaquer **T** 16
corner **I,** p.p.inv. / **T** 12
correctionnaliser **T** 12
corréler **T** 20
correspondre **I / Ti** (à) / **p.p.inv.** 66
corriger **T / Pr** 17
corroborer **T** 12
corroder **T** 12
corrompre **T** 72
corroyer **T** 31
corser **T / Pr** 12
corseter **T** 28
cosigner **T** 12
cosser **I / p.p.inv.** 12
costumer **T** 12
coter **T / I,** p.p.inv. 12
cotir **T** 35
cotiser **I,** p.p.inv. / **Pr** 12
cotonner **-se- + être** 12
côtoyer **T** 31
couchailler **I / p.p.inv.** 12
coucher **T / I,** p.p.inv. / **Pr** 12
couder **T** 12
coudoyer **T** 31
coudre T **97**
couillonner **T** 12
couiner **I / p.p.inv.** 12
couler **I,** p.p.inv. / **T** / **Pr** 12
coulisser **T / I,** p.p.inv. 12
coupailler **T** 12
couper **T / Ti** (à), p.p.inv. / **I,** p.p.inv. / **Pr** 12
coupler **T** 12
courailler **I / p.p.inv.** 12
courbaturer **T** 12
courber **T / I,** p.p.inv. / **Pr** 12
courcailler **I / p.p.inv.** 12
courir I, p.p.inv. / **T** **42**
couronner **T / Pr** 12
courroucer **T** 18
courser **T** 12
courtauder **T** 12
court-circuiter **T** 12
courtiser **T** 12
cousiner **I / p.p.inv.** 12
coûter **I,** p.p.inv. / **T** 12
couver **T / I,** p.p.inv. 12
couvrir **T / Pr** 45
craboter **T** 12
cracher **I,** p.p.inv. / **Ti** (sur), p.p.inv. / **T** 12
crachiner **U / p.p.inv.** 12
crachoter **I / p.p.inv.** 12
crachouiller **I / p.p.inv.** 12
crailler **I / p.p.inv.** 12
craindre T / I, p.p.inv. **69**
cramer **I,** p.p.inv. / **T** 12
cramponner **T / Pr** (à) 12
crâner **I / p.p.inv.** 12

chromiser **T** 12
chroniciser **-se- + être** 12
chronométrer **T** 20
chuchoter **I,** p.p.inv. / **T** 12
chuinter **I / p.p.inv.** 12
chuter **I / p.p.inv.** 12
cibler **T** 12
cicatriser **T / I,** p.p.inv. / **Pr** 12
ciller **I / p.p.inv.** 12
cimenter **T** 12
cingler **I,** p.p.inv. / **T** 12
cintrer **T** 12
circoncire **T** 100
circonscrire **T** 81
circonvenir **T** 4
circulariser **T** 12
circuler **I / p.p.inv.** 12
cirer **T** 12
cisailler **T** 12
ciseler **T** 25
citer **T** 12
civiliser **T** 12
clabauder **I / p.p.inv.** 12
claboter **I,** p.p.inv. / **T** 12
claironner **I,** p.p.inv. / **T** 12
clamecer **I / p.p.inv.** 18
clamer **T** 12
clamser **I / p.p.inv.** 12
clapir **I / p.p.inv.** 35
clapoter **I / p.p.inv.** 12
clapper **I / p.p.inv.** 12
claquemurer **T / Pr** 12
claquer **I,** p.p.inv. / **T** / **Pr** 16
claqueter **I / p.p.inv.** 27
clarifier **T** 15
classer **T / Pr** 12
classifier **T** 15
claudiquer **I / p.p.inv.** 16
claustrer **T / Pr** 12
claver **T** 12
claveter **T** 27
clayonner **T** 12
clicher **T** 12
cligner **T / I,** p.p.inv. 12
clignoter **I / p.p.inv.** 12
climatiser **T** 12
cliquer **I / p.p.inv.** 16
cliqueter **I / p.p.inv.** 27
clisser **T** 12
cliver **T / Pr** 12
clochardiser **T / Pr** 12
clocher **I / p.p.inv.** 12
cloisonner **T** 12
cloîtrer **T / Pr** 12
cloner **T** 12
clopiner **I / p.p.inv.** 12
cloquer **I / p.p.inv.** 16
clore T / Déf **98**
clôturer **T / I,** p.p.inv. 12
clouer **T** 13
clouter **T** 12
coaguler **T / I,** p.p.inv. / **Pr** 12
coalescer **T** 19
coaliser **T / Pr** (contre) 12
coasser **I / p.p.inv.** 12
cocher **T** 12
côcher **T** 12
cochonner **I,** p.p.inv. / **T** 12
cocoler **T** / Suisse 12
cocoter **I / p.p.inv.** 12
cocotter **I / p.p.inv.** 12
cocufier **T** 15
coder **T** 12
codifier **T** 15
coéditer **T** 12
coexister **I / p.p.inv.** 12
coffrer **T** 12
cofinancer **T** 18
cogérer **T** 20
cogiter **I,** p.p.inv. / **T** 12
cogner **I,** p.p.inv. / **Ti** (à, contre, sur, dans), p.p.inv. / **T** / **Pr** 12
cohabiter **I / p.p.inv.** 12
cohériter **I / p.p.inv.** 12
coiffer **T / Pr** 12
coincer **T / Pr** 18
coïncider **I / p.p.inv.** 12
coïter **I / p.p.inv.** 12
cokéfier **T** 15
collaborer **I / Ti** (à) / **p.p.inv.** 12
collationner **T** 12
collecter **T** 12
collectionner **T** 12
collectiviser **T** 12
coller **T / I,** p.p.inv. / **Ti** (à), p.p.inv. 12

colleter **-se- + être**	27
colliger **T**	17
colloquer **T**	16
colmater **T**	12
coloniser **T**	12
colorer **T**	12
colorier **T**	15
coloriser **T**	12
colporter **T**	12
coltiner **T / Pr**	12
combattre **T / I,** p.p.inv.	74
combiner **T / Pr**	12
combler **T**	12
commander **T / I,** p.p.inv. / **Ti** (à), p.inv. / **Pr**	12
commanditer **T**	12
commémorer **T**	12
commencer **T / Ti** (à + inf., par), p.p.inv. / **I,** p.p.inv.	18
commenter **T**	12
commercer **Ti** (avec) / **p.p.inv.**	18
commercialiser **T**	12
commérer **I** / **p.p.inv.**	20
commettre **T / Pr**	6
commissionner **T**	12
commotionner **T**	12
commuer **T**	13
communaliser **T**	12
communier **I,** p.p.inv. / **T**	15

communiquer **T / Ti** (avec, sur), p.p.inv.	16
commuter **T**	12
compacter **T**	12
comparaître **I** / **p.p.inv.**	75
comparer **T**	12
comparoir **I / Déf :** usité seulement à l'inf. prés. et au part. prés. *(comparant)* ; on emploie *comparaître* pour les autres formes	—
compartimenter **T**	12
compasser **T**	12
compatir **Ti** (à) / **p.p.inv.**	35
compenser **T**	12
compiler **T**	12
compisser **T**	12
complaire **Ti** (à) / **Pr** (dans) / **p.p.inv.** même à la voix pronominale	91
complanter **T**	12
compléter **T / Pr**	20
complexer **T**	12
complexifier **T**	15
complimenter **T**	12
compliquer **T / Pr**	16
comploter **T / I,** p.p.inv.	12
comporter **T / Pr**	12
composer **T / I,** p.p.inv.	12
composter **T**	12

comprendre **T**	68
compresser **T**	12
comprimer **T**	12
compromettre **T / I,** p.p.inv. / **Pr**	6
comptabiliser **T**	12
compter **T / Ti** (avec, sur), p.p.inv. / **I,** p.p.inv.	12
compulser **T**	12
concasser **T**	12
concéder **T**	20
concélébrer **T**	20
concentrer **T / Pr**	12
conceptualiser **T**	12
concerner **T**	12
concerter **T / Pr**	12
concevoir **T**	51
concilier **T / Pr**	15
conclure T / Ti (à), p.p.inv. / **I,** p.p.inv.	**94**
concocter **T**	12
concorder **I / p.p.inv.**	12
concourir **Ti** (à) / **I** / **p.p.inv.**	42
concréter **T / Pr**	20
concrétiser **T / Pr**	12
concurrencer **T**	18
condamner **T**	12
condenser **T / Pr**	12
condescendre **Ti** (à) / **p.p.inv.**	66
conditionner **T**	12
conduire T / Pr	**85**
confectionner **T**	12
confédérer **T**	20

conférer **I** (avec), p.p.inv. / **T**	20
confesser **T / Pr**	12
confier **T / Pr**	15
confiner **Ti** (à), p.p.inv. / **T / Pr**	12
confire T / Pr	**100**
confirmer **T**	12
confisquer **T**	16
confluer **I / p.p.inv.**	13
confondre **T / Pr**	66
conformer **T / Pr** (à)	12
conforter **T**	12
confronter **T**	12
congédier **T**	15
congeler **T / Pr**	25
congestionner **T / Pr**	12
conglomérer **T**	20
conglutiner **T**	12
congratuler **T**	12
congréer **T** / -é- partout	14
conjecturer **T**	12
conjuguer **T** / -gu- partout	16
conjurer **T**	12
connaître T / Ti (de), p.p.inv. / **Pr**	**75**
connecter **T**	12
connoter **T**	12
conquérir **T**	44
consacrer **T / Pr** (à)	12
conscientiser **T**	12
conseiller **T**	12
consentir **Ti** (à), p.p.inv. / **T**	38

conserver **T / Pr**	12
considérer **T**	20
consigner **T**	12
consister **Ti** (à, dans, en) / **p.p.inv.**	12
consoler **T / Pr**	12
consolider **T**	12
consommer **T / I,** p.p.inv.	12
conspirer **I,** p.p.inv. / **T**	12
conspuer **T**	13
constater **T**	12
consteller **T**	12
consterner **T**	12
constiper **T**	12
constituer **T / Pr**	13
constitutionnaliser **T**	12
construire **T**	85
consulter **T** / **I,** p.p.inv.	12
consumer **T / Pr**	12
contacter **T**	12
contagionner **T**	12
containériser **T**	12
contaminer **T**	12
contempler **T**	12
conteneuriser **T**	12
contenir **T / Pr**	4
contenter **T / Pr** (de)	12
conter **T**	12
contester **T**	12
contingenter **T**	12
continuer **T / Ti** (à), p.p.inv. / **I,** p.p.inv. / **Pr**	13

contorsionner **-se- + être**	12
contourner **T**	12
contracter **T / Pr**	12
contractualiser **T**	12
contracturer **T**	12
contraindre **T**	69
contrarier **T**	15
contraster **I,** p.p.inv. / **Ti** (avec), p.p.inv. / **T**	12
contre-attaquer **T / I,** p.p.inv.	16
contrebalancer **T / Pr**	18
contre-braquer **T / I,** p.p.inv.	16
contrebuter **T**	12
contrecarrer **T**	12
contredire **T / Pr**	78
contrefaire **T**	5
contreficher **-se-** (de) **+ être**	12
contrefoutre **-se-** (de) **+ être / Déf. :** inusité au passé simple et au subj. imparf.	6
contre-indiquer **T**	
contre-manifester **I** / **p.p.inv.**	
contremarquer **T**	
contre-miner **T**	
contre-passer **T**	
contreplaquer **T**	
contrer **T**	
contresigner **T**	
contre-tirer **T**	
contretyper **T**	

D

déambuler **I / p.p.inv.**	12
débâcher **T**	12
débâcler **T / I,** p.p.inv.	12
débagouler **I,** p.p.inv. / **T**	12
débâillonner **T**	12
déballer **T**	12
déballonner **-se- + être**	12
débalourder **T**	12
débander **T / Pr**	12
débaptiser **T**	12
débarbouiller **T / Pr**	12
débarder **T**	12
débarquer **T / I,** p.p.inv.	16
débarrasser **T / Pr** (de)	12
débarrer **T**	12
débâter **T**	12
débâtir **T**	35
débattre **T / Ti** (de), p.p.inv. / **Pr**	74
débaucher **T**	12
débecqueter **T**	27
débecter **T**	1
débenzoler **T**	12
débéqueter **T**	28
débiliter **T**	12
débillarder **T**	12
débiner **T / Pr**	12
débiter **T**	12
déblatérer **Ti** (contre) / **p.p.inv.**	20
déblayer **T**	29 ou 30
débloquer **T / I,** p.p.inv.	16
débobiner **T**	12
déboiser **T / Pr**	12
déboîter **T / I,** p.p.inv. / **Pr**	12
débonder **T / Pr**	12
déborder **I,** p.p.inv. / **T** / **Ti** (de), p.p.inv. / **Pr**	12
débosseler **T**	23
débotter **T**	12
déboucher **T / I,** p.p.inv.	12
déboucler **T**	12
débouillir **T**	39
débouler **I,** p.p.inv. / **T**	12
déboulonner **T**	12
débouquer **I / p.p.inv.**	16
débourber **T**	12
débourrer **T / I,** p.p.inv.	12
débourser **T**	12
déboussoler **T**	12
débouter **T**	12
déboutonner **T / Pr**	12
débrailler **-se- + être**	12
débrancher **T**	12
débraser **T**	12
débrayer **T / I,** p.p.inv.	29 ou 30
débrider **T**	12
débrocher **T**	12
débrouiller **T / Pr**	12
débroussailler **T**	12
débrousser **T** / Afrique	12
débucher **I,** p.p.inv. / **T**	12
débudgétiser **T**	12
débureaucratiser **T**	12
débusquer **T**	16
débuter **I,** p.p.inv. / **T**	12
décacheter **T**	27
décadenasser **T**	12
décadrer **T**	12
décaisser **T**	12
décalaminer **T**	12
décalcifier **T / Pr**	15
décaler **T / Pr**	12
décalotter **T**	12
décalquer **T**	16
décamper **I / p.p.inv.**	12
décaniller **I / p.p.inv.**	12
décanter **T / Pr**	12
décapeler **T**	23
décaper **T**	12
décapitaliser **I / p.p.inv.**	12
décapiter **T**	12
décapoter **T**	12
décapsuler **T**	12
décapuchonner **T**	12
décarbonater **T**	12
décarburer **T**	12
décarcasser **-se- + être**	12
décarreler **T**	23
décatir **T / Pr**	35
décauser **I / p.p.inv.** / Belgique	12
décavaillonner **T**	12
décaver **T**	12
décéder **I / + être**	20
déceler **T**	25
décélérer **I / p.p.inv.**	20

décentraliser **T** 12
décentrer **T** 12
décercler **T** 12
décérébrer **T** 20
décerner **T** 12
décerveler **T** 23
décevoir **T** 51
déchaîner **T / Pr** 12
déchanter **I / p.p.inv.** 12
déchaperonner **T** 12
décharger **T / I,** p.p.inv. / **Pr** (de) 17
décharner **T** 12
déchaumer **T** 12
déchausser **T / Pr** 12
déchiffonner **T** 12
déchiffrer **T** 12
déchiqueter **T** 27
déchirer **T / Pr** 12
déchlorurer **T** 12
déchoir I / T / + être ou avoir / Déf 65
déchristianiser **T** 12
décider **T / I,** p.p.inv. / **Ti** (de), p.p.inv. / **Pr** (à) 12
décimaliser **T** 12
décimer **T** 12
décintrer **T** 12
déclamer **T / I,** p.p.inv. 12
déclarer **T / Pr** 12
déclasser **T** 12
déclaveter **T** 27
déclencher **T / Pr** 12
décliner **I,** p.p.inv. / **T** 12
décliqueter **T** 27
décloisonner **T** 12
déclore **T / Déf :** usité seulement à l'inf. et au part. passé *(déclos, déclose/ses)* 98
déclouer **T** 13
décocher **T** 12
décoder **T** 12
décoffrer **T** 12
décoiffer **T** 12
décoincer **T / Pr** 18
décolérer **I / p.p.inv.** 20
décollectiviser **T** 12
décoller **T / I,** p.p.inv. 12
décolleter **T** 27
décoloniser **T** 12
décolorer **T** 12
décommander **T** 12
décompenser **I / p.p.inv.** 12
décomplexer **T** 12
décomposer **T / Pr** 12
décompresser **I / p.p.inv.** 12
décomprimer **T** 12
décompter **T / I,** p.p.inv. 12
déconcentrer **T / Pr** 12
déconcerter **T** 12
déconditionner **T** 12
déconfire **T** 100
décongeler **T** 25
décongestionner **T** 12
déconnecter **T / I,** p.p.inv. 12
déconner **I / p.p.inv.** 12
déconseiller **T** 12
déconsidérer **T / Pr** 20
déconsigner **T** 12
déconstruire **T** 85
décontaminer **T** 12
décontenancer **T / Pr** 18
décontracter **T / Pr** 12
déconventionner **T** 12
décorder **-se- + être** 12
décorer **T** 12
décorner **T** 12
décortiquer **T** 16
découcher **I / p.p.inv.** 12
découdre **T / I** dans l'expression familière *en découdre avec quelqu'un* (à l'inf.) 97
découler **Ti** (de) **/ p.p.inv.** 12
découper **T / Pr** 12
découpler **T** 12
décourager **T / Pr** 17
découronner **T** 12
découvrir **T / I,** p.p.inv. / **Pr** 45
décrasser **T** 12
décrédibiliser **T** 12
décrêper **T** 12
décrépir **T / Pr** 35
décrépiter **T** 12
décréter **T** 20
décreuser **T** 12
décrier **T** 15
décriminaliser **T** 12
décrire **T** 81
décrisper **T** 12

décrocher **T / I,** p.p.inv. 12
décroiser **T** 12
décroître **I / p.p.inv.** *(décru)* 93
décrotter **T** 12
décruer **T** 13
décruser **T** 12
décrypter **T** 12
décuivrer **T** 12
déculasser **T** 12
déculotter **T / Pr** 12
déculpabiliser **T** 12
décupler **T / I,** p.p.inv. 12
décuver **T** 12
dédaigner **T / Ti** (de + inf.), p.p.inv. 12
dédicacer **T** 18
dédier **T** 15
dédifférencier **-se- + être** 15
dédire **-se- + être** 78
dédommager **T** 17
dédorer **T** 12
dédouaner **T / Pr** 12
dédoubler **T** 12
dédramatiser **T** 12
déduire **T** 85
défaillir I / p.p.inv. 47
défaire **T / Pr** (de) 5
défalquer **T** 16
défatiguer **T** / -gu- partout 16
défaufiler **T** 12
défausser **T / Pr** (de, sur) 12
défavoriser **T** 12
défendre **T / Pr** 66
défenestrer **T** 12
déféquer **I,** p.p.inv. / **T** 20
déférer **T / Ti** (à), p.p.inv. 20
déferler **T / I,** p.p.inv. 12
déferrer **T** 12
défeuiller **T** 12
défeutrer **T** 12
défibrer **T** 12
déficeler **T** 23
défier **T / Pr** (de) 15
défigurer **T** 12
défiler **I,** p.p.inv. / **T / Pr** 12
définir **T** 35
défiscaliser **T** 12
déflagrer **I / p.p.inv.** 12
défléchir **T** 35
défleurir **T / I,** p.p.inv. 35
déflorer **T** 12
défolier **T** 15
défoncer **T / Pr** 18
déforcer **T** / Belgique 18
déformer **T** 12
défouler **T / Pr** 12
défourner **T** 12
défraîchir **T** 35
défrayer **T** 29 ou 30
défricher **T** 12
défriper **T** 12
défriser **T** 12
défroisser **T** 12
défroncer **T** 18
défroquer **I,** p.p.inv. / **Pr** 16
défruiter **T** 12
dégager **T / Pr** 17
dégainer **T** 12
déganter **-se- + être** 12
dégarnir **T / Pr** 35
dégasoliner **T** 12
dégauchir **T** 35
dégazer **T / I,** p.p.inv. 12
dégazoliner **T** 12
dégazonner **T** 12
dégeler **T / I,** p.p.inv. / **Pr** 25
dégénérer **I / p.p.inv.** 20
dégermer **T** 12
dégivrer **T** 12
déglacer **T** 18
déglinguer **T** / -gu- partout 16
dégluer **T** 13
déglutir **T / I,** p.p.inv. 35
dégobiller **T / I,** p.p.inv. 12
dégoiser **T / I,** p.p.inv. 12
dégommer **T** 12
dégonfler **T / Pr** 12
dégorger **T / I,** p.p.inv. 17
dégoter **T** 12
dégotter **T** 12
dégouliner **I / p.p.inv.** 12
dégoupiller **T** 12
dégourdir **T** 35
dégoûter **T** 12
dégoutter **I / p.p.inv.** 12
dégrader **T / Pr** 12

démoduler **T**	12
démolir **T**	35
démonétiser **T**	12
démonter **T / Pr**	12
démontrer **T**	12
démoraliser **T**	12
démordre **Ti** (de) / **p.p.inv. /** Usité à la tournure négative *(il n'en démord pas…)*	66
démotiver **T**	12
démoucheter **T**	27
démouler **T**	12
démoustiquer **T**	16
démultiplier **T / I,** p.p.inv.	15
démunir **T / Pr** (de)	35
démuseler **T**	23
démutiser **T**	12
démystifier **T**	15
démythifier **T**	15
dénantir **T**	35
dénasaliser **T**	12
dénationaliser **T**	12
dénatter **T**	12
dénaturaliser **T**	12
dénaturer **T**	12
dénazifier **T**	15
dénébuler **T**	12
dénébuliser **T**	12
déneiger **T**	17
déniaiser **T**	12
dénicher **T / I,** p.p.inv.	12
dénicotiniser **T**	12
dénier **T**	15
dénigrer **T**	12
dénitrer **T**	12
dénitrifier **T**	15
déniveler **T**	23
dénombrer **T**	12
dénommer **T**	12
dénoncer **T**	18
dénoter **T**	12
dénouer **T**	13
dénoyauter **T**	12
dénoyer **T**	31
densifier **T**	15
denteler **T**	23
dénucléariser **T**	12
dénuder **T / Pr**	12
dénuer **-se-** (de) **+ être**	13
dépailler **T**	12
dépalisser **T**	12
dépanner **T**	12
dépaqueter **T**	27
déparasiter **T**	12
dépareiller **T**	12
déparer **T**	12
déparier **T**	15
déparler **I / p.p.inv.**	12
départager **T**	17
départementaliser **T**	12
départir **T / Pr** (de)	35 ou 38
dépasser **T / I,** p.p.inv. / **Pr**	12
dépassionner **T**	12
dépatouiller **-se- + être**	12
dépatrier **T**	15
dépaver **T**	12
dépayser **T**	12
dépecer T	**26**
dépêcher **T / Pr**	12
dépeigner **T**	12
dépeindre **T**	70
dépénaliser **T**	12
dépendre **T / Ti** (de), p.p.inv. / **U,** p.p.inv. dans les expressions *cela dépend, il dépend de toi (lui, nous…) que…*	66
dépenser **T / Pr**	12
dépérir **I / p.p.inv.**	35
dépersonnaliser **T**	12
dépêtrer **T / Pr** (de)	12
dépeupler **T / Pr**	12
déphaser **T**	12
déphosphater **T**	12
déphosphorer **T**	12
dépiauter **T**	12
dépiler **T**	12
dépiquer **T**	16
dépister **T**	12
dépiter **T / Pr**	12
déplacer **T / Pr**	18
déplafonner **T**	12
déplaire **Ti** (à) / **Pr / p.p.inv.** même à la voix pronominale	91
déplanter **T**	12
déplâtrer **T**	12
déplier **T**	15
déplisser **T**	12
déplomber **T**	12
déplorer **T**	12

déployer **T** 31
déplumer **T / Pr** 12
dépoétiser **T** 12
dépointer **T** 12
dépolariser **T** 12
dépolir **T** 35
dépolitiser **T** 12
dépolluer **T** 13
déporter **T** 12
déposer **T** 12
déposséder **T** 20
dépoter **T / I,** p.p.inv. / **U,** p.p.inv. (avec le pronom démonstratif familier : *ça dépote*) 12
dépouiller **T / Pr** 12
dépourvoir **T / Pr** (de, en) 54
dépoussiérer **T** 20
dépraver **T** 12
déprécier **T / Pr** 15
déprendre **-se-** (de) **+ être** 68
dépressuriser **T** 12
déprimer **T / I,** p.p.inv. 12
dépriser **T** 12
déprogrammer **T** 12
dépuceler **T** 23
dépulper **T** 12
dépurer **T** 12
députer **T** 12
déqualifier **T** 15
déraciner **T** 12
dérader **I / p.p.inv.** 12
dérager **I / p.p.inv.** 17
déraidir **T** 35
dérailler **I / p.p.inv.** 12
déraisonner **I / p.p.inv.** 12
déramer **I,** p.p.inv. / **T** 12
déranger **T / Pr** 17
déraper **I / p.p.inv.** 12
déraser **T** 12
dératiser **T** 12
dérayer **T** 30
déréaliser **T** 12
déréglementer **T** 12
dérégler **T / Pr** 20
déréguler **T** 12
déresponsabiliser **T** 12
dérider **T / Pr** 12
dériver **T / Ti** (de), p.p.inv. / **I,** p.p.inv. 12
dériveter **T** 27
dérober **T / Pr** (à, sous) 12
dérocher **T / I,** p.p.inv. 12
déroder **T** 12
déroger **Ti** (à) / **p.p.inv.** 17
dérougir **T / I,** p.p.inv. 35
dérouiller **T / I,** p.p.inv. 12
dérouler **T / Pr** 12
dérouter **T** 12
désabonner **T / Pr** 12
désabuser **T** 12
désaccorder **T** 12
désaccoupler **T** 12
désaccoutumer **T / Pr** (de) 12
désacraliser **T** 12
désactiver **T** 12
désadapter **T** 12
désaérer **T** 20
désaffecter **T** 12
désaffilier **T** 15
désagréger **T / Pr** 21
désaimanter **T** 12
désaisonnaliser **T** 12
désajuster **T** 12
désaliéner **T** 20
désaligner **T** 12
désalper **I / p.p.inv.** / Suisse 12
désaltérer **T / Pr** 20
désambiguïser **T** 12
désamidonner **T** 12
désamorcer **T** 18
désapparier **T** 15
désappointer **T** 12
désapprendre **T** 68
désapprouver **T** 12
désapprovisionner **T** 12
désarçonner **T** 12
désargenter **T** 12
désarmer **T / I,** p.p.inv. 12
désarrimer **T** 12
désarticuler **T / Pr** 12
désassembler **T** 12
désassimiler **T** 12
désassortir **T** 35
désatelliser **T** 12
désavantager **T** 17
désavouer **T** 13
désaxer **T** 12
desceller **T** 12
descendre **I + être** / **T + avoir** 66

déscolariser **T** 12
déséchouer **T** 13
désectoriser **T** 12
désembourber **T** 12
désembourgeoiser **T** 12
désembouteiller **T** 12
désembuer **T** 13
désemparer **I / p.p.inv. /** Usité dans l'expression *sans désemparer* (= sans cesser) 12
désemplir **I,** p.p.inv. **/ Pr /** Usité surtout à la tournure négative : *ce magasin ne désemplit pas* 35
désencadrer **T** 12
désenchaîner **T** 12
désenchanter **T** 12
désenclaver **T** 12
désencoller **T** 12
désencombrer **T** 12
désencrasser **T** 12
désencrer **T** 12
désendetter **-se- + être** 12
désenflammer **T** 12
désenfler **T / I,** p.p.inv. 12
désenfumer **T** 12
désengager **T / Pr** 17
désengorger **T** 17
désengrener **T** 25
désenivrer **T / I,** p.p.inv. 12
désennuyer **T** 32
désenrayer **T** 30
désensabler **T** 12
désensibiliser **T / Pr** 12
désensimer **T** 12
désensorceler **T** 23
désentoiler **T** 12
désentortiller **T** 12
désentraver **T** 12
désenvaser **T** 12
désenvelopper **T** 12
désenvenimer **T** 12
désenverguer **T /** -gu- partout 16
désépaissir **T** 35
déséquilibrer **T** 12
déséquiper **T** 12
déserter **T / I,** p.p.inv. 12
désertifier **-se- + être** 15
désespérer **T / I,** p.p.inv. **/ Ti** (de), p.p.inv. **/ Pr** 20
désétatiser **T** 12
désexciter **T** 12
désexualiser **T** 12
déshabiller **T / Pr** 12
déshabituer **T / Pr** (de) 13
désherber **T** 12
déshériter **T** 12
déshonorer **T / Pr** 12
déshuiler **T** 12
déshumaniser **T** 12
déshumidifier **T** 15
déshydrater **T / Pr** 12
déshydrogéner **T** 20
désidéologiser **T** 12
désigner **T** 12
désiler **T** 12
désillusionner **T** 12
désincarcérer **T** 20
désincarner **-se- + être** 12
désincruster **T** 12
désindexer **T** 12
désindustrialiser **T** 12
désinfecter **T** 12
désinformer **T** 12
désinhiber **T** 12
désinsectiser **T** 12
désintégrer **T / Pr** 20
désintéresser **T / Pr** (de) 12
désintoxiquer **T** 16
désinvestir **T / I,** p.p.inv. 35
désirer **T** 12
désister **-se- + être** 12
désobéir **Ti** (à) **/ p.p.inv.** sauf à la voix passive : *elle a été désobéie* 35
désobliger **T** 17
désobstruer **T** 13
désodoriser **T** 12
désoler **T / Pr** (de) 12
désolidariser **T / Pr** (de) 12
désoperculer **T** 12
désopiler **T** 12
désorganiser **T** 12
désorienter **T** 12
désosser **T** 12
désoxyder **T** 12

désoxygéner **T** 20
desquamer **I,** p.p.inv. / **Pr** 12
dessabler **T** 12
dessaisir **T / Pr** (de) 35
dessaler **T / I,** p.p.inv. / **Pr** 12
dessangler **T** 12
dessaouler **T / I,** p.p.inv. 12
dessécher **T / Pr** 20
desseller **T** 12
desserrer **T** 12
dessertir **T** 35
desservir **T** 37
dessiller **T** 12
dessiner **T / I,** p.p.inv. / **Pr** 12
dessoler **T** 12
dessouder **T** 12
dessoûler **T / I,** p.p.inv. 12
dessuinter **T** 12
déstabiliser **T** 12
déstaliniser **T** 12
destiner **T** 12
destituer **T** 13
déstocker **T** 12
déstructurer **T** 12
désulfiter **T** 12
désulfurer **T** 12
désunir **T / Pr** 35
désurchauffer **T** 12
désynchroniser **T** 12
désyndicaliser **T** 12
détacher **T / Pr** (de) 12
détailler **T** 12
détaler **I / p.p.inv.** 12
détalonner **T** 12
détartrer **T** 12
détaxer **T** 12
détecter **T** 12
déteindre **T / I,** p.p.inv. 70
dételer **T / I,** p.p.inv. 23
détendre **T / Pr** 66
détenir **T** 4
déterger **T** 17
détériorer **T / Pr** 12
déterminer **T / Pr** (à) 12
déterrer **T** 12
détester **T / Pr** 12
détirer **T** 12
détoner **I / p.p.inv.** 12
détonner **I / p.p.inv.** 12
détordre **T** 66
détortiller **T** 12
détourer **T** 12
détourner **T / Pr** (de) 12
détoxiquer **T** 16
détracter **T** 12
détraquer **T / Pr** 16
détremper **T** 12
détromper **T** 12
détrôner **T** 12
détroquer **T** 16
détrousser **T** 12
détruire **T** 85
dévaler **T / I,** p.p.inv. 12
dévaliser **T** 12
dévaloriser **T** 12
dévaluer **T** 13
devancer **T** 18
dévaster **T** 12
développer **T / Pr** 12
devenir **I / + être** 4
dévergonder **-se- + être** 12
déverguer **T** / -gu- partout 16
dévernir **T** 35
déverrouiller **T** 12
déverser **T** 12
dévêtir **T / Pr** 41
dévider **T** 12
dévier **I,** p.p.inv. / **T** 15
deviner **T** 12
dévirer **T** 12
dévirginiser **T** 12
déviriliser **T** 12
dévisager **T** 17
deviser **I,** p.p.inv. / **T,** Suisse 12
dévisser **T / I,** p.p.inv. 12
dévitaliser **T** 12
dévitrifier **T** 15
dévoiler **T / Pr** 12
devoir T / U + être / Pr 10
dévolter **T** 12
dévorer **T** 12
dévouer **-se-** (à) **+ être** 13
dévoyer **T** 31
diaboliser **T** 12
diagnostiquer **T** 16
dialectiser **T** 12

dialoguer **I / p.p.inv.** / -gu- partout	16
dialyser **T**	12
diamanter **T**	12
diaphragmer **T / I,** p.p.inv.	12
diaprer **T**	12
dicter **T**	12
diéséliser **T**	12
diéser **T**	20
diffamer **T**	12
différencier **T / Pr**	15
différentier **T**	15
différer **T / Ti** (de, sur), p.p.inv.	20
diffracter **T**	12
diffuser **T**	12
digérer **T**	20
digitaliser **T**	12
dilacérer **T**	20
dilapider **T**	12
dilater **T / Pr**	12
diligenter **T**	12
diluer **T / Pr**	13
dimensionner **T**	12
diminuer **T / I,** p.p.inv.	13
dindonner **T**	12
dîner **I / p.p.inv.**	12
dinguer **I / p.p.inv.** / -gu- partout	16
diphtonguer **T** / -gu- partout	16
diplômer **T**	12
dire T	**77**
diriger **T**	17
discerner **T**	12
discipliner **T**	12
discontinuer **I / Déf :** usité seulement à l'inf., dans l'expression *sans discontinuer*	—
disconvenir **Ti** (de) / **p.p.inv.**	4
discorder **I / p.p.inv.**	12
discounter **T / I,** p.p.inv.	12
discourir **I / p.p.inv.**	42
discréditer **T / Pr**	12
discriminer **T**	12
disculper **T / Pr**	12
discutailler **I / p.p.inv.**	12
discuter **T / Ti** (de), p.p.inv.	12
disgracier **T**	15
disjoindre **T**	71
disjoncter **I,** p.p.inv. / **T**	12
disloquer **T**	16
disparaître **I / + être ou avoir**	75
dispatcher **T**	12
dispenser **T / Pr** (de)	12
disperser **T / Pr**	12
disposer **T / Ti** (de), p.p.inv. / **Pr** (à)	12
disputer **T / Pr**	12
disqualifier **T / Pr**	15
disséminer **T**	12
disséquer **T**	20
disserter **I / p.p.inv.**	12
dissimuler **T / Pr**	12
dissiper **T / Pr**	12
dissocier **T**	15
dissoner **I / p.p.inv.**	12
dissoudre **T / Déf :** pas de passé simple, pas de subj. imparf.	95
dissuader **T**	12
distancer **T**	18
distancier **T / Pr** (de)	15
distendre **T / Pr**	66
distiller **T / I,** p.p.inv.	12
distinguer T / Pr / -gu- partout	**16**
distordre **T**	66
distraire T / Pr / Déf.	**90**
distribuer **T**	13
divaguer **I / p.p.inv.** / -gu- partout	16
diverger **I / p.p.inv.**	17
diversifier **T**	15
divertir **T / Pr** (de)	35
diviniser **T**	12
diviser **T / Pr**	12
divorcer **I / p.p.inv.**	18
divulguer **T** / -gu- partout	16
documenter **T / Pr** (sur)	12
dodeliner **Ti** (de) / **p.p.inv.**	12
dodiner **Ti** (de) / **p.p.inv.**	12
dogmatiser **I / p.p.inv.**	12
doigter **T**	12
doler **T**	12

domestiquer **T** 16
domicilier **T** 15
dominer **I,** p.p.inv. / **T** / **Pr** 12
dompter **T** 12
donner **T** / **I,** p.p.inv. / **Ti** (de), p.p.inv. / **Pr** 12
doper **T** / **Pr** 12
dorer **T** 12
dorloter **T** 12
dormir I / p.p.inv. 37
doser **T** 12
doter **T** 12
doubler **T** / **I,** p.p.inv. / **Pr** (de) 12
doublonner **I / p.p.inv.** 12
doucher **T** / **Pr** 12
doucir **T** 35
douer **T** / **Déf :** usité à l'inf., au part. passé et aux temps composés 13
douter **Ti** (de), p.p.inv. / **Pr** (de) 12
dracher **U / p.p.inv.** / Belgique ; Zaïre 12
dragéifier **T** 15
drageonner **I / p.p.inv.** 12
draguer **T** / -gu- partout 16
drainer **T** 12
dramatiser **T** 12
draper **T** / **Pr** 12
draver **T** / Québec 12
drayer **T** 29 ou 30
dresser **T** / **Pr** 12
dribbler **I,** p.p.inv. / **T** 12
driller **T** 12
driver **I,** p.p.inv. / **T** 12
droguer **T** / **I,** p.p.inv. / **Pr** / -gu- partout 16
droper **I,** p.p.inv. / **T** 12
dropper **I,** p.p.inv. / **T** 12
drosser **T** 12
dudgeonner **T** 12
dulcifier **T** 15
duper **T** 12
duplexer **T** 12
dupliquer **T** / **Pr** 16
durcir **T** / **I,** p.p.inv. / **Pr** 35
durer **I / p.p.inv.** 12
duveter **-se- + être** 27
dynamiser **T** 12
dynamiter **T** 12

E

ébahir **T** / **Pr** 35
ébarber **T** 12
ébattre **-s'- + être** 74
ébaucher **T** 12
ébaudir **-s'- + être** 35
ébavurer **T** 12
éberluer **T** 13
ébiseler **T** 23
éblouir **T** 35
éborgner **T** 12
ébouillanter **T** / **Pr** 12
ébouler **T** / **Pr** 12
ébourgeonner **T** 12
ébouriffer **T** 12
ébourrer **T** 12
ébouter **T** 12
ébrancher **T** 12
ébranler **T** / **Pr** 12
ébraser **T** 12
ébrécher **T** 20
ébrouer **-s'- + être** 13
ébruiter **T** / **Pr** 12
écacher **T** 12
écailler **T** / **Pr** 12
écaler **T** 12
écanguer **T** / -gu- partout 16
écarquiller **T** 12
écarteler **T** 25
écarter **T** / **Pr** 12
échafauder **T** / **I,** p.p.inv. 12
échalasser **T** 12
échancrer **T** 12
échanger **T** 17
échantillonner **T** 12
échapper **I,** p.p.inv. / **Ti** (à, de), p.p.inv. / **Pr** / **T** dans l'expression *l'échapper belle* 12
échardonner **T** 12
écharner **T** 12
écharper **T** 12
échauder **T** 12
échauffer **T** / **Pr** 12
échelonner **T** 12
écheniller **T** 12

élégir **T**	35
élever **T / Pr**	25
élider **T**	12
éliminer **T**	12
élinguer **T** / -gu- partout	16
élire **T**	82
éloigner **T / Pr**	12
élonger **T**	17
élucider **T**	12
élucubrer **T**	12
éluder **T**	12
émacier **T / Pr**	15
émailler **T**	12
émanciper **T / Pr**	12
émaner **Ti** (de) / **p.p.inv.**	12
émarger **T / Ti** (à), p.p.inv.	17
émasculer **T**	12
emballer **T / Pr**	12
embarbouiller **T / Pr**	12
embarquer **T / I,** p.p.inv. / **Pr**	16
embarrasser **T** / **Pr** (de)	12
embarrer **I,** p.p.inv. / **Pr**	12
embastiller **T**	12
embattre **T**	74
embaucher **T**	12
embaumer **T / I,** p.p.inv.	12
embecquer **T** / -cqu- partout	16
embéguiner **T / Pr**	12
embellir **T / I,** p.p.inv.	35
emberlificoter **T / Pr**	12
embêter **T**	12
emblaver **T**	12
embobeliner **T**	12
embobiner **T**	12
emboîter **T / Pr**	12
embosser **T**	12
emboucher **T**	12
embouer **T / p.p.inv.**	13
embouquer **I,** p.p.inv. / **T**	16
embourber **T / Pr**	12
embourgeoiser **T / Pr**	12
embourrer **T**	12
embouteiller **T**	12
emboutir **T**	35
embrancher **T / Pr**	12
embraquer **T**	16
embraser **T / Pr**	12
embrasser **T / Pr**	12
embrayer **T / Ti** (sur) / p.p.inv.	29 ou 30
embrever **T**	25
embrigader **T**	12
embringuer **T** / -gu- partout	16
embrocher **T**	12
embrouiller **T / Pr**	12
embroussailler **T / Pr**	12
embrumer **T**	12
embuer **T**	13
embusquer **T / Pr**	16
émécher **T**	20
émerger **I / p.p.inv.**	17
émeriser **T**	12
émerveiller **T / Pr** (de)	12
émettre **T / I,** p.p.inv.	6
émietter **T**	12
émigrer **I / p.p.inv.**	12
émincer **T**	18
emmagasiner **T**	12
emmailloter **T**	12
emmancher **T / Pr**	12
emmêler **T**	12
emménager **T / I,** p.p.inv.	17
emmener **T**	25
emmerder **T / Pr**	12
emmétrer **T**	20
emmieller **T**	12
emmitoufler **T / Pr**	12
emmouscailler **T**	12
emmurer **T**	12
émonder **T**	12
émorfiler **T**	12
émotionner **T**	12
émotter **T**	12
émoudre **T**	96
émousser **T**	12
émoustiller **T**	12
émouvoir T / Pr (de)	**55**
empailler **T**	12
empaler **T / Pr**	12
empalmer **T**	12
empanacher **T**	12
empanner **I / p.p.inv.**	12
empaqueter **T**	27
emparer **-s'-** (de) **+ être**	12
empâter **T / Pr**	12

empatter **T** 12
empaumer **T** 12
empêcher **T / Pr** (de) 12
empenner **T** 12
emperler **T** 12
empeser **T** 25
empester **T / I,** p.p.inv. 12
empêtrer **T / Pr** (dans) 12
empierrer **T** 12
empiéter **Ti / p.p.inv.** 20
empiffrer **-s'-** (de) **+ être** 12
empiler **T / Pr** 12
empirer **I / p.p.inv.** 12
emplir **T** 35
employer T / Pr **31**
emplumer **T** 12
empocher **T** 12
empoigner **T / Pr** 12
empoisonner **T / Pr** 12
empoisser **T** 12
empoissonner **T** 12
emporter **T / Pr** 12
empoter **T** 12
empourprer **T / Pr** 12
empoussiérer **T** 20
empreindre **T** 70
empresser **-s'-** (de + inf.) **+ être** 12
emprésurer **T** 12
emprisonner **T** 12
emprunter **T** 12
empuantir **T** 35
émuler **T** 12
émulsifier **T** 15
émulsionner **T** 12
enamourer **-s'- + être** 12
énamourer **-s'- + être** 12
encabaner **T** 12
encadrer **T** 12
encager **T** 17
encaisser **T** 12
encanailler **-s'- + être** 12
encapuchonner **T / Pr** 12
encaquer **T** 16
encarter **T** 12
encaserner **T** 12
encasteler **-s'- + être** 25
encastrer **T / Pr** (dans) 12
encaustiquer **T** 16
encaver **T** 12
enceindre **T** 70
enceinter **T** / Afrique 12
encenser **T / I,** p.p.inv. 12
encercler **T** 12
enchaîner **T / I,** p.p.inv. / **Pr** 12
enchanter **T** 12
enchâsser **T** 12
enchausser **T** 12
enchemiser **T** 12
enchérir **I / p.p.inv.** 35
enchevaucher **T** 12
enchevêtrer **T / Pr** 12
enclaver **T** 12
enclencher **T / Pr** 12
encliqueter **T** 27
enclore **T / Déf :** pas de part. prés., d'ind. imparf. et passé simple, de subj. imparf., d'impér. prés. ; pas de plur. à l'ind. prés. 98
enclouer **T** 13
encocher **T** 12
encoder **T** 12
encoller **T** 12
encombrer **T / Pr** (de) 12
encorder **-s'- + être** 12
encorner **T** 12
encoubler **-s'- + être** / Suisse 12
encourager **T** 17
encourir **T** 42
encrasser **T / Pr** 12
encrer **T** 12
encroûter **T / Pr** 12
encuver **T** 12
endenter **T** 12
endetter **T / Pr** 12
endeuiller **T** 12
endêver **I / p.p.inv. / Déf :** usité familièrement à l'inf.prés. : *faire endêver* (= faire enrager) 12
endiabler **I / p.p.inv.** 12
endiguer **T** / -gu- partout 16
endimancher **-s'- + être** 12
endivisionner **T** 12
endoctriner **T** 12
endolorir **T / Déf :** usité surtout au part.passé et aux 3es pers. 35

endommager **T**	17
endormir **T / Pr**	37
endosser **T**	12
enduire **T**	85
endurcir **T / Pr**	35
endurer **T**	12
énerver **T / Pr**	12
enfaîter **T**	12
enfanter **T**	12
enfariner **T**	12
enfermer **T / Pr**	12
enferrer **T / Pr**	12
enficher **T**	12
enfieller **T**	12
enfiévrer **T**	20
enfiler **T**	12
enflammer **T / Pr**	12
enfler **T / I,** p.p.inv.	12
enfleurer **T**	12
enfoncer **T / I,** p.p.inv. **/ Pr**	18
enfouir **T / Pr**	35
enfourcher **T**	12
enfourner **T**	12
enfreindre **T**	70
enfuir **-s'- + être**	40
enfumer **T**	12
enfutailler **T**	12
enfûter **T**	12
engager **T / Pr**	17
engainer **T**	12
engamer **T**	12
engazonner **T**	12
engendrer **T**	12
engerber **T**	12
englober **T**	12
engloutir **T / Pr**	35
engluer **T / Pr**	13
engober **T**	12
engommer **T**	12
engoncer **T**	18
engorger **T / Pr**	17
engouer **-s'-** (de) **+ être**	12
engouffrer **T / Pr**	12
engourdir **T**	35
engraisser **T / I,** p.p.inv.	12
engranger **T**	17
engraver **T**	12
engrener **T / I,** p.p.inv.	25
engrosser **T**	12
engueuler **T / Pr**	12
enguirlander **T**	12
enhardir **T / Pr**	35
enharnacher **T**	12
enherber **T**	12
enivrer **T**	12
enjamber **T / I,** p.p.inv.	12
enjaveler **T**	23
enjoindre **T**	71
enjôler **T**	12
enjoliver **T**	12
enjuguer **T** / -gu- partout	16
enkyster **-s'- + être**	12
enlacer **T / Pr**	18
enlaidir **T / I,** p.p.inv.	35
enlever **T**	25
enliasser **T**	12
enlier **T**	15
enliser **T / Pr**	12
enluminer **T**	12
enneiger **T**	17
ennoblir **T**	35
ennoyer **T**	31
ennuager **T**	17
ennuyer **T / Pr**	32
énoncer **T**	18
enorgueillir **T / Pr** (de)	35
énouer **T**	13
enquérir **-s'-** (de) **+ être**	44
enquêter **I / p.p.inv.**	12
enquiquiner **T**	12
enraciner **T / Pr**	12
enrager **I / p.p.inv.**	17
enrayer **T / Pr**	29 ou 30
enrégimenter **T**	12
enregistrer **T**	12
enrêner **T**	12
enrhumer **T / Pr**	12
enrichir **T / Pr**	35
enrober **T**	12
enrocher **T**	12
enrôler **T / Pr**	12
enrouer **T / Pr**	13
enrouler **T**	12
enrubanner **T**	12
ensabler **T / Pr**	12
ensacher **T**	12
ensaisiner **T**	12
ensanglanter **T**	12
enseigner **T**	12
ensemencer **T**	18
enserrer **T**	12

ensevelir **T / Pr** 35
ensiler **T** 12
ensoleiller **T** 12
ensorceler **T** 23
ensoufrer **T** 12
ensuivre **-s'- + être / Déf :** usité seulement à l'inf. et aux 3es pers. 86
entabler **T** 12
entacher **T** 12
entailler **T** 12
entamer **T** 12
entartrer **T** 12
entasser **T** 12
entendre **T / Pr** 66
enténébrer **T** 20
enter **T** 12
entériner **T** 12
enterrer **T / Pr** 12
entêter **T / Pr** (à, dans) 12
enthousiasmer **T / Pr** (pour) 12
enticher **-s'-** (de) **+ être** 12
entoiler **T** 12
entôler **T** 12
entonner **T** 12
entortiller **T / Pr** 12
entourer **T / Pr** (de) 12
entraider **-s'- + être** 12
entr'aimer **-s'- + être** 12
entraîner **T / Pr** 12
entr'apercevoir **T** 51
entrapercevoir **T** 51
entraver **T / I,** p.p.inv. 12
entrebâiller **T** 12
entrechoquer **T / Pr** 16
entrecouper **T** 12
entrecroiser **T / Pr** 12
entre-déchirer **-s'- + être** 12
entre-dévorer **-s'- + être** 12
entr'égorger **-s'- + être** 17
entre-haïr **-s'- + être** 36
entre-heurter **-s'- + être** 12
entrelacer **T / Pr** 18
entrelarder **T** 12
entremêler **T / Pr** 12
entremettre **-s'- + être** 6
entreposer **T** 12
entreprendre **T** 68
entrer **I + être / T + avoir** 12
entretailler **-s'- + être** 12
entretenir **T / Pr** (de) 4
entre-tisser **T** 12
entretoiser **T** 12
entre-tuer **-s'- + être** 13
entrevoir **T** 52
entrouvrir **T** 45
entuber **T** 12
énucléer **T / -é- partout** 14
énumérer **T** 20
énuquer **-s'- + être / Suisse** 16
envahir **T** 35
envaser **T** 12
envelopper **T** 12
envenimer **T / Pr** 12
enverguer **T / -gu- partout** 16
envider **T** 12
envier **T** 15
environner **T / Pr** 12
envisager **T** 17
envoiler **-s'- + être** 12
envoler **-s'- + être** 12
envoûter **T** 12
envoyer T / Pr **33**
épaissir **T / I,** p.p.inv. **/ Pr** 35
épamprer **T** 12
épancher **T / Pr** 12
épandre **T** 67
épanneler **T** 23
épanner **T** 12
épanouir **T / Pr** 35
épargner **T / Pr** 12
éparpiller **T / Pr** 12
épater **T** 12
épaufrer **T** 12
épauler **T / I,** p.p.inv. 12
épeler **T** 23
épépiner **T** 12
éperonner **T** 12
épeurer **T** 12
épicer **T** 18
épier **/ I,** p.p.inv. **/ T** 15
épierrer **T** 12
épiler **T** 12
épiloguer **I** (sur) **/ p.p.inv. / -gu- partout** 16

épincer **T**	18
épinceter **T**	27
épiner **T**	12
épingler **T**	12
épisser **T**	12
éployer **T**	31
éplucher **T**	12
épointer **T**	12
éponger **T / Pr**	17
épouiller **T**	12
époumoner **-s'- + être**	12
épouser **T**	12
épousseter **T**	27
époustoufler **T**	12
époutir **T**	35
épouvanter **T**	12
épreindre **T**	70
éprendre **-s'-** (de) **+ être**	68
éprouver **T**	12
épucer **T**	18
épuiser **T**	12
épurer **T**	12
équarrir **T**	35
équerrer **T**	12
équeuter **T**	12
équilibrer **T / Pr**	12
équiper **T / Pr**	12
équivaloir **Ti** (à) **/ p.p.inv.**	56
équivoquer **I / p.p.inv.**	16
éradiquer **T**	16
érafler **T**	12
érailler **T**	12
éreinter **T**	12
ergoter **I / p.p.inv.**	12
ériger **T / Pr**	17
éroder **T**	12
érotiser **T**	12
errer **I / p.p.inv.**	12
éructer **I,** p.p.inv. / **T**	12
esbigner **-s'- + être**	12
esbroufer **T**	12
escalader **T**	12
escaloper **T**	12
escamoter **T**	12
escarrifier **T**	15
escher **T**	12
esclaffer **-s'- + être**	12
escompter **T**	12
escorter **T**	12
escrimer **-s'-** (à) **+ être**	12
escroquer **T**	16
espacer **T**	18
espérer **T / Ti** (en), p.p.inv.	20
espionner **T**	12
esquicher **T**	12
esquinter **T**	12
esquisser **T**	12
esquiver **T / Pr**	12
essaimer **I / p.p.inv.**	12
essanger **T**	17
essarter **T**	12
essayer **T / Pr** (à)	29 ou 30
essorer **T**	12
essoriller **T**	12
essoucher **T**	12
essouffler **T / Pr**	12
essuyer T	**32**
estamper **T**	12
estampiller **T**	12
ester **I / Déf :** usité seulement à l'inf. *(ester en justice)*	—
estérifier **T**	15
esthétiser **I,** p.p.inv. **/ T**	12
estimer **T / Pr**	12
estiver **T / I,** p.p.inv.	12
estomaquer **T**	16
estomper **T / Pr**	12
estoquer **T**	16
estourbir **T**	35
estrapasser **T**	12
estropier **T**	15
établer **T**	12
établir **T / Pr**	35
étager **T / Pr**	17
étalager **T**	17
étaler **T / Pr**	12
étalinguer **T** / -gu- partout	16
étalonner **T**	12
étamer **T**	12
étamper **T**	12
étancher **T**	12
étançonner **T**	12
étarquer **T**	16
étatiser **T**	12
étayer **T**	29 ou 30
éteindre **T / Pr**	70
étendre **T / Pr**	66
éterniser **T / Pr**	12

éternuer **I / p.p.inv.**	13
étêter **T**	12
éthérifier **T**	15
éthériser **T**	12
étinceler **I / p.p.inv.**	23
étioler **T / Pr**	12
étiqueter **T**	27
étirer **T / Pr**	12
étoffer **T**	12
étoiler **T**	12
étonner **T / Pr** (de)	12
étouffer **T / I,** p.p.inv. **/ Pr**	12
étouper **T**	12
étoupiller **T**	12
étourdir **T / Pr**	35
étrangler **T / Pr**	12
être I / p.p.inv.	**1**
étrécir **T**	35
étreindre **T**	70
étrenner **T / I,** p.p.inv.	12
étrésillonner **T**	12
étriller **T**	12
étriper **T**	12
étriquer **T**	16
étudier T / Pr	**15**
étuver **T**	12
euphoriser **T**	12
européaniser **T / Pr**	12
évacuer **T**	13
évader **-s'- + être**	12
évaluer **T**	13
évangéliser **T**	12
évanouir **-s'- + être**	35
évaporer **T / Pr**	12
évaser **T / Pr**	12
éveiller **T / Pr**	12
éventer **T / Pr**	12
éventrer **T**	12
évertuer **-s'-** (à) **+ être**	13
évider **T**	12
évincer **T**	18
éviscérer **T**	20
éviter **T / I,** p.p.inv.	12
évoluer **I / p.p.inv.**	13
évoquer **T**	16
exacerber **T**	12
exagérer **T / I,** p.p.inv. **/ Pr**	20
exalter **T / Pr**	12
examiner **T**	12
exaspérer **T**	20
exaucer **T**	18
excaver **T**	12
excéder **T**	20
exceller **I / p.p.inv.**	12
excentrer **T**	12
excepter **T**	12
exciper **Ti** (de) **/ p.p.inv.**	12
exciser **T**	12
exciter **T / Pr**	12
exclamer **-s'- + être**	12
exclure **T**	94
excommunier **T**	15
excorier **T**	15
excréter **T**	20
excursionner **I / p.p.inv.**	12
excuser **T / Pr**	12
exécrer **T**	20
exécuter **T / Pr**	12
exemplifier **T**	15
exempter **T**	12
exercer **T / Pr**	18
exfiltrer **T**	12
exfolier **T**	15
exhaler **T / Pr**	12
exhausser **T**	12
exhéréder **T**	20
exhiber **T / Pr**	12
exhorter **T**	12
exhumer **T**	12
exiger **T**	17
exiler **T / Pr**	12
exister **I / p.p.inv.**	12
exonder **-s'- + être**	12
exonérer **T**	20
exorciser **T**	12
expatrier **T / Pr**	15
expectorer **T**	12
expédier **T**	15
expérimenter **T**	12
expertiser **T**	12
expier **T**	15
expirer **T / I,** p.p.inv.	12
expliciter **T**	12
expliquer **T / Pr**	16
exploiter **T**	12
explorer **T**	12
exploser **I / p.p.inv.**	12
exporter **T**	12
exposer **T / Pr**	12
exprimer **T / Pr**	12
exproprier **T**	15
expulser **T**	12

expurger **T**	17
exsuder **I,** p.p.inv. / **T**	12
extasier **-s'- + être**	15
exténuer **T / Pr**	13
extérioriser **T / Pr**	12
exterminer **T**	12
extirper **T / Pr**	12
extorquer **T**	16
extrader **T**	12
extraire **T / Pr** (de) / **Déf :** pas de passé simple, pas de subj. imparf.	90
extrapoler **T / I,** p.p.inv.	12
extravaguer **I / p.p.inv.** / -gu- partout	16
extravaser **-s'- + être**	12
extruder **T / I,** p.p.inv.	12
exulcérer **T**	20
exulter **I / p.p.inv.**	12

F

fabriquer **T**	16
fabuler **I / p.p.inv.**	12
facetter **T**	12
fâcher **T / Pr**	12
faciliter **T**	12
façonner **T / Pr**	12
factoriser **T**	12
facturer **T**	12
fagoter **T / Pr**	12
faiblir **I / p.p.inv.**	35
failler **-se- + être**	12
faillir **I / Ti** (à) / **p.p.inv.** / **Déf :** usité surtout à l'inf. et aux temps composés *(j'ai failli…)*	47
fainéanter **I / p.p.inv.**	12
faire T / Pr	**5**
faisander **T / Pr**	12
falloir U / p.p.inv. / Pr uniquement dans certaines expressions (*il s'en fallut de peu…*)	**11**
falsifier **T**	15
faluner **T**	12
familiariser **T / Pr** (avec)	12
fanatiser **T**	12
faner **T / Pr**	12
fanfaronner **I / p.p.inv.**	12
fantasmer **I / p.p.inv.**	12
farcir **T / Pr**	35
farder **T / Pr**	12
farfouiller **I / p.p.inv.**	12
fariner **T**	12
farter **T**	12
fasciner **T**	12
fasciser **T**	12
faseyer **I / p.p.inv.**	30
fatiguer **T / I,** p.p.inv. / **Pr** / -gu- partout	16
faucarder **T**	12
faucher **T**	12
faufiler **T / Pr**	12
fausser **T**	12
fauter **I / p.p.inv.**	12
favoriser **T**	12
faxer **T**	12
fayoter **I / p.p.inv.**	12
féconder **T**	12
féculer **T**	12
fédéraliser **T**	12
fédérer **T**	20
feindre **T / I,** p.p.inv.	70
feinter **T / I,** p.p.inv.	12
fêler **T / Pr**	12
féliciter **T / Pr** (de)	12
féminiser **T / Pr**	12
fendiller **T / Pr**	12
fendre **T / Pr**	66
fenêtrer **T**	12
férir **T / Déf. :** usité seulement à l'inf. prés. *(sans coup férir)* et au part. passé *(féru/ue/us/ues)*	—
ferler **T**	12
fermenter **I / p.p.inv.**	12
fermer **T / I,** p.p.inv.	12
ferrailler **I,** p.p.inv. / **T**	12
ferrer **T**	12
ferrouter **T**	12
fertiliser **T**	12
fesser **T**	12
festonner **T**	12
festoyer **I / p.p.inv.**	31
fêter **T**	12
feuiller **I / p.p.inv.**	12
feuilleter **T**	27
feuler **I / p.p.inv.**	12
feutrer **T / I,** p.p.inv. / **Pr**	12

fiabiliser **T**	12
fiancer **T / Pr**	18
ficeler **T**	23
fiche **Pr** (de) / Part. passé : *fichu/ue/us/ues*	12
ficher **T**	12
fidéliser **T**	12
fienter **I / p.p.inv.**	12
fier **-se-** (à) **+ être**	15
figer **T**	17
fignoler **T / I,** p.p.inv.	12
figurer **T / I,** p.p.inv. / **Pr**	12
filer **T / I,** p.p.inv.	12
fileter **T**	28
filialiser **T**	12
filigraner **T**	12
filmer **T**	12
filocher **I / p.p.inv.**	12
filouter **T**	12
filtrer **T / I,** p.p.inv.	12
finaliser **T**	12
financer **T**	18
finasser **I / p.p.inv.**	12
finir T / I, p.p.inv.	**35**
fiscaliser **T**	12
fissionner **T / I,** p.p.inv.	12
fissurer **T**	12
fixer **T / Pr**	12
flageller **T**	12
flageoler **I / p.p.inv.**	12
flagorner **T**	12
flairer **T**	12
flamber **I,** p.p.inv. / **T**	12
flamboyer **I / p.p.inv.**	31
flancher **I / p.p.inv.**	12
flâner **I / p.p.inv.**	12
flanquer **T**	16
flasher **Ti** (sur), p.p.inv. / **T**	12
flatter **T / Pr** (de)	12
flécher **T**	20
fléchir **T / I,** p.p.inv.	35
flemmarder **I / p.p.inv.**	12
flétrir **T / Pr**	35
fleurer **T / I,** p.p.inv.	12
fleureter **I / p.p.inv.**	27
fleurir **I,** p.p.inv. / **T**	35
flexibiliser **T**	12
flibuster **I / p.p.inv.**	12
flinguer **T / Pr** / -gu- partout	16
flipper **I / p.p.inv.**	12
flirter **I / p.p.inv.**	12
floconner **I / p.p.inv.**	12
floculer **I / p.p.inv.**	12
floquer **T**	16
flotter **I,** p.p.inv. / **T** / **U,** p.p.inv.	12
flouer **T**	13
fluctuer **I / p.p.inv.**	13
fluer **I / p.p.inv.**	13
fluidifier **T**	15
fluidiser **T**	12
flûter **I / p.p.inv.**	12
focaliser **T**	12
foirer **I / p.p.inv.**	12
foisonner **I / p.p.inv.**	12
folâtrer **I / p.p.inv.**	12
folioter **T**	12
fomenter **T**	12
foncer **T / I,** p.p.inv.	18
fonctionnaliser **T**	12
fonctionnariser **T**	12
fonctionner **I / p.p.inv.**	12
fonder **T / Pr** (sur)	12
fondre **T / I,** p.p.inv. / **Pr**	66
forcer **T / I,** p.p.inv. / **Pr**	18
forcir **I / p.p.inv.**	35
forclore **T / Déf :** usité seulement à l'inf. et au part. passé	—
forer **T**	12
forfaire **Ti** (à) / **p.p.inv. / Déf :** usité seulement à l'inf. prés., au sing. de l'ind. prés., au part. passé et aux temps composés	5
forger **T**	17
forjeter **T / I,** p.p.inv.	27
forlancer **T**	18
forligner **I / p.p.inv.**	12
forlonger **T**	17
formaliser **T / Pr**	12
formater **T**	12
former **T / Pr**	12
formoler **T**	12
formuler **T**	12
forniquer **I / p.p.inv.**	16
fortifier **T**	15
fossiliser **T / Pr**	12
fossoyer **T**	31
fouailler **T**	12
foudroyer **T**	31

fouetter **T / I,** p.p.inv. 12
fouger **T / I,** p.p.inv. 17
fouiller **T / I,** p.p.inv **/ Pr** 12
fouiner **I / p.p.inv.** 12
fouir **T** 35
fouler **T / Pr** 12
foulonner **T** 12
fourbir **T** 35
fourcher **I / p.p.inv.** 12
fourgonner **I / p.p.inv.** 12
fourguer **T / -gu- partout** 16
fourmiller **I / Ti** (de) **/ p.p.inv.** 12
fournir **T / Ti** (à), p.p.inv. **/ Pr** 35
fourrager **I / p.p.inv.** 17
fourrer **T / Pr** 12
fourvoyer **T / Pr** 31
foutre **T / Pr** (de) **/ Déf :** inusité au passé simple et au subj. imparf. 66
fracasser **T** 12
fractionner **T** 12
fracturer **T** 12
fragiliser **T** 12
fragmenter **T** 12
fraîchir **I / p.p.inv.** 35
fraiser **T** 12
framboiser **T** 12
franchir **T** 35
franchiser **T** 12
franciser **T** 12
francophoniser **T /** Québec 12
franger **T** 17
fransquillonner **I / p.p.inv. /** Belgique 12
frapper **T / I,** p.p.inv. **/ Pr** 12
fraser **T** 12
fraterniser **I / p.p.inv.** 12
frauder **T / I,** p.p.inv. 12
frayer **T / Ti** (avec), p.p.inv. **/ I,** p.p.inv. 29 ou 30
fredonner **T / I,** p.p.inv. 12
frégater **T** 12
freiner **T / I,** p.p.inv. 12
frelater **T** 12
frémir **I / p.p.inv.** 35
fréquenter **T / I,** p.p.inv., Afrique 12
fréter **T** 20
frétiller **I / p.p.inv.** 12
fretter **T** 12
fricasser **T** 12
fricoter **T / Ti** (avec), p.p.inv. 12
frictionner **T** 12
frigorifier **T** 15
frimer **I / p.p.inv.** 12
fringuer **T / Pr / -gu- partout** 16
friper **T** 12
frire **T / I,** p.p.inv. **/ Déf** 100
friser **T / I,** p.p.inv. 12
frisotter **T / I,** p.p.inv. 12
frissonner **I / p.p.inv.** 12
fritter **T** 12
froisser **T / Pr** 12
frôler **T** 12
froncer **T** 18
fronder **T** 12
frotter **T / I,** p.p.inv. **/ Pr** (à) 12
frouer **I / p.p.inv.** 13
froufrouter **I / p.p.inv.** 12
fructifier **I / p.p.inv.** 15
frustrer **T** 12
fuguer **I / p.p.inv. / -gu- partout** 16
fuir I, p.p.inv. **/ T** **40**
fulgurer **I / p.p.inv.** 12
fulminer **I,** p.p.inv. **/ T** 12
fumer **I,** p.p.inv. **/ T** 12
fumiger **T** 17
fureter **I / p.p.inv.** 28
fuseler **T** 23
fuser **I / p.p.inv.** 12
fusiller **T** 12
fusionner **T / I,** p.p.inv. 12
fustiger **T** 17

G

gabarier **T** 15
gabionner **T** 12
gâcher **T** 12
gadgétiser **T** 12
gaffer **T / I,** p.p.inv. **/ Pr,** Suisse 12

gager **T**	17
gagner **T / I,** p.p.inv.	12
gainer **T**	12
galber **T**	12
galéjer **I / p.p.inv.**	20
galérer **I / p.p.inv.**	20
galeter **T**	27
galipoter **T**	12
galonner **T**	12
galoper **I / p.p.inv.**	12
galvaniser **T**	12
galvauder **T**	12
gambader **I / p.p.inv.**	12
gamberger **I,** p.p.inv. / **T**	12
gambiller **I / p.p.inv.**	12
gaminer **I / p.p.inv.**	12
gangrener **T / Pr**	25
ganser **T**	12
ganter **T / I,** p.p.inv.	12
garancer **T**	18
garantir **T**	35
garder **T / Pr** (de)	12
garer **T / Pr**	12
gargariser **-se-** (de) **+ être**	12
gargouiller **I / p.p.inv.**	12
garnir **T / Pr**	35
garrotter **T**	12
gaspiller **T**	12
gâter **T / Pr**	12
gâtifier **I / p.p.inv.**	15
gatter **T** / Suisse	12
gauchir **I,** p.p.inv. / **T**	35
gaufrer **T**	12
gauler **T**	12
gausser **-se-** (de) **+ être**	12
gaver **T / Pr** (de)	12
gazéifier **T**	15
gazer **T / I,** p.p.inv.	12
gazonner **T**	12
gazouiller **I / p.p.inv.**	12
geindre **I / p.p.inv.**	70
geler **T / I,** p.p.inv. / **U,** p.p.inv.	**25**
gélifier **T**	15
géminer **T**	12
gémir **I / p.p.inv.**	35
gemmer **T**	12
gendarmer **-se- + être**	12
gêner **T / Pr**	12
généraliser **T / Pr**	12
générer **T**	20
gerber **T / I,** p.p.inv.	12
gercer **T / Pr**	18
gérer **T**	20
germaniser **T**	12
germer **I / p.p.inv.**	12
gésir I / Déf	**49**
gesticuler **I / p.p.inv.**	12
gicler **I / p.p.inv.**	12
gifler **T**	12
gigoter **I / p.p.inv.**	12
gîter **I / p.p.inv.**	12
givrer **T**	12
glacer **T**	18
glairer **T**	12
glaiser **T**	12
glander **I / p.p.inv.**	12
glandouiller **I / p.p.inv.**	12
glaner **T**	12
glapir **I / p.p.inv.**	35
glatir **I / p.p.inv.**	35
gléner **T**	20
glisser **I,** p.p.inv. / **T / Pr**	12
globaliser **T**	12
glorifier **T / Pr** (de)	15
gloser **Ti** (sur), p.p.inv. / **T**	12
glouglouter **I / p.p.inv.**	12
glousser **I / p.p.inv.**	12
glycériner **T**	12
gober **T / Pr**	12
goberger **-se- + être**	17
godailler **I / p.p.inv.**	12
goder **I / p.p.inv.**	12
godiller **I / p.p.inv.**	12
goinfrer **-se- + être**	12
gominer **-se- + être**	12
gommer **T**	12
gondoler **T / I,** p.p.inv. / **Pr**	12
gonfler **T / I,** p.p.inv. / **Pr**	12
gorger **T**	17
gouacher **T**	12
gouailler **I / p.p.inv.**	12
goudronner **T**	12
goujonner **T**	12
goupiller **T / Pr**	12
gourer **-se- + être**	12
gourmander **T**	12
goûter **T / Ti** (à, de), p.p.inv. / **I,** p.p.inv.	12

goutter **I / p.p.inv.** 12
gouverner **T / I,** p.p.inv. 12
gracier **T** 15
graduer **T** 13
grafigner **T /** Québec 12
grailler **I,** p.p.inv. / **T** 12
graillonner **I / p.p.inv.** 12
grainer **I,** p.p.inv. / **T** 12
graisser **T / I,** p.p.inv. 12
grammaticaliser **T** 12
grandir **I,** p.p.inv. / **T** 35
graniter **T** 12
granuler **T** 12
graphiter **T** 12
grappiller **T / I,** p.p.inv. 12
grasseyer **I,** p.p.inv. / **T /** -y- partout 30
gratifier **T** 15
gratiner **T** 12
gratter **T / I,** p.p.inv. 12
graver **T** 12
gravillonner **T** 12
gravir **T** 35
graviter **I / p.p.inv.** 12
gréciser **T** 12
grecquer **T** 16
gréer **T /** -é- partout 14
greffer **T / Pr** 12
grêler **T / U,** p.p.inv. 12
grelotter **I / p.p.inv.** 12
grenader **T** 12
grenailler **T** 12
greneler **T** 23
grener **I,** p.p.inv. / **T** 25
grenouiller **I / p.p.inv.** 12
gréser **T** 20
grésiller **I / U / p.p.inv.** 12
grever **T** 25
gribouiller **I,** p.p.inv. / **T** 12
griffer **T** 12
griffonner **T** 12
grigner **I / p.p.inv.** 12
grignoter **T** 12
grillager **T** 17
griller **T / I,** p.p.inv. 12
grimacer **I / p.p.inv.** 18
grimer **T** 12
grimper **I,** p.p.inv. / **T** 12
grincer **I / p.p.inv.** 18
gripper **I,** p.p.inv. / **Pr** 12
grisailler **T / I,** p.p.inv. 12
griser **T** 12
grisoller **I / p.p.inv.** 12
grisonner **I / p.p.inv.** 12
griveler **T / I,** p.p.inv. 23
grognasser **I / p.p.inv.** 12
grogner **I / p.p.inv.** 12
grognonner **I / p.p.inv.** 12
grommeler **T / I,** p.p.inv. 23
gronder **I,** p.p.inv. / **T** 12
grossir **T / I,** p.p.inv. 35
grossoyer **T** 31
grouiller **I /** p.p.inv. / **Pr** 12
grouper **T / I,** p.p.inv. / **Pr** 12
gruger **T** 17
grumeler **-se- + être** 23
gruter **T** 12
guéer **T /** -é- partout 14
guérir **T / I,** p.p.inv. / **Pr** 35
guerroyer **I / p.p.inv.** 31
guêtrer **T** 12
guetter **T** 12
gueuler **I,** p.p.inv. / **T** 12
gueuletonner **I / p.p.inv.** 12
gueuser **I / p.p.inv.** 12
guider **T** 12
guigner **T** 12
guillemeter **T** 27
guillocher **T** 12
guillotiner **T** 12
guincher **I / p.p.inv.** 12
guinder **T** 12
guiper **T** 12
guniter **T** 12

H

habiliter **T** 12
habiller **T / Pr** 12
habiter **T / I,** p.p.inv. 12
habituer **T / Pr** (à) 13
hacher **T** 12
hachurer **T** 12
haïr T / Pr 36
halener **T** 25
haler **T** 12
hâler **T** 12

haleter **I / p.p.inv.**	28
halluciner **T**	12
hancher **T / Pr**	12
handicaper **T**	12
hannetonner **T**	12
hanter **T**	12
happer **T**	12
haranguer **T** / -gu- partout	16
harasser **T**	12
harceler **T**	25
harder **T**	12
harmoniser **T / Pr**	12
harnacher **T**	12
harponner **T**	12
hasarder **T / Pr**	12
hâter **T / Pr**	12
haubaner **T**	12
hausser **T / I,** p.p.inv., Belgique	12
haver **T**	12
havir **T**	35
héberger **T**	17
hébéter **T**	20
hébraïser **T**	12
héler **T**	20
helléniser **T**	12
hennir **I / p.p.inv.**	35
herbager **T**	17
herber **T**	12
herboriser **I / p.p.inv.**	12
hercher **I / p.p.inv.**	12
hérisser **T / Pr**	12
hériter **I,** p.p.inv. / **T** / **Ti** (de), p.p.inv.	12
herscher **I / p.p.inv.**	12
herser **T**	12
hésiter **I / p.p.inv.**	12
heurter **T / I,** p.p.inv. / **Pr** (à)	12
hiberner **I / p.p.inv.**	12
hiérarchiser **T**	12
hisser **T / Pr**	12
historier **T**	15
hiverner **I,** p.p.inv. / **T**	12
hocher **T**	12
homogénéiser **T**	12
homologuer **T** / -gu- partout	16
hongrer **T**	12
hongroyer **T**	31
honnir **T**	35
honorer **T / Pr**	12
hoqueter **I / p.p.inv.**	27
horrifier **T**	15
horripiler **T**	12
hospitaliser **T**	12
hotter **T**	12
houblonner **T**	12
houer **T**	13
houpper **T**	12
hourder **T**	12
houspiller **T**	12
housser **T**	12
houssiner **T**	12
hucher **T**	12
huer **T / I,** p.p.inv.	13
huiler **T**	12
hululer **I / p.p.inv.**	12
humaniser **T / Pr**	12
humecter **T**	12
humer **T**	12
humidifier **T**	15
humilier **T / Pr**	15
hurler **I,** p.p.inv. / **T**	12
hybrider **T**	12
hydrater **T**	12
hydrofuger **T**	17
hydrogéner **T**	20
hydrolyser **T**	12
hypertrophier **T / Pr**	15
hypnotiser **T / Pr**	12
hypostasier **T**	15
hypothéquer **T**	20

I

idéaliser **T**	12
identifier **T / Pr** (à, avec)	15
idolâtrer **T**	12
ignifuger **T**	17
ignorer **T**	12
illuminer **T**	12
illusionner **T / Pr**	12
illustrer **T / Pr**	12
imaginer **T / Pr**	12
imbiber **T / Pr** (de)	12
imbriquer **T / Pr**	16
imiter **T**	12
immatriculer **T**	12
immerger **T / Pr**	17
immigrer **I / p.p.inv.**	12
immiscer **-s'-** (dans) **+ être**	18
immobiliser **T**	12

immoler **T**	12
immortaliser **T**	12
immuniser **T**	12
impartir **T** / Usité surtout à l'inf., à l'ind. prés., au part. passé et aux temps composés	35
impatienter **T / Pr**	12
impatroniser **-s'- + être**	12
imperméabiliser **T**	12
impétrer **T**	20
implanter **T / Pr**	12
impliquer **T / Pr**	16
implorer **T**	12
imploser **I / p.p.inv.**	12
importer **I / Ti** (à) / **p.p.inv. / Déf :** usité seulement aux 3es pers. et à l'inf.	12
importer **T**	12
importuner **T**	12
imposer **T / Ti** (à), p.p.inv. / **Pr**	12
imprégner **T**	20
impressionner **T**	12
imprimer **T**	12
improviser **T**	12
impulser **T**	12
imputer **T**	12
inactiver **T**	12
inalper **-s'- + être**	12
inaugurer **T**	12
incarcérer **T**	20
incarner **T / Pr**	12
incendier **T**	15
incinérer **T**	20
inciser **T**	12
inciter **T**	12
incliner **T / Ti** (à), p.p.inv. / **Pr**	12
inclure **T**	94
incomber **Ti** (à) / **p.p.inv. / Déf :** usité à l'infinitif et aux 3es personnes	12
incommoder **T**	12
incorporer **T**	12
incrémenter **T**	12
incriminer **T**	12
incruster **T / Pr**	12
incuber **T**	12
inculper **T**	12
inculquer **T**	16
incurver **T / Pr**	12
indaguer **I / p.p.inv.** / Belgique / -gu- partout	16
indemniser **T**	12
indexer **T**	12
indifférer **T**	20
indigner **T / Pr** (de)	12
indiquer **T**	16
indisposer **T**	12
individualiser **T / Pr**	12
induire **T**	85
indulgencier **T**	15
indurer **T**	12
industrialiser **T / Pr**	12
infantiliser **T**	12
infatuer **-s'- + être**	13
infecter **T / Pr**	12
inféoder **T / Pr**	12
inférer **T**	20
inférioriser **T**	12
infester **T**	12
infiltrer **T / Pr**	12
infirmer **T**	12
infléchir **T / Pr**	35
infliger **T**	17
influencer **T**	18
influer **Ti** (sur) / **p.p.inv.**	13
informatiser **T**	12
informer **T / I,** p.p.inv. / **Pr** (de)	12
infuser **T / I,** p.p.inv.	12
ingénier **-s'-** (à) **+ être**	15
ingérer **T / Pr** (dans)	20
ingurgiter **T**	12
inhaler **T**	12
inhiber **T**	12
inhumer **T**	12
initialiser **T**	12
initier **T / Pr** (à)	15
injecter **T / Pr**	12
injurier **T**	15
innerver **T**	12
innocenter **T**	12
innover **I / p.p.inv.**	12
inoculer **T**	12
inonder **T**	12
inquiéter **T / Pr** (de)	20
inscrire **T / Pr**	81
insculper **T**	12
inséminer **T**	12

insensibiliser **T** 12
insérer **T / Pr** (dans) 20
insinuer **T / Pr** (dans) 13
insister **I / p.p.inv.** 12
insoler **T** 12
insolubiliser **T** 12
insonoriser **T** 12
inspecter **T** 12
inspirer **T / Pr** (de) 12
installer **T / Pr** 12
instaurer **T** 12
instiguer **T** / Belgique / -gu- partout 16
instiller **T** 12
instituer **T** 13
institutionnaliser **T** 12
instruire **T / Pr** 85
instrumenter **T / I,** p.p.inv. 12
insuffler **T** 12
insulter **T** 12
insupporter **T** 12
insurger **-s'-** (contre) **+ être** 17
intailler **T** 12
intégrer **T / Pr** 20
intellectualiser **T** 12
intensifier **T / Pr** 15
intenter **T** 12
interagir **I / p.p.inv.** 35
intercaler **T** 12
intercéder **I / p.p.inv.** 20
intercepter **T** 12
interclasser **T** 12
interconnecter **T** 12
interdire **T** 78
intéresser **T / Pr** (à) 12
interférer **I / p.p.inv.** 20
interfolier **T** 15
intérioriser **T** 12
interjeter **T** 27
interligner **T** 12
interloquer **T** 16
internationaliser **T** 12
interner **T** 12
interpeller T **24**
interpénétrer **-s'- + être** 20
interpoler **T** 12
interposer **T / Pr** 12
interpréter **T / Pr** 20
interroger **T** 17
interrompre **T / Pr** 72
intervenir **I / + être** 4
intervertir **T** 35
interviewer **T** 12
intimer **T** 12
intimider **T** 12
intituler **T / Pr** 12
intoxiquer **T** 16
intriguer **T / I,** p.p.inv. / -gu- partout 16
intriquer **T / Pr** 16
introduire **T / Pr** 85
introniser **T** 12
intuber **T** 12
invaginer **-s'- + être** 12
invalider **T** 12
invectiver **I,** p.p.inv. / **T** 12
inventer **T** 12
inventorier **T** 15
inverser **T** 12
invertir **T** 35
investiguer **I / p.p.inv.** / -gu- partout 16
investir **T** 35
invétérer **-s'- + être** 20
inviter **T** 12
invoquer **T** 16
ioder **T** 12
iodler **I / p.p.inv.** 12
ioniser **T** 12
iouler **I / p.p.inv.** 12
iriser **T** 12
ironiser **I / p.p.inv.** 12
irradier **I,** p.p.inv. / **T / Pr** 35
irriguer **T** / -gu- partout 16
irriter **T** 12
islamiser **T / Pr** 12
isoler **T / Pr** 12
italianiser **T** 12

J, K

jabler **T** 12
jaboter **I / p.p.inv.** 12
jacasser **I / p.p.inv.** 12
jacter **I / p.p.inv.** 12
jaillir **I / p.p.inv.** 35
jalonner **T** 12
jalouser **T** 12
japper **I / p.p.inv.** 12
jardiner **I,** p.p.inv. / **T** 12

jargonner **I / p.p.inv.** 12
jarreter **I / p.p.inv.** 27
jaser **I / p.p.inv.** 12
jasper **T** 12
jaspiner **I / p.p.inv.** 12
jauger **T / I,** p.p.inv. 17
jaunir **T / I,** p.p.inv. 35
javeler T 23
javelliser T 12
jerker **I / p.p.inv.** 12
jeter T / Pr **27**
jeûner **I / p.p.inv.** 12
jobarder **T** 12
jodler **I / p.p.inv.** 12
joindre **T / I,** p.p.inv. / **Pr** (à) **71**
jointoyer **T** 31
joncer **T** 18
joncher **T** 12
jongler **I / p.p.inv.** 12
jouailler **I / p.p.inv.** 12
jouer **I,** p.p.inv. / **T** / **Ti** (à, de, sur, avec), p.p.inv. / **Pr** (de) **13**
jouir **Ti** (de) / **I** / **p.p.inv.** 35
jouter **I / p.p.inv.** 12
jouxter **T** 12
jubiler **I / p.p.inv.** 12
jucher **T / I,** p.p.inv. / **Pr** 12
judaïser **T / Pr** 12
juger **T / Ti** (de), p.p.inv. / **Pr** 17
juguler **T** 12
jumeler **T** 23
juponner **T** 12
jurer **T / I,** p.p.inv. / **Ti** (avec), p.p.inv. / **Pr** 12
justifier **T / Ti** (de), p.p.inv. / **Pr** 15
juter **I / p.p.inv.** 12
juxtaposer **T** 12
kidnapper **T** 12
kilométrer **T** 20
klaxonner **I / p.p.inv.** 12

L

labéliser **T** 12
labelliser **T** 12
labialiser **T** 12
labourer **T** 12
lacer **T** 18
lacérer **T** 20
lâcher **T / I,** p.p.inv. 12
laïciser **T** 12
lainer **T** 12
laisser **T / Pr** 12
laitonner **T** 12
laïusser **I / p.p.inv.** 12
lambiner **I / p.p.inv.** 12
lambrisser **T** 12
lamenter **-se- + être** 12
lamer **T** 12
laminer **T** 12
lamper **T** 12
lancer **T / I,** p.p.inv. / **Pr** 18
lanciner **T / I,** p.p.inv. 12
langer **T** 17
langueyer **T** / -y- partout 30
languir **I,** p.p.inv. / **Ti** (après), p.p.inv. / **Pr** (de) 35
lanterner **I / p.p.inv.** 12
laper **I,** p.p.inv. / **T** 12
lapider **T** 12
lapiner **I / p.p.inv.** 12
laquer **T** 16
larder **T** 12
lardonner **T** 12
larguer **T** / **-gu-** partout 16
larmoyer **I / p.p.inv.** 31
lasser **T / Pr** (de) 12
latiniser **T** 12
latter **T** 12
laver **T / Pr** 12
layer **T** 29 ou 30
lécher **T** 20
légaliser **T** 12
légender **T** 12
légiférer **I / p.p.inv.** 20
légitimer **T** 12
léguer **T** / -gu- partout 20
lénifier **T** 15
léser **T** 20
lésiner **I / p.p.inv.** 12
lessiver **T** 12
lester **T** 12
leurrer **T / Pr** 12
lever **T / I,** p.p.inv. / **Pr** 25

léviger **T**	17
levretter **I / p.p.inv.**	12
lézarder **I,** p.p.inv. / **T / Pr**	12
liaisonner **T**	12
liarder **I / p.p.inv.**	12
libeller **T**	12
libéraliser **T**	12
libérer **T / Pr**	20
licencier **T**	15
licher **T**	12
liciter **T**	12
lier **T / Pr**	15
lifter **T / I,** p.p.inv.	12
ligaturer **T**	12
ligner **T**	12
lignifier **-se- + être**	15
ligoter **T**	12
liguer **T / Pr** (contre) / -gu- partout	16
limer **T / Pr**	12
limiter **T / Pr** (à, dans)	12
limoger **T**	17
liquéfier **T / Pr**	15
liquider **T**	12
lire T	**82**
liserer **T**	25
lisérer **T**	20
lisser **T**	12
lister **T**	12
liter **T**	12
lithographier **T**	15
livrer **T / Pr** (à)	12
lixivier **T**	15
lober **T / I,** p.p.inv.	12
localiser **T**	12
locher **T**	12
lock-outer **T**	12
lofer **I / p.p.inv.**	12
loger **I,** p.p.inv. / **T**	17
longer **T**	17
lorgner **T**	12
lotionner **T**	12
lotir **T**	35
louanger **T**	17
loucher **I / Ti** (sur) / **p.p.inv.**	12
louer **T / Pr** (de)	13
louper **T / I,** p.p.inv. / **U,** p.p.inv. dans l'expression familière *ça n'a pas loupé*	12
lourder **T**	12
lourer **T**	12
louver **T**	12
louveter **I / p.p.inv.**	27
louvoyer **I / p.p.inv.**	31
lover **T / Pr**	12
lubrifier **T**	15
luger **I / p.p.inv.**	17
luire **I / p.p.inv.**	85
luncher **I / p.p.inv.**	12
lustrer **T**	12
luter **T**	12
lutiner **T**	12
lutter **I / p.p.inv.**	12
luxer **T / Pr**	12
lyncher **T**	12
lyophiliser **T**	12
lyser **T**	12

M

macadamiser **T**	12
macérer **T / I,** p.p.inv.	20
mâcher **T**	12
machiner **T**	12
mâchonner **T**	12
mâchouiller **T**	12
mâchurer **T**	12
macler **T**	12
maçonner **T**	12
maculer **T**	12
madériser **-se- + être**	12
maganer **T /** Québec	12
magasiner **I / p.p.inv.** / Québec	12
magner **-se- + être**	12
magnétiser **T**	12
magnétoscoper **T**	12
magnifier **T**	15
magouiller **T / I,** p.p.inv.	12
maigrir **I,** p.p.inv. / **T**	35
mailler **T / I,** p.p.inv.	12
maintenir **T / Pr**	4
maîtriser **T / Pr**	12
majorer **T**	12
malaxer **T**	12
malléabiliser **T**	12
malmener **T**	25
malter **T**	12
maltraiter **T**	12
manager **T**	17
mandater **T**	12
mander **T**	12

Verbe	Tableau
mandriner **T**	12
mangeotter **T / I,** p.p.inv.	12
manger T / I, p.p.inv.	**17**
manier **T / Pr**	15
manifester **T / I,** p.p.inv. / **Pr**	12
manigancer **T**	18
manipuler **T**	12
manœuvrer **T / I,** p.p.inv.	12
manquer **I,** p.p.inv. / **T / Ti** (à, de), p.p.inv.	16
manucurer **T**	12
manufacturer **T**	12
manutentionner **T**	12
maquer **T**	16
maquignonner **T**	12
maquiller **T / Pr**	12
marabouter **T** / Afrique	12
marauder **I / p.p.inv.**	12
marbrer **T**	12
marchander **T / I,** p.p.inv.	12
marcher **I / p.p.inv.**	12
marcotter **T**	12
margauder **I / p.p.inv.**	12
marger **T**	17
marginaliser **T**	12
marginer **T**	12
margoter **I / p.p.inv.**	12
margotter **I / p.p.inv.**	12
marier **T / Pr**	15
mariner **T / I,** p.p.inv.	12
marivauder **I / p.p.inv.**	12
marmiter **T**	12
marmonner **I,** p.p.inv. / **T**	12
marmotter **T / I,** p.p.inv.	12
marner **T / I,** p.p.inv.	12
maronner **I / p.p.inv.**	12
maroquiner **T**	12
maroufler **T**	12
marquer **T / I,** p.p.inv.	16
marqueter **T**	27
marrer **-se- + être**	12
marteler **T**	25
martyriser **T**	12
marxiser **T**	12
masculiniser **T**	12
masquer **T / I,** p.p.inv.	16
massacrer **T**	12
masser **T / I,** p.p.inv. / **Pr**	12
massicoter **T**	12
massifier **T**	15
mastiquer **T**	16
masturber **T / Pr**	12
matcher **I,** p.p.inv. / **T**	12
matelasser **T**	12
mater **T**	12
mâter **T**	12
matérialiser **T / Pr**	12
materner **T**	12
materniser **T**	12
mathématiser **T**	12
mâtiner **T**	12
matir **T**	35
matraquer **T**	16
matricer **T**	18
maudire T	**79**
maugréer **I,** p.p.inv. / **T /** -é- partout	14
maximaliser **T**	12
maximiser **T**	12
mazer **T**	12
mazouter **T / I,** p.p.inv.	12
mécaniser **T**	12
mécher **T**	20
méconduire **-se- + être /** Belgique ; Zaïre	85
méconnaître **T**	75
mécontenter **T**	12
médailler **T**	12
médiatiser **T**	12
médicaliser **T**	12
médire Ti (de) **/ p.p.inv.**	**78**
méditer **T / Ti** (sur), p.p.inv. **/ I,** p.p.inv.	12
méduser **T**	12
méfier **-se-** (de) **+ être**	15
mégir **T**	35
mégisser **T**	12
mégoter **I / p.p.inv.**	12
méjuger **T / Ti** (de), p.p.inv. / **Pr**	17
mélanger **T**	17
mêler **T / Pr**	12
mémérer **I / p.p.inv. /** Québec	12
mémoriser **T**	12
menacer **T**	18
ménager **T / Pr**	17
mendier **I,** p.p.inv. / **T**	15

mendigoter **T / I,** p.p.inv. 12
mener **T / I,** p.p.inv. 25
mensualiser **T** 12
mentaliser **T** 12
mentionner **T** 12
mentir **I / p.p.inv.** 38
menuiser **T / I,** p.p.inv. 12
méprendre **-se-** (sur) **+ être** 68
mépriser **T** 12
merceriser **T** 12
merder **I,** p.p.inv. / **T** 12
merdoyer **I / p.p.inv.** 31
meringuer **T** / -gu- partout 16
mériter **T / Ti** (de), p.p.inv. 12
mésallier **-se- + être** 15
mésestimer **T** 12
messeoir **Ti** (à) **/ p.p.inv. / Déf** 61
mesurer **T / Pr** (à, avec) 12
mésuser **Ti** (de) **/ p.p.inv.** 12
métaboliser **T** 12
métalliser **T** 12
métamorphiser **T** 12
métamorphoser **T / Pr** 12
métastaser **T / I,** p.p.inv. 12
météoriser **I / p.p.inv.** 12
méthaniser **T** 12
métisser **T** 12
métrer **T** 20
mettre T / Pr (à, en) **6**
meubler **T / I,** p.p.inv. 12
meugler **I / p.p.inv.** 12
meuler **T** 12
meurtrir **T** 35
miauler **I / p.p.inv.** 12
microfilmer **T** 12
mignoter **T** 12
migrer **I / p.p.inv.** 12
mijoter **T / I,** p.p.inv. 12
militariser **T** 12
militer **I / p.p.inv.** 12
millésimer **T** 12
mimer **T / I,** p.p.inv. 12
minauder **I / p.p.inv.** 12
mincir **I,** p.p.inv. / **T** 35
miner **T** 12
minéraliser **T** 12
miniaturiser **T** 12
minimaliser **T** 12
minimiser **T** 12
minorer **T** 12
minuter **T** 12
mirer **T / Pr** (dans) 12
miroiter **I / p.p.inv.** 12
miser **T / Ti** (sur), p.p.inv. / **I,** p.p.inv., Suisse 12
miter **-se- + être** 12
mithridatiser **T** 12
mitiger **T** 17
mitonner **I,** p.p.inv. / **T** 12
mitrailler **T** 12
mixer **T** 12
mixtionner **T** 12
mobiliser **T / Pr** 12
modeler **T / Pr** (sur) 25
modéliser **T** 12
modérer **T / Pr** 20
moderniser **T / Pr** 12
modifier **T** 15
moduler **T / I,** p.p.inv. 12
moffler **T** / Belgique 12
moirer **T** 12
moiser **T** 12
moisir **I,** p.p.inv. / **T** 35
moissonner **T** 12
moitir **T** 35
molester **T** 12
moleter **T** 27
molletonner **T** 12
mollir **I,** p.p.inv. / **T** 35
momifier **T / Pr** 15
monder **T** 12
mondialiser **T** 12
monétiser **T** 12
monnayer **T** 29 ou 30
monologuer **I / p.p.inv.** / -gu- partout 16
monopoliser **T** 12
monter **I + être / T + avoir / Pr** 12
montrer **T / Pr** 12
moquer **T / Pr** (de) 16
moquetter **T** 12
moraliser **T / I,** p.p.inv. 12
morceler **T** 23
mordancer **T** 18
mordiller **T** 12
mordorer **T** 12

mordre **T / Ti** (à), p.p.inv. / **Pr** 66
morfler **I / p.p.inv.** 12
morfondre **-se- + être** 66
morguer **T / -gu-** partout 16
morigéner **T** 20
mortaiser **T** 12
mortifier **T** 15
motionner **I / p.p.inv.** 12
motiver **T** 12
motoriser **T** 12
motter **-se- + être** 12
moucharder **T / I,** p.p.inv. 12
moucher **T / Pr** 12
moucheronner **I / p.p.inv.** 12
moucheter **T** 27
moudre T **96**
moufeter **I / p.p.inv.** 12
moufter **I / p.p.inv.** 12
mouiller **T / I,** p.p.inv. / **Pr** 12
mouler **T** 12
mouliner **T** 12
moulurer **T** 12
mourir I / Pr / + être **43**
mousser **I / p.p.inv.** 12
moutonner **I / p.p.inv.** 12
mouvementer **T** 12
mouvoir **T / Pr** 55
moyenner **T** 12
muer **I,** p.p.inv. / **T / Pr** (en) 13
mugir **I / p.p.inv.** 35
multiplier **T / I,** p.p.inv. / **Pr** 15
municipaliser **T** 12
munir **T / Pr** (de) 35
murer **T / Pr** 12
mûrir **I,** p.p.inv. / **T** 35
murmurer **I,** p.p.inv. / **T** 12
musarder **I / p.p.inv.** 12
muscler **T** 12
museler **T** 23
muser **I / p.p.inv.** 12
musiquer **T** 16
musser **T** 12
muter **T / I,** p.p.inv. 12
mutiler **T** 12
mutiner **-se- + être** 12
mutualiser **T** 12
mystifier **T** 15
mythifier **T** 15

N

nacrer **T** 12
nager **I,** p.p.inv. / **T** 17
naître I / + être **76**
nanifier **T** 15
naniser **T** 12
nantir **T / Pr** (de) 35
napper **T** 12
narguer **T / -gu-** partout 16
narrer **T** 12
nasaliser **T** 12
nasiller **T / p.p.inv.** 12
nationaliser **T** 12
natter **T** 12
naturaliser **T** 12
naufrager **I / p.p.inv.** 17
naviguer **I / p.p.inv. / -gu-** partout 16
navrer **T** 12
néantiser **T** 12
nébuliser **T** 12
nécessiter **T** 12
nécroser **T / Pr** 12
négliger **T / Pr** 17
négocier **T / I,** p.p.inv. 15
neiger **U / p.p.inv.** 17
nervurer **T** 12
nettoyer **T** 31
neutraliser **T / Pr** 12
niaiser **I / p.p.inv.** / Québec 12
nicher **I,** p.p.inv. / **Pr** 12
nickeler **T** 23
nidifier **I / p.p.inv.** 15
nieller **T** 12
nier **T** 15
nimber **T** 12
nipper **T / Pr** 12
nitrater **T** 12
nitrer **T** 12
nitrifier **T** 15
nitrurer **T** 12
niveler **T** 23
noircir **T / I,** p.p.inv. / **Pr** 35
noliser **T** 12

nomadiser **I / p.p.inv.** 12
nombrer **T** 12
nominaliser **T** 12
nominer **T** 12
nommer **T / Pr** 12
nonupler **T** 12
nordir **I / p.p.inv.** 35
normaliser **T / Pr** 12
noter **T** 12
notifier **T** 15
nouer **T** 13
nourrir **T / Pr** (de) 35
nover **T** 12
noyauter **T** 12
noyer **T / Pr** 31
nuancer **T** 18
nucléariser **T** 12
nuer **T** 13
nuire **Ti** (à) / **p.p.inv.** 85
numériser **T** 12
numéroter **T / I,** p.p.inv. 12

O

obéir **Ti** (à) / **p.p.inv.** sauf à la voix passive : *elles ont été obéies* 35
obérer **T** 20
objecter **T** 12
objectiver **T** 12
obliger **T** 17
obliquer **I / p.p.inv.** 16
oblitérer **T** 20
obnubiler **T** 12
obombrer **T** 12
obscurcir **T / Pr** 35
obséder **T** 20
observer **T / Pr** 12
obstiner **-s'- + être** 12
obstruer **T** 13
obtempérer **Ti** (à) / **p.p.inv.** 20
obtenir **T** 4
obturer **T** 12
obvenir **I / + être** 4
obvier **Ti** (à) / **p.p.inv.** 15
occasionner **T** 12
occidentaliser **T** 12
occire **T / Déf :** usité seulement à l'inf., au part. passé et aux temps composés —
occlure **T** 94
occulter **T** 12
occuper **T / Pr** (de) 12
ocrer **T** 12
octavier **I / p.p.inv.** 15
octroyer **T / Pr** 31
octupler **T** 12
œilletonner **T** 12
œuvrer **I / p.p.inv.** 12
offenser **T / Pr** (de) 12
officialiser **T** 12
officier **I / p.p.inv.** 15
offrir **T / Pr** 45
offusquer **T / Pr** (de) 16
oindre **T /** Usité surtout à l'inf. et au part. passé 71
oiseler **I / p.p.inv.** 23
ombrager **T** 17
ombrer **T** 12
omettre **T** 6
ondoyer **I,** p.p.inv. / **T** 31
onduler **I,** p.p.inv. / **T** 12
opacifier **T** 15
opaliser **T** 12
opérer **T / I,** p.p.inv. / **Pr** 20
opiacer **T** 18
opiner **Ti / p.p.inv.** 12
opposer **T / Pr** (à) 12
oppresser **T** 12
opprimer **T** 12
opter **I** (pour, en faveur de) / **p.p.inv.** 12
optimaliser **T** 12
optimiser **T** 12
oraliser **T** 12
orbiter **I / p.p.inv.** 12
orchestrer **T** 12
ordonnancer **T** 18
ordonner **T** 12
organiser **T / Pr** 12
organsiner **T** 12
orienter **T / Pr** 12
ornementer **T** 12
orner **T** 12
orthographier **T** 15
osciller **I / p.p.inv.** 12
oser **T** 12
ossifier **-s'- + être** 15
ôter **T / Pr** 12
ouater **T** 12
ouatiner **T** 12

P

parodier **T** 15
parquer **T / I,** p.p.inv. 16
parqueter **T** 27
parrainer **T** 12
parsemer **T** 25
partager **T** 17
participer **Ti** (à) / **p.p.inv.** 12
particulariser **T** 12
partir I / + être 38
parvenir **I / + être** 4
passementer **T** 12
passer **I / T / Pr** (de) / **+ être ou avoir** sauf à la voix pronominale : toujours *être* 12
passionner **T / Pr** (pour) 12
passiver **T** 12
pasteuriser **T** 12
pasticher **T** 12
patauger **I / p.p.inv.** 17
pateliner **I / p.p.inv.** 12
patenter **T** 12
patienter **I / p.p.inv.** 12
patiner **I,** p.p.inv. / **T / Pr** 12
pâtir **I / p.p.inv.** 35
pâtisser **I / p.p.inv.** 12
patoiser **I / p.p.inv.** 12
patouiller **I,** p.p.inv. / **T** 12
patronner **T** 12
patrouiller **I / p.p.inv.** 12
pâturer **T / I,** p.p.inv. 12
paumer **T / Pr** 12
paumoyer **T** 31
paupériser **T** 12
pauser **I / p.p.inv.** 12
pavaner **-se- + être** 12
paver **T** 12
pavoiser **T / I,** p.p.inv. 12
payer T / I, p.p.inv. / **Pr 29 ou 30**
peaufiner **T** 12
pécher **I / p.p.inv.** 20
pêcher **T** 12
pécloter **I / p.p.inv.** / Suisse 12
pédaler **I / p.p.inv.** 12
peigner **T / Pr** 12
peindre T / Pr 70
peiner **T / I,** p.p.inv. 12
peinturer **T** 12
peinturlurer **T** 12
peler **T / I,** p.p.inv. 25
peller **T** / Suisse 12
pelleter **T** 27
pelliculer **T** 12
peloter **T** 12
pelotonner **T / Pr** 12
pelucher **I / p.p.inv.** 12
pénaliser **T** 12
pencher **T / I,** p.p.inv. / **Pr** 12
pendiller **I / p.p.inv.** 12
pendouiller **I / p.p.inv.** 12
pendre **T / I,** p.p.inv. / **Pr** 66
penduler **I / p.p.inv.** 12
pénétrer **T / I,** p.p.inv. / **Pr** (de) 20
penser **I,** p.p.inv. / **Ti** (à), p.p.inv. / **T** 12
pensionner **T** 12
pépier **I / p.p.inv.** 15
percer **T / I,** p.p.inv. 18
percevoir **T** 51
percher **I,** p.p.inv. / **T / Pr** 12
percuter **T / I,** p.p.inv. 12
perdre **T / I,** p.p.inv. / **Pr** 66
perdurer **I / p.p.inv.** 12
pérenniser **T** 12
perfectionner **T / Pr** 12
perforer **T** 12
perfuser **T** 12
péricliter **I / p.p.inv.** 12
périmer **-se- + être** 12
périr **I / p.p.inv.** 35
perler **T / I,** p.p.inv. 12
permettre **T / Pr** 6
permuter **T / I,** p.p.inv. 12
pérorer **I / p.p.inv.** 12
peroxyder **T** 12
perpétrer **T** 20
perpétuer **T / Pr** 13
perquisitionner **I,** p.p.inv. / **T** 12
persécuter **T** 12
persévérer **I / p.p.inv.** 20
persifler **T** 12
persister **I** (dans, à + inf.) / **p.p.inv.** 12
personnaliser **T** 12
personnifier **T** 15

persuader **T / Pr** (de)	12
perturber **T**	12
pervertir **T / Pr**	35
pervibrer **T**	12
peser **T / I,** p.p.inv.	25
pester **I / p.p.inv.**	12
pétarader **I / p.p.inv.**	12
péter **I,** p.p.inv. / **T**	20
pétiller **I / p.p.inv.**	12
petit-déjeuner **I / p.p.inv.**	12
pétitionner **I / p.p.inv.**	12
pétouiller **I / p.p.inv.** / Suisse	12
pétrifier **T**	15
pétrir **T**	35
pétuner **I / p.p.inv.**	12
peupler **T / Pr**	12
phagocyter **T**	12
philosopher **I / p.p.inv.**	12
phosphater **T**	12
phosphorer **I / p.p.inv.**	12
photocomposer **T**	12
photocopier **T**	15
photographier **T**	15
phraser **T**	12
piaffer **I / p.p.inv.**	12
piailler **I / p.p.inv.**	12
pianoter **I / p.p.inv.**	12
piauler **I / p.p.inv.**	12
picoler **T**	12
picorer **T**	12
picoter **T**	12
piéger **T**	21
piéter **I / p.p.inv.**	20
piétiner **I,** p.p.inv. / **T**	12
pieuter **-se- + être**	12
pifer **T**	12
piffer **T**	12
pigeonner **T**	12
piger **T**	17
pigmenter **T**	12
pignocher **I / p.p.inv.**	12
piler **T / I,** p.p.inv.	12
piller **T**	12
pilonner **T**	12
piloter **T**	12
plmenter **T**	12
pinailler **I / p.p.inv.**	12
pincer **T**	18
pinter **I,** p.p.inv. / **T / Pr**	12
piocher **T**	12
pioncer **I / p.p.inv.**	18
piorner **I / p.p.inv.** / Suisse	12
piper **T**	12
pique-niquer **I / p.p.inv.**	16
piquer **T / I,** p.p.inv. / **Pr**	16
piqueter **T / I,** p.p.inv., Québec	27
pirater **T / I,** p.p.inv.	12
pirouetter **I / p.p.inv.**	12
pisser **T / I,** p.p.inv.	12
pister **T**	12
pistonner **T**	12
pitonner **T / I,** p.p.inv.	12
pivoter **I / p.p.inv.**	12
placarder **T**	12
placer T / Pr	**18**
placoter **I / p.p.inv.** / Québec	12
plafonner **I,** p.p.inv. / **T**	12
plagier **T**	15
plaider **T / I,** p.p.inv.	12
plaindre **T / Pr**	69
plaire I (à) **/ U** dans des expressions figées : *s'il vous/te plaît ; plaît-il,* etc. / **Pr / p.p.inv.** même à la voix pronominale	**91**
plaisanter **I,** p.p.inv. / **T**	12
planchéier **T** / -é- partout	15
plancher **I / Ti** (sur) / **p.p.inv.**	12
planer **T / I,** p.p.inv.	12
planifier **T**	15
planquer **T / Pr**	16
planter **T / Pr**	12
plaquer **T**	16
plasmifier **T**	15
plastifier **T**	15
plastiquer **T**	16
plastronner **I / p.p.inv.**	12
platiner **T**	12
plâtrer **T**	12
plébisciter **T**	12
pleurer **I,** p.p.inv. / **T**	12
pleurnicher **I / p.p.inv.**	12
pleuvasser **U / p.p.inv.**	12
pleuviner **U / p.p.inv.**	12

pleuvoir U / I / p.p.inv. **62**
pleuvoter **U / p.p.inv.** 12
plier **T / I,** p.p.inv. **/ Pr** (à) 15
plisser **T / I,** p.p.inv. 12
plomber **T** 12
plonger **T / I,** p.p.inv. **/ Pr** 17
ployer **T / I,** p.p.inv. 31
plucher **I / p.p.inv.** 12
plumer **T** 12
pluviner **U / p.p.inv.** 12
pocharder **-se- + être** 12
pocher **T** 12
poêler **T** 12
poétiser **T** 12
poignarder **T** 12
poiler **-se- + être** 12
poinçonner **T** 12
poindre **I / Déf :** usité seulement à l'ind. prés., au part. prés. et à la 3e pers. du sing. des temps simples 71
pointer **T / I,** p.p.inv. **/ Pr** 12
pointiller **I,** p.p.inv. **/ T** 12
poireauter **I / p.p.inv.** 12
poiroter **I / p.p.inv.** 12
poisser **T** 12
poivrer **T / Pr** 12
polariser **T / Pr** (sur) 12
polémiquer **I / p.p.inv.** 16
policer **T** 18
polir **T** 35
polissonner **I / p.p.inv.** 12
politiser **T** 12
polluer **T** 13
polycopier **T** 15
polymériser **T** 12
pommader **T** 12
pommeler **-se- + être** 23
pommer **I / p.p.inv.** 12
pomper **T** 12
pomponner **T / Pr** 12
poncer **T** 18
ponctionner **T** 12
ponctuer **T** 13
pondérer **T** 20
pondre **T** 66
ponter **I,** p.p.inv. **/ T** 12
pontifier **I / p.p.inv.** 15
populariser **T** 12
poquer **I / p.p.inv.** 16
porter **T / I,** p.p.inv. **/ Pr** 12
portraiturer **T** 12
poser **T / I,** p.p.inv. **/ Pr** 12
positionner **T / Pr** 12
posséder **T / Pr** 20
postdater **T** 12
poster **T / Pr** 12
postillonner **I / p.p.inv.** 12
postposer **T** 12
postsynchroniser **T** 12
postuler **T / I,** p.p.inv. 12
potasser **T** 12
potentialiser **T** 12
potiner **I / p.p.inv.** 12
poudrer **T** 12
poudroyer **I / p.p.inv.** 31
pouffer **I / p.p.inv.** 12
pouliner **I / p.p.inv.** 12
pouponner **I / p.p.inv.** 12
pourchasser **T** 12
pourfendre **T** 66
pourlécher **-se- + être** 20
pourrir **I,** p.p.inv. **/ T** 35
poursuivre **T** 86
pourvoir Ti (à), p.p.inv. **/ T / Pr** (de, en) **54**
pousser **T / I,** p.p.inv. **/ Pr** 12
poutser **T /** Suisse 12
pouvoir T / U + être au pronominal : *il se peut que* (+ subj.) **/ p.p.inv. / Déf :** pas d'impér. **7**
praliner **T** 12
pratiquer **T / Pr** 16
préaviser **T** 12
précariser **T** 12
précautionner **-se- + être** 12
précéder **T** 20
préchauffer **T** 12
prêcher **T / I,** p.p.inv. 12
précipiter **T / I,** p.p.inv. **/ Pr** 12
préciser **T / Pr** 12
précompter **T** 12
préconiser **T** 12

prédestiner **T**	12
prédéterminer **T**	12
prédiquer **T**	16
prédire **T**	78
prédisposer **T**	12
prédominer **I / p.p.inv.**	12
préétablir **T**	35
préexister **I / p.p.inv.**	12
préfacer **T**	18
préférer **T**	20
préfigurer **T**	12
préfixer **T**	12
préformer **T**	12
préjuger **T / Ti** (de), p.p.inv.	17
prélasser **-se- + être**	12
prélever **T**	25
préluder **I / Ti** (à) / **p.p.inv.**	12
préméditer **T**	12
prémunir **T / Pr** (contre)	35
prendre T / I, p.p.inv. / **Pr** (à, de, pour)	**68**
prénommer **T**	12
préoccuper **T / Pr** (de)	12
préparer **T / Pr**	12
prépayer **T**	29 ou 30
préposer **T**	12
prérégler **T**	20
présager **T**	17
prescrire **T / Pr**	81
présélectionner **T**	12
présenter **T / I,** p.p.inv. / **Pr**	12
préserver **T**	12
présider **T / Ti** (à), p.p.inv.	12
pressentir **T**	38
presser **T / I,** p.p.inv. / **Pr**	12
pressurer **T / Pr**	12
pressuriser **T**	12
prester **T** / Belgique ; Zaïre	12
présumer **T / Ti** (de), p.p.inv.	12
présupposer **T**	12
présurer **T**	12
prétendre **T / Ti** (à), p.p.inv.	66
prêter **T / Ti** (à), p.p.inv. / **Pr** (à)	12
prétériter **T** / Suisse	12
prétexter **T**	12
prévaloir I, p.p.inv. / **Pr** (de)	**57**
prévariquer **I / p.p.inv.**	16
prévenir **T**	4
prévoir T	**53**
prier **T / I,** p.p.inv.	15
primer **T / Ti** (sur), p.p.inv.	12
priser **T**	12
privatiser **T**	12
priver **T / Pr** (de)	12
privilégier **T**	15
procéder **I / Ti** (à) / **p.p.inv.**	20
proclamer **T**	12
procréer **T** / -é- partout	14
procurer **T**	12
prodiguer **T** / -gu- partout	16
produire **T / Pr**	85
profaner **T**	12
proférer **T**	20
professer **T**	12
professionnaliser **T / Pr**	12
profiler **T / Pr**	12
profiter **Ti** (de, à) / **I / p.p.inv.**	12
programmer **T**	12
progresser **I / p.p.inv.**	12
prohiber **T**	12
projeter **T**	27
prolétariser **T / Pr**	12
proliférer **I / p.p.inv.**	20
prolonger **T**	17
promener **T / I,** p.p.inv. / **Pr**	25
promettre **T / I,** p.p.inv. / **Pr**	6
promouvoir **T** / Usité surtout à l'inf., au part. passé *(promu /ue/us/ues)*, aux temps composés et à la voix passive	55
promulguer **T** / -gu- partout	16
prôner **T**	12
prononcer **T / I,** p.p.inv. / **Pr**	18
pronostiquer **T**	16
propager **T / Pr**	17
prophétiser **T**	12

proportionner **T** 12
proposer **T / Pr** 12
propulser **T / Pr** 12
proroger **T** 17
proscrire **T** 81
prospecter **T** 12
prospérer **I / p.p.inv.** 20
prosterner **-se- + être** 12
prostituer **T / Pr** 13
protéger T **21**
protester **I,** p.p. inv. / **Ti** (de), p.p.inv. / **T** (langage juridique) 12
prouver **T** 12
provenir **I / + être** 4
provigner **T / I,** p.p.inv. 12
provisionner **T** 12
provoquer **T** 16
psalmodier **T / I,** p.p.inv. 15
psychanalyser **T** 12
psychiatriser **T** 12
publier **T** 15
puddler **T** 12
puer **I / T / p.p.inv.** 13
puiser **T / I,** p.p.inv. 12
pulluler **I / p.p.inv.** 12
pulser **T** 12
pulvériser **T** 12
punaiser **T** 12
punir **T** 35
purger **T / Pr** 17
purifier **T** 15
putréfier **T / Pr** 15
putter **I / p.p.inv.** 12
pyrograver **T** 12

Q

quadriller **T** 12
quadrupler **T / I,** p.p.inv. 12
qualifier **T / Pr** 15
quantifier **T** 15
quartager **T** 17
quarter **T** 12
quémander **T / I,** p.p.inv. 12
quereller **T / Pr** 12
quérir **T / Déf :** usité seulement à l'infinitif présent après *aller, envoyer, faire* et *venir* —
questionner **T** 12
quêter **T / I,** p.p.inv. 12
queuter **I / p.p.inv.** 12
quintupler **T / I,** p.p.inv. 12
quittancer **T** 18
quitter **T / I,** p.p.inv., Afrique 12

R

rabâcher **T / I,** p.p.inv. 12
rabaisser **T / Pr** 12
rabattre **T / I,** p.p.inv. / **Pr** (sur) 74
rabibocher **T / Pr** (avec) 12
rabioter **T** 12
râbler **T** 12
rabonnir **I / p.p.inv.** 35
raboter **T** 12
rabougrir **T / Pr** 35
rabouter **T** 12
rabrouer **T** 13
raccommoder **T / Pr** 12
raccompagner **T** 12
raccorder **T** 12
raccourcir **T / I,** p.p.inv. 35
raccrocher **T / I,** p.p.inv. / **Pr** (à) 12
raccuser **T** / Belgique 12
racheter **T / Pr** 28
raciner **T** 12
racketter **T** 12
racler **T / Pr** dans l'expression *se racler la gorge* 12
racoler **T** 12
raconter **T** 12
racornir **T** 35
rader **T** 12
radicaliser **T** 12
radier **T** 15
radiner **I,** p.p.inv. / **Pr** 12
radiobaliser **T** 12
radiodiffuser **T** 12
radiographier **T** 15
radioguider **T** 12

radoter **I,** p.p.inv. / **T**	12
radouber **T**	12
radoucir **T / Pr**	35
raffermir **T / Pr**	35
raffiner **T / Ti** (sur), p.p.inv.	12
raffoler **Ti** (de) / **p.p.inv.**	12
raffûter **T**	12
rafistoler **T**	12
rafler **T**	12
rafraîchir **T / I,** p.p.inv. / **Pr**	35
ragaillardir **T**	35
rager **I / p.p.inv.**	17
ragréer **T** / -é- partout	14
raguer **I / p.p.inv.** / -gu- partout	16
raidir **T / Pr**	35
railler **T**	12
rainer **T**	12
rainurer **T**	12
raire **I / p.p.inv.** / **Déf :** pas de passé simple, pas de subj. imparf.	90
raisonner **I,** p.p.inv. / **T**	12
rajeunir **T / I,** p.p.inv. / **Pr**	35
rajouter **T**	12
rajuster **T**	12
ralentir **T / I,** p.p.inv.	35
râler **I / p.p.inv.**	12
ralinguer **T / I,** p.p.inv. / -gu- partout	16
raller **I / p. p. inv.**	12
rallier **T / Pr** (à)	15
rallonger **T / I,** p.p.inv.	17
rallumer **T / Pr**	12
ramager **T / I,** p.p.inv.	17
ramasser **T / Pr**	12
ramender **T**	12
ramener **T / Pr**	25
ramer **T / I,** p.p.inv.	12
rameuter **T**	12
ramifier **T / Pr**	15
ramollir **T / Pr**	35
ramoner **T**	12
ramper **I / p.p.inv.**	12
rancarder **T / Pr** (sur)	12
rancir **I,** p.p.inv. / **T**	35
rançonner **T**	12
randomiser **T**	12
randonner **I / p.p.inv.**	12
ranger **T / Pr**	17
ranimer **T / Pr**	12
rapatrier **T**	15
râper **T**	12
rapercher **T** / Suisse	12
rapetasser **T**	12
rapetisser **T / I,** p.p.inv.	12
rapiécer T	**22**
rapiner **T / I,** p.p.inv.	12
raplatir **T**	35
rapointir **T**	35
rappareiller **T**	12
rapparier **T**	15
rappeler **T / Pr**	23
rappliquer **I / p.p.inv.**	16
rappointir **T**	35
rapporter **T / Pr** (à)	12
rapprendre **T**	68
rapprêter **T**	12
rapprocher **T / Pr** (de)	12
raquer **T**	16
raréfier **T / Pr**	15
raser **T / Pr**	12
rassasier **T**	15
rassembler **T / Pr**	12
rasseoir **T / Pr**	58 ou 59
rasséréner **T / Pr**	20
rassir **I / + être ou avoir**	35
rassortir **T**	35
rassurer **T**	12
ratatiner **T / Pr**	12
râteler **T**	23
rater **I,** p.p.inv. / **T**	12
ratiboiser **T**	12
ratifier **T**	15
ratiner **T**	12
ratiociner **I / p.p.inv.**	12
rationaliser **T**	12
rationner **T**	12
ratisser **T / I,** p.p.inv.	12
rattacher **T / Pr** (à)	12
rattraper **T / Pr**	12
raturer **T**	12
raucher **T**	12
rauquer **I / p.p.inv.**	16
ravager **T**	17
ravaler **T / Pr**	12
ravauder **T**	12
ravigoter **T**	12

ravilir **T**	35
raviner **T**	12
ravir **T**	35
raviser **-se- + être**	12
ravitailler **T**	12
raviver **T**	12
ravoir **T / Pr,** Belgique / **Déf :** usité seulement à l'inf. prés.	—
rayer **T**	30
rayonner **I,** p.p.inv. / **T**	12
razzier **T**	15
réabonner **T**	12
réabsorber **T**	12
réaccoutumer **T**	12
réactiver **T**	12
réactualiser **T**	12
réadapter **T**	12
réadmettre **T**	6
réaffirmer **T**	12
réagir **I / p.p.inv.**	35
réajuster **T**	12
réaléser **T**	20
réaligner **T**	12
réaliser **T / Pr**	12
réaménager **T**	17
réamorcer **T**	18
réanimer **T**	12
réapparaître **I / + être ou avoir**	75
réapprendre **T**	68
réapprovisionner **T**	12
réargenter **T**	12
réarmer **T / I,** p.p.inv.	12
réarranger **T**	17
réassigner **T**	12
réassortir **T**	35
réassurer **T**	12
rebaisser **I,** p.p.inv. / **T**	12
rebaptiser **T**	12
rebâtir **T**	35
rebattre **T**	74
rebeller **-se- + être**	12
rebiffer **-se- + être**	12
rebiquer **I / p.p.inv.**	16
reblanchir **T**	35
reboire **T / I,** p.p.inv.	89
reboiser **T**	12
rebondir **I / p.p.inv.**	35
reborder **T**	12
reboucher **T**	12
reboutonner **T**	12
rebroder **T**	12
rebrousser **T**	12
rebrûler **T**	12
rebuter **T**	12
recacheter **T**	27
recadrer **T**	12
recalcifier **T**	15
recalculer **T**	12
recaler **T**	12
recapitaliser **T**	12
récapituler **T**	12
recarder **T**	12
recarreler **T**	23
recaser **T**	12
recauser **Ti** (de) / **p.p.inv.**	12
recéder **T**	20
receler **T**	25
recenser **T**	12
recentrer **T**	12
receper **T**	25
recéper **T**	20
réceptionner **T**	12
recercler **T**	12
recevoir T / Pr	**51**
rechampir **T**	35
réchampir **T**	35
rechanger **T**	17
rechanter **T**	12
rechaper **T**	12
réchapper **I / Ti** (à, de) / **+ être ou avoir**	12
recharger **T**	17
rechasser **T**	12
réchauffer **T / Pr**	12
rechausser **T / Pr**	12
rechercher **T**	12
rechigner **I / Ti** (à) / **p.p.inv.**	12
rechristianiser **T**	12
rechuter **I / p.p.inv.**	12
récidiver **I / p.p.inv.**	12
réciproquer **I,** p.p.inv. / **T /** Belgique ; Zaïre	16
réciter **T**	12
réclamer **T / I,** p.p.inv. / **Pr** (de)	12
reclasser **T**	12
reclouer **T**	13
recoiffer **T / Pr**	12
récoler **T**	12
recoller **T / Ti** (à), p.p.inv.	12

récolter **T**	12
recommander **T / Pr** (de)	12
recommencer **T / I,** p.p.inv.	18
recomparaître **I / p.p.inv.**	75
récompenser **T**	12
recomposer **T**	12
recompter **T**	12
réconcilier **T / Pr** (avec)	15
recondamner **T**	12
reconduire **T**	85
réconforter **T**	12
reconnaître **T / Pr**	75
reconquérir **T**	44
reconsidérer **T**	20
reconstituer **T**	13
reconstruire **T**	85
reconvertir **T / Pr**	35
recopier **T**	15
recorder **T**	12
recorriger **T**	17
recoucher **T**	12
recoudre **T**	97
recouper **T / I,** p.p.inv.	12
recourber **T**	12
recourir **T / I,** p.p.inv. / **Ti** (à), p.p.inv.	42
recouvrer **T**	12
recouvrir **T**	45
recracher **T / I,** p.p.inv.	12
recréer **T** / -é- partout	14
récréer **T** / -é- partout	14
recrépir **T**	35
recreuser **T**	12
récrier **-se- + être**	15
récriminer **I / p.p.inv.**	12
récrire **T**	81
recristalliser **T / I,** p.p.inv.	12
recroître **I / p.p.inv.**	93
recroqueviller **-se- + être**	12
recruter **T / Pr**	12
rectifier **T**	15
recueillir **T / Pr**	46
recuire **T / I,** p.p.inv.	85
reculer **T / I,** p.p.inv.	12
reculotter **T**	12
récupérer **T / I,** p.p.inv.	20
récurer **T**	12
récuser **T / Pr**	12
recycler **T / Pr**	12
redécouvrir **T**	45
redéfaire **T**	5
redéfinir **T**	35
redemander **T**	12
redémarrer **I / p.p.inv.**	12
redéployer **T**	31
redescendre **I + être / T + avoir**	66
redevenir **I / + être**	4
redevoir **T**	10
rediffuser **T**	12
rédiger **T**	17
redimensionner **T** / Suisse	12
rédimer **T**	12
redire **T**	77
rediscuter **T**	12
redistribuer **T**	13
redonner **T**	12
redorer **T**	12
redoubler **T / Ti** (de), p.p.inv. / **I,** p.p.inv.	12
redouter **T**	12
redresser **T / I,** p.p.inv. / **Pr**	12
réduire **T / I,** p.p.inv. / **Pr** (à)	85
réécouter **T**	12
réécrire **T**	81
réédifier **T**	15
rééditer **T**	12
rééduquer **T**	16
réélire **T**	82
réembaucher **T**	12
réemployer **T**	31
réemprunter **T**	12
réengager **T / I,** p.p.inv. / **Pr**	17
réenregistrer **T**	12
réensemencer **T**	18
rééquilibrer **T**	12
réer **I / p.p.inv.** / -é- partout	14
réescompter **T**	12
réessayer **T**	29 ou 30
réétudier **T**	15
réévaluer **T**	13
réexaminer **T**	12
réexpédier **T**	15
réexporter **T**	12
refaçonner **T**	12

refaire **T / Pr** 5
refendre **T** 66
référencer **T** 18
référer **Ti** (à), p.p.inv. dans l'expression *en référer à* / **Pr** (à) 20
refermer **T** 12
refiler **T** 12
réfléchir **T / I,** p.p.inv. / **Ti** (à, sur), p.p.inv. / **Pr** (dans, sur) 35
refléter **T / Pr** (dans) 20
refleurir **I,** p.p.inv. / **T** 35
refluer **I / p.p.inv.** 13
refonder **T** 12
refondre **T** 66
reformer **T / Pr** 12
réformer **T** 12
reformuler **T** 12
refouiller **T** 12
refouler **T** 12
réfracter **T** 12
refréner **T** 20
réfréner **T** 20
réfrigérer **T** 20
refroidir **T / I,** p.p.inv. 35
réfugier **-se- + être** 15
refuser **T / I,** p.p.inv. / **Pr** 12
réfuter **T** 12
regagner **T** 12
régaler **T / Pr** 12
regarder **T / Ti** (à), p.p.inv. / **I,** p.p.inv. / **Pr** 12
regarnir **T** 35
régater **I / p.p.inv.** 12
regeler **T / U,** p.p.inv. 25
régénérer **T** 20
régenter **T** 12
regimber **I,** p.p.inv. / **Pr** 12
régionaliser **T** 12
régir **T** 35
registrer **T** 12
réglementer **T** 12
régler **T** 20
régner **I / p.p.inv.** 20
regonfler **T / I,** p.p.inv. 12
regorger **I / p.p.inv.** 17
regratter **T** 12
regréer **T** / -é- partout 14
regreffer **T** 12
régresser **I / p.p.inv.** 12
regretter **T** / -tt- partout 12
regrimper **I,** p.p.inv. / **T** 12
regrossir **I / p.p.inv.** 35
regrouper **T / Pr** 12
régulariser **T** 12
réguler **T** 12
régurgiter **T** 12
réhabiliter **T** 12
réhabituer **T** 13
rehausser **T** 12
réhydrater **T** 12
réifier **T** 15
réimperméabiliser **T** 12
réimplanter **T** 12
réimporter **T** 12
réimposer **T** 12
réimprimer **T** 12
réincarcérer **T** 20
réincarner **-se-** (dans) **+ être** 12
réincorporer **T** 12
réinscrire **T** 81
réinsérer **T** 20
réinstaller **T** 12
réintégrer **T** 20
réintroduire **T** 85
réinventer **T** 12
réinvestir **T / I,** p.p.inv. 35
réinviter **T** 12
réitérer **T / I,** p.p.inv. 20
rejaillir **I / p.p.inv.** 35
rejeter **T / I,** p.p.inv. / **Pr** 27
rejoindre **T / Pr** 71
rejointoyer **T** 31
rejouer **T / I,** p.p.inv. 13
réjouir **T / Pr** (de) 35
rejuger **T** 17
relâcher **T / I,** p.p.inv. / **Pr** 12
relaisser **-se- + être** 12
relancer **T / I,** p.p.inv. 18
rélargir **T** 35
relater **T** 12
relativiser **T** 12
relaver **T** 12
relaxer **T / Pr** 12
relayer **T / Pr** 29 ou 30
reléguer **T** / -gu- partout 20

relever **T / Ti** (de), p.p.inv. / **Pr** 25
relier **T** 15
relire **T / Pr** 82
reloger **T** 17
relouer **T** 13
reluire **I / p.p.inv.** 85
reluquer **T** 16
remâcher **T** 12
remailler **T** 12
remanger **T / I,** p.p.inv. 17
remanier **T** 15
remaquiller **T** 12
remarcher **I / p.p.inv.** 12
remarier **-se- + être** 15
remarquer **T** 16
remastiquer **T** 16
remballer **T** 12
rembarquer **T / I / Pr** (dans) 16
rembarrer **T** 12
rembaucher **T** 12
remblaver **T** 12
remblayer **T** 29 ou 30
rembobiner **T** 12
remboîter **T** 12
rembouger **T** 17
rembourrer **T** 12
rembourser **T** 12
rembrunir **-se- + être** 35
rembucher **T** 12
remédier **Ti** (à) / **p.p.inv.** 15
remembrer **T** 12
remémorer **T / Pr** 12
remercier **T** 15
remettre **T / Ti** (sur), p.p.inv., Belgique / **Pr** (à) 6
remeubler **T** 12
remilitariser **T** 12
remiser **T / Pr** 12
remmailler **T** 12
remmailloter **T** 12
remmancher **T** 12
remmener **T** 25
remmouler **T** 12
remodeler **T** 25
remonter **I + être / T + avoir / Pr** 12
remontrer **T** 12
remordre **T** 66
remorquer **T** 16
remoudre **T** 96
remouiller **T** 12
remouler **T** 12
rempailler **T** 12
rempaqueter **T** 27
rempiéter **T** 20
rempiler **T / I,** p.p.inv. 12
remplacer **T** 18
remplier **T** 15
remplir **T / Pr** 35
remployer **T / Pr** 31
remplumer **-se- + être** 12
rempocher **T** 12
rempoissonner **T** 12
remporter **T** 12
rempoter **T** 12
remprunter **T** 12
remuer **T / I,** p.p.inv. / **Pr** 13
rémunérer **T** 20
renâcler **I / p.p.inv.** 12
renaître **I / Ti** (à) / **Déf :** pas de part. passé, donc pas de temps composés 76
renauder **I / p.p.inv.** 12
rencaisser **T** 12
rencarder **T / Pr** (sur) 12
renchérir **I / p.p.inv.** 35
rencogner **T / Pr** (dans) 12
rencontrer **T / Pr** 12
rendormir **T / Pr** 37
rendosser **T** 12
rendre T / I / Pr (attention : p.p.inv. seulement dans l'expression *se rendre compte de…*) **66**
renégocier **T** 15
reneiger **U / p.p.inv.** 17
renfaîter **T** 12
renfermer **T / Pr** 12
renfiler **T** 12
renfler **T** 12
renflouer **T** 13
renfoncer **T** 18
renforcer **T** 18
renformir **T** 35
renfrogner **-se- + être** 12
rengager **T / I,** p.p.inv. / **Pr** 17

resaler **T** 12
resalir **T / Pr** 35
rescinder **T** 12
réséquer **T** 20
réserver **T / Pr** 12
résider **I / p.p.inv.** 12
résigner **T / Pr** (à) 12
résilier **T** 15
résiner **T** 12
résister **Ti** (à) **/ p.p.inv.** 12
resocialiser **T** 12
résonner **I / p.p.inv.** 12
résorber **T / Pr** 12
résoudre **T / Pr** (à) **95**
respectabiliser **T** 12
respecter **T / Pr** 12
respirer **I,** p.p.inv. / **T** 12
resplendir **I / p.p.inv.** 35
responsabiliser **T** 12
resquiller **T / I,** p.p.inv. 12
ressaigner **I / p.p.inv.** 12
ressaisir **T / Pr** 35
ressasser **T** 12
ressauter **T / I,** p.p.inv. 12
ressayer **T** 29 ou 30
ressembler **Ti** (à) **/ Pr / p.p.inv.** 12
ressemeler **T** 23
ressemer **T** 25
ressentir **T / Pr** (de) 38
resserrer **T / Pr** 12
resservir **T / I,** p.p.inv. 37
ressortir **I + être / T + avoir / Ti** (à) **+ être / U + être** 38
ressortir (= être du ressort de) **Ti** (à), **+ être** 35
ressouder **T** 12
ressourcer **-se- + être** 18
ressouvenir **-se-** (de) **+ être** 4
ressuer **I / p.p.inv.** 13
ressurgir **I / p.p.inv.** 35
ressusciter **I + être / T + avoir** 12
ressuyer **T** 32
restaurer **T / Pr** 12
rester **I / + être** 12
restituer **T** 12
restreindre **T / Pr** 70
restructurer **T** 12
résulter **Ti** (de) / **U + être ou avoir / p.p.inv. / Déf :** usité seulement à l'inf., aux 3es pers., aux part. prés. et passé 12
résumer **T / Pr** (à) 12
resurchauffer **T** 12
resurgir **I / p.p.inv.** 35
rétablir **T / Pr** 35
retailler **T** 12
rétamer **T** 12
retaper **T / Pr** 12
retarder **T / I,** p.p.inv. 12
retâter **T / Ti** (de), p.p.inv. 12
reteindre **T** 70
retendre **T** 66
retenir **T / Pr** 4
retenter **T** 12
retentir **I / p.p.inv.** 35
retercer **T** 18
reterser **T** 12
réticuler **T** 12
retirer **T / Pr** 12
retisser **T** 12
retomber **I / + être** 12
retondre **T** 66
retordre **T** 66
rétorquer **T** 16
retoucher **T / Ti** (à), p.p.inv. 12
retourner **T + avoir / I + être / Pr / U,** p.p.inv. dans l'expression *de quoi il retourne* 12
retracer **T** 18
rétracter **T / Pr** 12
retraduire **T** 85
retraiter **T** 12
retrancher **T / Pr** 12
retranscrire **T** 81
retransmettre **T** 6
retravailler **T / I,** p.p.inv. 12
retraverser **T** 12
rétrécir **T / I,** p.p.inv. **/ Pr** 35
rétreindre **T** 70
retremper **T / Pr** 12
rétribuer **T** 13

rétroagir **Ti** (sur) **/ p.p.inv.**	35
rétrocéder **T**	20
rétrograder **I,** p.p.inv. **/ T**	12
retrousser **T**	12
retrouver **T / Pr**	12
retuber **T**	12
réunifier **T**	15
réunir **T / Pr**	35
réussir **I,** p.p.inv. **/ Ti** (à), p.p.inv. **/ T**	35
réutiliser **T**	12
revacciner **T**	12
revaloir **T / Déf :** usité surtout à l'inf. présent, au futur simple et au conditionnel présent	56
revaloriser **T**	12
revancher **-se- + être**	12
revasculariser **T**	12
rêvasser **I / p.p.inv.**	12
réveiller **T / Pr**	12
réveillonner **I / p.p.inv.**	12
révéler **T / Pr**	20
revendiquer **T**	16
revendre **T**	66
revenir **I / + être**	4
rêver **I,** p.p.inv. **/ T / Ti** (à, de), p.p.inv.	12
réverbérer **T**	20
revercher **T**	12
reverdir **T / I,** p.p.inv.	35
révérer **T**	20
revernir **T**	35
reverser **T**	12
revêtir **T**	41
revigorer **T**	12
réviser **T**	12
revisiter **T**	12
revisser **T**	12
revitaliser **T**	12
revivifier **T**	15
revivre **I,** p.p.inv. **/ T**	87
revoir **T / Pr**	52
revoler **I / p.p.inv.**	12
révolter **T / Pr**	12
révolutionner **T**	12
révoquer **T**	16
revoter **T / I,** p.p.inv.	12
revouloir **T**	8
révulser **T**	12
rewriter **T**	12
rhabiller **T / Pr**	12
rhumer **T**	12
ribler **T**	12
ribouler **I / p.p.inv.**	12
ricaner **I / p.p.inv.**	12
ricocher **I / p.p.inv.**	12
rider **T / Pr**	12
ridiculiser **T**	12
rifler **T**	12
rigidifier **T**	15
rigoler **I / p.p.inv.**	12
rimailler **T / I,** p.p.inv.	12
rimer **I,** p.p.inv. **/ T**	12
rincer **T / Pr**	18
ringarder **T**	12
ringardiser **T**	12
rioter **I / p.p.inv.**	12
ripailler **I / p.p.inv.**	12
riper **T / I,** p.p.inv.	12
ripoliner **T**	12
riposter **Ti** (à), p.p.inv. **/ I,** p. p.inv. **/ T**	12
rire I / Ti (de) **/ Pr** (de) **/ p.p.inv.** même à la voix pronominale	**83**
risquer **T / Ti** (de), p.p.inv. **/ Pr**	16
rissoler **T / I,** p.p.inv.	12
ristourner **T**	12
ritualiser **T**	12
rivaliser **I / p.p.inv.**	12
river **T**	12
riveter **T**	27
rober **T**	12
robotiser **T**	12
rocher **I / p.p.inv.**	12
rocouer **T**	13
rôdailler **I / p.p.inv.**	12
roder **T**	12
rôder **I / p.p.inv.**	12
rogner **T / Ti,** p.p.inv. **/ I,** p.p.inv.	12
rognonner **I / p.p.inv.**	12
roidir **T**	35
roiller **U / p.p.inv. /** Suisse	12
romancer **T**	18
romaniser **T / I,** p.p.inv.	12
rompre T / Ti (avec), p.p.inv. **/ I,** p.p.inv. **/ Pr**	**72**

ronchonner **I / p.p.inv.** 12
ronéoter **T** 12
ronéotyper **T** 12
ronfler **I / p.p.inv.** 12
ronger **T** 17
ronronner **I / p.p.inv.** 12
roquer **I / p.p.inv.** 16
roser **T** 12
rosir **T / I,** p.p.inv. 35
rosser **T** 12
roter **I / p.p.inv.** 12
rôtir **T / I,** p.p.inv. / **Pr** 35
roucouler **I,** p.p.inv. / **T** 12
rouer **T** 13
rougeoyer **I / p.p.inv.** 31
rougir **T / I,** p.p.inv. 35
rouiller **T / I,** p.p.inv. / **Pr** 12
rouir **T** 35
rouler **T / I,** p.p.inv / **Pr** 12
roulotter **T** 12
roupiller **I / p.p.inv.** 12
rouscailler **I / p.p.inv.** 12
rouspéter **I / p.p.inv.** 20
roussir **T / I,** p.p.inv. 35
roustir **T** 35
router **T** 12
rouvrir **T / I,** p.p.inv. 45
rubaner **T** 12
rubéfier **T** 15
rubriquer **T** 16
rucher **T** 12
rudoyer **T** 31
ruer **I,** p.p.inv. / **Pr** (sur) 13
rugir **I / p.p.inv.** 35
ruiler **T** 12
ruiner **T / Pr** 12
ruisseler **I / p.p.inv.** 23
ruminer **T** 12
rupiner **I / p.p.inv.** 12
ruser **I / p.p.inv.** 12
russifier **T** 15
russiser **T** 12
rustiquer **T** 16
rutiler **I / p.p.inv.** 12
rythmer **T** 12

S

sabler **T** 12
sablonner **T** 12
saborder **T** 12
saboter **T** 12
sabouler **T** 12
sabrer **T** 12
saccader **T** 12
saccager **T** 17
saccharifier **T** 15
sacquer **T** / -cqu- partout 16
sacraliser **T** 12
sacrer **T / I,** p.p.inv. 12
sacrifier **T / Ti** (à), p.p.inv. / **Pr** 15
safraner **T** 12
saietter **T** 12
saigner **T / I,** p.p.inv. / **Pr** 12
saillir (= faire saillie) **I / p.p.inv. / Déf :** usité seulement aux 3es pers. et aux temps impersonnels **50**
saillir (= s'accoupler) **T / Déf :** usité seulement à l'inf., aux 3es pers. des temps simples et au part. présent 35
saisir **T / Pr** (de) 35
salarier **T** 15
saler **T** 12
salifier **T** 15
salir **T / Pr** 35
saliver **I / p.p.inv.** 12
saloper **T** 12
salpêtrer **T** 12
saluer **T** 13
sanctifier **T** 15
sanctionner **T** 12
sanctuariser **T** 12
sangler **T** 12
sangloter **I / p.p.inv.** 12
saouler **T / Pr** 12
saper **T / Pr** 12
saponifier **T** 15
saquer **T** 16
sarcler **T** 12
sarmenter **T** 12
sasser **T** 12
satelliser **T** 12
satiner **T** 12
satiriser **T** 12
satisfaire **T / Ti** (à), p.p.inv. / **Pr** (de) 5

saturer **T**	12
saucer **T**	18
saucissonner **I,** p.p.inv. / **T**	12
saumurer **T**	12
sauner **I / p.p.inv.**	12
saupoudrer **T**	12
saurer **T**	12
sauter **I,** p.p.inv. / **T**	12
sautiller **I / p.p.inv.**	12
sauvegarder **T**	12
sauver **T / Pr**	12
savoir T / Pr	**9**
savonner **T**	12
savourer **T**	12
scalper **T**	12
scandaliser **T / Pr** (de)	12
scander **T**	12
scanner **T**	12
scarifier **T**	15
sceller **T**	12
scénariser **T**	12
scheider **T**	12
schématiser **T**	12
schlinguer **I / p.p.inv.** / -gu- partout	16
schlitter **T**	12
scier **T**	15
scinder **T / Pr**	12
scintiller **I / p.p.inv.**	12
scléroser **T / Pr**	12
scolariser **T**	12
scotcher **T**	12
scotomiser **T**	12
scrabbler **I / p.p.inv.**	12
scratcher **T**	12
scruter **T**	12
sculpter **T / I,** p.p.inv.	12
sécher **T / I,** p.p.inv.	20
seconder **T**	12
secouer **T / Pr**	13
secourir **T**	42
secréter **T**	20
sécréter **T**	20
sectionner **T**	12
sectoriser **T**	12
séculariser **T**	12
sécuriser **T**	12
sédentariser **T**	12
sédimenter **I,** p.p.inv. / **Pr**	12
séduire **T**	85
segmenter **T**	12
séjourner **I / p.p.inv.**	12
sélecter **T**	12
sélectionner **T**	12
seller **T**	12
sembler **I / U / p.p.inv.**	12
semer **T**	25
semoncer **T**	18
sensibiliser **T**	12
sentir **T / I,** p.p.inv. / **Pr**	38
seoir Ti (à) / **U :** *il sied de…* / **Déf**	**61**
séparer **T / Pr** (de)	12
septupler **T / I,** p.p.inv.	12
séquestrer **T**	12
sérancer **T**	18
serfouir **T**	35
sérier **T**	15
seriner **T**	12
seringuer **T** / -gu- partout	16
sermonner **T**	12
serpenter **I / p.p.inv.**	12
serrer **T**	12
sertir **T**	35
servir **T / I,** p.p.inv. / **Ti** (à, de), p.p.inv. / **Pr** (de)	37
sévir **I / p.p.inv.**	35
sevrer **T**	25
sextupler **T / I,** p.p.inv.	12
sexualiser **T**	12
shampouiner **T**	12
shooter **I,** p.p.inv. / **Pr**	12
shunter **T**	12
sidérer **T**	20
siéger **I / p.p.inv.**	21
siffler **I,** p.p.inv. / **T**	12
siffloter **I,** p.p.inv. / **T**	12
signaler **T / Pr**	12
signaliser **T**	12
signer **T / Pr**	12
signifier **T**	15
silhouetter **T / Pr**	12
sillonner **T**	12
similiser **T**	12
simplifier **T**	15
simuler **T**	12
singer **T**	17
singulariser **T / Pr**	12
siniser **T**	12
sintériser **T**	12
sinuer **I / p.p.inv.**	13
siphonner **T**	12

siroter **T / I,** p.p.inv. 12
situer **T / Pr** 13
skier **I / p.p.inv.** 15
slalomer **I / p.p.inv.** 12
slaviser **T** 12
slicer **T** 18
smasher **I,** p.p.inv. / **T** 12
smiller **T** 12
sniffer **T** 12
snober **T** 12
sociabiliser **T** 12
socialiser **T** 12
sodomiser **T** 12
soigner **T** 12
solder **T / Pr** (par) 12
solenniser **T** 12
solfier **T** 15
solidariser **T / Pr** (avec) 12
solidifier **T / Pr** 15
soliloquer **I / p.p.inv.** 16
solliciter **T** 12
solubiliser **T** 12
solutionner **T** 12
somatiser **T** 12
sombrer **I / p.p.inv.** 12
sommeiller **I / p.p.inv.** 12
sommer **T** 12
somnoler **I / p.p.inv.** 12
sonder **T** 12
songer **Ti** (à) / **I / p.p.inv.** 17
sonnailler **I / p.p.inv.** 12
sonner **I,** p.p.inv. / **T** 12
sonoriser **T** 12
sophistiquer **T** 16

sortir **I + être / T + avoir** 38
sortir **T** / langage juridique 35
soucier **-se-** (de) **+ être** 15
souder **T / Pr** 12
soudoyer **T** 31
souffler **I,** p.p.inv. / **T** 12
souffleter **T** 27
souffrir **T / I,** p.p.inv. / **Ti** (de), p.p.inv. **/ Pr** 45
soufrer **T** 12
souhaiter **T** 12
souiller **T** 12
soulager **T / Pr** 17
soûler **T / Pr** 12
soulever **T / Pr** 25
souligner **T** 12
soumettre **T / Pr** (à) 6
soumissionner **T** 12
soupçonner **T** 12
souper **I / p.p.inv.** 12
soupeser **T** 25
soupirer **I,** p.p.inv. / **T / Ti** (après), p.p.inv. 12
souquer **T / I,** p.p.inv. 16
sourciller **I / p.p.inv.** 12
sourdre **I / Déf :** usité seulement à l'inf. prés. et aux 3es pers. de l'ind. prés. *(il/s sourd/ent)* et de l'imparf. *(elle/s sourdait/aient)* 66

sourire **I / Ti** (à) **/ Pr / p.p.inv.** même à la voix pronominale 83
sous-alimenter **T** 12
sous-assurer **T** 12
souscrire **T / I,** p.p.inv. / **Ti** (à), p.p.inv. 81
sous-déclarer **T** 12
sous-employer **T** 31
sous-entendre **T** 66
sous-estimer **T** 12
sous-évaluer **T** 13
sous-exploiter **T** 12
sous-exposer **T** 12
sous-louer **T** 13
sous-payer **T** 29 ou 30
sous-tendre **T** 66
sous-titrer **T** 12
soustraire **T / Déf :** pas de passé simple, pas de subj. imparf. 90
sous-traiter **T** 12
sous-utiliser **T** 12
sous-virer **I / p.p.inv.** 12
soutacher **T** 12
soutenir **T / Pr** 4
soutirer **T** 12
souvenir **-se-** (de) / **U,** p.p.inv. dans des expressions comme *il me souvient que…* 4
soviétiser **T** 12
spatialiser **T** 12
spécialiser **T / Pr** 12
spécifier **T** 15
spéculer **I / p.p.inv.** 12

speeder **I / p.p.inv.** 12
spiritualiser **T** 12
spolier **T** 15
sponsoriser **T** 12
sporuler **I / p.p.inv.** 12
sprinter **I / p.p.inv.** 12
squatter **T** 12
squattériser **T** 12
squeezer **T** 12
stabiliser **T** 12
staffer **T** 12
stagner **I / p.p.inv.** 12
standardiser **T** 12
starifier **T** 15
stariser **T** 12
stationner **I / p.p.inv.** 12
statuer **I / p.p.inv.** 13
statufier **T** 15
sténographier **T** 15
stérer **T** 20
stériliser **T** 12
stigmatiser **T** 12
stimuler **T** 12
stipendier **T** 15
stipuler **T** 12
stocker **T** 12
stopper **T / I,** p.p.inv. 12
stratifier **T** 15
stresser **T** 12
striduler **I / p.p.inv.** 12
strier **T** 15
structurer **T** 12
stupéfaire **T / Déf :** usité seulement à la 3e pers. du sing. de l'ind. prés. et des temps composés ; remplacé par *stupéfier* aux autres temps 5
stupéfier **T** 15
stuquer **T** 16
styler **T** 12
styliser **T** 12
subdéléguer **T** / -gu- partout 20
subdiviser **T** 12
subir **T** 35
subjuguer **T** / -gu- partout 16
sublimer **T / I,** p.p.inv. 12
submerger **T** 17
subodorer **T** 12
subordonner **T** 12
suborner **T** 12
subroger **T** 17
subsidier **T** / Belgique 15
subsister **I / p.p.inv.** 12
substantiver **T** 12
substituer **T / Pr** (à) 13
subsumer **T** 12
subtiliser **T / I,** p.p.inv. 12
subvenir **Ti** (à) **/ p.p.inv.** 4
subventionner **T** 12
subvertir **T** 35
succéder **Ti** (à) / **Pr / p.p.inv.** même à la voix pronominale 20
succomber **I / Ti** (à) **/ p.p.inv.** 12
sucer **T** 18
suçoter **T** 12
sucrer **T / Pr** 12
suer **I,** p.p.inv. / **T** 13
suffire Ti (à) **/ Pr / p.p.inv.** même à la voix pronominale **84**
suffixer **T** 12
suffoquer **T / I,** p.p.inv. 16
suggérer **T** 20
suggestionner **T** 12
suicider **-se- + être** 12
suiffer **T** 12
suinter **I / p.p.inv.** 12
suivre T / I, p.p.inv. / **U,** p.p.inv. / **Pr** **86**
sulfater **T** 12
sulfurer **T** 12
superposer **T / Pr** (à) 12
superviser **T** 12
supplanter **T** 12
suppléer **T / Ti** (à), p.p.inv. / -é- partout 14
supplicier **T** 15
supplier **T** 15
supporter **T / Pr** 12
supposer **T** 12
supprimer **T / Pr** 12
suppurer **I / p.p.inv.** 12
supputer **T** 12
surabonder **I / p.p.inv.** 12
surajouter **T** 12
suralimenter **T** 12
surbaisser **T** 12
surcharger **T** 17

surchauffer **T** 12
surclasser **T** 12
surcomprimer **T** 12
surcontrer **T** 12
surcouper **T** 12
surdéterminer **T** 12
surdorer **T** 12
surélever **T** 25
surenchérir **I / p.p.inv.** 35
surentraîner **T** 12
suréquiper **T** 12
surestimer **T** 12
surévaluer **T** 13
surexciter **T** 12
surexploiter **T** 12
surexposer **T** 12
surfacer **T / I,** p.p.inv. 18
surfaire **T / Usité** surtout à l'inf. prés., à l'ind. prés. et au part. passé 5
surfer **I / p.p.inv.** 12
surfiler **T** 12
surgeler **T** 25
surgir **I / p.p.inv.** 35
surhausser **T** 12
surimposer **T** 12
suriner **T** 12
surinformer **T** 12
surir **I / p.p.inv.** 35
surjaler **I / p.p.inv.** 12
surjeter **T** 27
surligner **T** 12
surlouer **T** 13
surmédicaliser **T** 12
surmener **T** 25
surmonter **T** 12
surmouler **T** 12
surnager **I / p.p.inv.** 17
surnommer **T** 12
suroxyder **T** 12
surpasser **T / Pr** 12
surpayer **T** 29 ou 30
surpiquer **T** 16
surplomber **T / I,** p.p.inv. 12
surprendre **T** 68
surproduire **T** 85
surprotéger **T** 21
sursaturer **T** 12
sursauter **I / p.p.inv.** 12
sursemer **T** 25
surseoir Ti (à) **/ p.p.inv.** **60**
surtaxer **T** 12
surtitrer **T** 12
surveiller **T** 12
survendre **T** 66
survenir **I / + être** 4
survirer **I / p.p.inv.** 12
survivre **I / Ti** (à) **/ p.p.inv.** 87
survoler **T** 12
survolter **T** 12
susciter **T** 12
suspecter **T** 12
suspendre **T** 66
sustenter **T / Pr** 12
susurrer **I,** p.p.inv. **/ T** 12
suturer **T** 12
swinguer **I / p.p.inv. /** -gu- partout 16
symboliser **T** 12
sympathiser **I** (avec) **/ p.p.inv.** 12
synchroniser **T** 12
syncoper **T / I,** p.p.inv. 12
syndicaliser **T** 12
syndiquer **T / Pr** 16
synthétiser **T** 12
systématiser **T** 12

T

tabasser **T** 12
tabler **Ti** (sur) **/ p.p.inv.** 12
tabouer **T** 13
tabouiser **T** 12
tacher **T** 12
tâcher **Ti** (de + inf.), p.p.inv. **/ T** 12
tacheter **T** 27
tacler **I,** p.p.inv. **/ T** 12
taillader **T** 12
tailler **T / Pr** 12
taire **T / Pr** 91
taler **T** 12
taller **I / p.p.inv.** 12
talocher **T** 12
talonner **T / I,** p.p.inv. 12
talquer **T** 16
tambouriner **I,** p.p.inv. **/ T** 12

tamiser **T** 12
tamponner **T / Pr** 12
tancer **T** 18
tanguer **I / p.p.inv.**
/ -gu- partout 16
taniser **T** 12
tanner **T** 12
tanniser **T** 12
tapager **I / p.p.inv.** 17
taper **Ti** (sur), p.p.inv.
/ T / I / Pr 12
tapiner **I / p.p.inv.** 12
tapir **-se- + être** 35
tapisser **T** 12
tapoter **T** 12
taquer **T** 16
taquiner **T** 12
tarabuster **T** 12
tarauder **T** 12
tarder **I / Ti** (à)
/ p.p.inv. 12
tarer **T** 12
targuer **-se-** (de)
+ être
/ -gu- partout 16
tarifer **T** 12
tarir **T / I,** p.p.inv.
/ Pr 35
tartiner **T** 12
tartir **I / p.p.inv.** 35
tasser **T / Pr** 12
tâter **T / Ti** (de, à),
p.p.inv. **/ Pr** 12
tâtonner **I / p.p.inv.** 12
tatouer **T** 13
taveler **T** 23
taxer **T** 12
tayloriser **T** 12
tchatcher **I / p.p.inv.** 12
techniciser **T** 12
techniser **T** 12
technocratiser **T** 12
teiller **T** 12
teindre **T / Pr** 70
teinter **T** 12
télécharger **T** 12
télécommander **T** 12
télédiffuser **T** 12
télégraphier **T / I,**
p.p.inv. 15
téléguider **T** 12
télématiser **T** 12
téléphoner **I,** p.p.inv.
/ T 12
télescoper **T / Pr** 12
téléviser **T** 12
télexer **T** 12
témoigner **T / I,**
p.p.inv. / **Ti** (de),
p.p.inv. 12
tempérer **T** 20
tempêter **I / p.p.inv.** 12
temporiser **I / p.p.inv.** 12
tenailler **T** 12
tendre **T / Ti** (à, vers)
/ p.p.inv. 66
tenir **T / I,** p.p.inv.
/ **Ti** (à, de), p.p.inv.
/ **Pr / U,** p.p.inv.
dans des expressions
comme *qu'à cela ne*
tienne ou *il ne tient*
qu'à toi de… 4
tenonner **T** 12
ténoriser **I / p.p.inv.** 12
tenter **T** 12
tercer **T** 18
tergiverser **I / p.p.inv.** 12
terminer **T / Pr** 12
ternir **T** 35
terrasser **T** 12
terreauter **T** 12
terrer **T / Pr** 12
terrifier **T** 15
terrir **I / p.p.inv.** 35
terroriser **T** 12
terser **T** 12
tester **I,** p.p.inv. / **T** 12
tétaniser **T** 12
téter **T / I,** p.p.inv. 20
texturer **T** 12
théâtraliser **T** 12
théoriser **T / I,** p.p.inv. 12
thésauriser **T** 12
tiédir **I,** p.p.inv. / **T** 35
tiercer **T** 18
tiller **T** 12
timbrer **T** 12
tinter **T / I,** p.p.inv. 12
tintinnabuler **I**
/ p.p.inv. 12
tiper **T /** Suisse 12
tipper **T /** Suisse 12
tiquer **I / p.p.inv.** 16
tirailler **T / I,** p.p.inv. 12
tire-bouchonner **T** 12
tirer **T / I,** p.p.inv.
/ Pr 12
tisonner **T** 12

transsuder **I / p.p.inv.** 12
transvaser **T** 12
transvider **T** 12
trapper **T /** Québec 12
traquer **T** 16
traumatiser **T** 12
travailler **I,** p.p.inv. / **T** 12
travailloter **I / p.p.inv.** 12
traverser **T** 12
travestir **T / Pr** 35
trébucher **I,** p.p.inv. / **T** 12
tréfiler **T** 12
treillager **T** 17
treillisser **T** 12
trémater **T** 12
trembler **I / p.p.inv.** 12
trembloter **I / p.p.inv.** 12
trémousser **-se- + être** 12
tremper **T / I,** p.p.inv. 12
trémuler **I / p.p.inv.** 12
trépaner **T** 12
trépasser **I / p.p.inv.** 12
trépider **I / p.p.inv.** 12
trépigner **I / p.p.inv.** 12
tressaillir **I / p.p.inv.** 47
tressauter **I / p.p.inv** 12
tresser **T** 12
treuiller **T** 12
trévirer **T** 12
trianguler **T** 12
triballer **T** 12
tricher **I / Ti** (sur) **/ p.p.inv.** 12
tricoter **T / I,** p.p.inv. 12
trier **T** 15
trifouiller **I / p.p.inv.** 12
triller **I / p.p.inv.** 12
trimarder **I / p.p.inv.** 12
trimbaler **T / Pr** 12
trimballer **T** 12
trimer **I / p.p.inv.** 12
tringler **T** 12
trinquer **I / p.p.inv.** 16
triompher **I / Ti** (de) **/ p.p.inv.** 12
tripatouiller **T** 12
tripler **T / I,** p.p.inv. 12
tripoter **T / I,** p.p.inv. 12
triquer **T** 16
trisser **T / I,** p.p.inv. **/ Pr** 12
triturer **T / Pr** 12
tromper **T / Pr** 12
trompeter **I,** p.p.inv. / **T** 27
tronçonner **T** 12
trôner **I / p.p.inv.** 12
tronquer **T** 16
tropicaliser **T** 12
troquer **T** 16
trotter **I,** p.p.inv. / **Pr** 12
trottiner **I / p.p.inv.** 12
troubler **T / Pr** 12
trouer **T** 13
trousser **T / Pr** 12
trouver **T / Pr / U,** p.p.inv. : *il se trouve que…* 12
truander **I,** p.p.inv. / **T** 12
trucider **T** 12
truffer **T** 12
truquer **T** 16
trusquiner **T** 12
truster **T** 12
tuber **T** 12
tuer **T / Pr** 13
tuiler **T** 12
tuméfier **T** 15
turbiner **I,** p.p.inv. / **T** 12
turlupiner **T** 12
tuteurer **T** 12
tutoyer **T** 31
tuyauter **T** 12
twister **I / p.p.inv.** 12
typer **T** 12
tyranniser **T** 12

U

ulcérer **T** 20
ululer **I / p.p.inv.** 12
unifier **T / Pr** 15
uniformiser **T** 12
unir **T / Pr** 35
universaliser **T** 12
upériser **T** 12
urbaniser **T / Pr** 12
urger **U / p.p.inv.** / Usité surtout avec le pronom démonstratif fam. : *ça urge* 17
uriner **I,** p.p.inv. / **T** 12

user **Ti** (de), p.p.inv. / **T** / **Pr** 12
usiner **T** 12
usurper **T** 12
utiliser **T** 12

V

vacciner **T** 12
vaciller **I** / **p.p.inv.** 12
vadrouiller **I** / **p.p.inv.** 12
vagabonder **I** / **p.p.inv.** 12
vagir **I** / **p.p.inv.** 35
vaguer **I** / **p.p.inv.** / -gu- partout 16
vaincre T **73**
valdinguer **I** / **p.p.inv.** / -gu- partout 16
valider **T** 12
valoir I, p.p.inv. / **T** / **Pr** / **U,** p.p.inv. : *il vaut mieux…* **56**
valoriser **T** 12
valser **I,** p.p.inv. / **T** 12
vamper **T** 12
vampiriser **T** 12
vandaliser **T** 12
vanner **T** 12
vanter **T** / **Pr** (de) 12
vaporiser **T** 12
vaquer **I** / **Ti** (à) / **p.p.inv.** 16
varapper **I** / **p.p.inv.** 12
varier **T** / **I,** p.p.inv. 15
varloper **T** 12
vasectomiser **T** 12
vaseliner **T** 12
vasouiller **I** / **p.p.inv.** 12
vassaliser **T** 12
vaticiner **I** / **p.p.inv.** 12
vautrer **-se- + être** 12
vedettiser **T** 12
végéter **I** / **p.p.inv.** 20
véhiculer **T** 12
veiller **I,** p.p.inv. / **T** / **Ti** (à, sur), p.p.inv. / **Pr,** Suisse 12
veiner **T** 12
vêler **I** / **p.p.inv.** 12
velouter **T** 12
vendanger **T** / **I,** p.p.inv. 17
vendre **T** / **Pr** 66
vénérer **T** 20
venger **T** / **Pr** (de) 17
venir I / **+ être** **4**
venter **U** / **p.p.inv.** 12
ventiler **T** 12
verbaliser **I,** p.p.inv. / **T** 12
verdir **T** / **I,** p.p.inv. 35
verdoyer **I** / **p.p.inv.** 31
verduniser **T** 12
verglacer **U** / **p.p.inv.** 18
vérifier **T** 15
vermiller **I** / **p.p.inv.** 12
vermillonner **I** / **p.p.inv.** 12
vermouler **-se- + être** 12
vernir **T** 35
vernisser **T** 12
verrouiller **T** / **Pr** 12
verser **T** / **I,** p.p.inv. 12
versifier **I,** p.p.inv. / **T** 15
vesser **I** / **p.p.inv.** 12
vétiller **I** / **p.p.inv.** 12
vêtir T / **Pr** **41**
vexer **T** / **Pr** 12
viabiliser **T** 12
viander **I,** p.p.inv. / **Pr** 12
vibrer **I,** p.p.inv. / **T** 12
vibrionner **I** / **p.p.inv.** 12
vicier **T** 15
vidanger **T** 17
vider **T** 12
vidimer **T** 12
vieillir **I,** p.p.inv. / **T** / **Pr** 35
vieller **I** / **p.p.inv.** 12
vigneter **I** / **p.p.inv.** 27
vilipender **T** 12
villégiaturer **I** / **p.p.inv.** 12
vinaigrer **T** 12
viner **T** 12
vinifier **T** 15
violacer **-se- + être** 18
violenter **T** 12
violer **T** 12
violeter **T** 27
violoner **I** / **p.p.inv.** 12
virer **I,** p.p.inv. / **Ti** (à), p.p.inv. / **T** 12
virevolter **I** / **p.p.inv.** 12
virguler **T** 12
viriliser **T** 12

W, Y, Z

Imprimé en Italie par
LA TIPOGRAFICA VARESE
Società a responsabilità limitata
Varese
Composition : I.G.S.-C.P. (16)
Dépôt légal : mai 2008-319332/01
N° projet : 11034914
Avril 2017